Hanke
Anfangsunterricht – Grundschule

Petra Hanke

Anfangsunterricht – Grundschule

Leben und Lernen in der Schuleingangsphase

Studientexte
für das Lehramt
Band 12

herausgegeben von
Eiko Jürgens

LUCHTERHAND

Die Deutsche Bibliothek – CIP-Einheitsaufnahme

Hanke, Petra:
Anfangsunterricht – Grundschule: Leben und Lernen
in der Schuleingangsphase / Petra Hanke. –
Neuwied; Kriftel: Luchterhand 2002
(Studientexte für das Lehramt; Bd. 12)
ISBN 3-472-04045-9

www.luchterhand.de

Alle Rechte vorbehalten.
© 2002 by Hermann Luchterhand Verlag GmbH, Neuwied, Kriftel.
Das Werk einschließlich aller seiner Teile ist urheberrechtlich geschützt.
Jede Verwertung außerhalb der engen Grenzen des Urheberrechtsgesetzes
ist ohne Zustimmung des Verlages unzulässig und strafbar.
Das gilt insbesondere für Vervielfältigungen, Übersetzungen,
Mikroverfilmungen und die Einspeicherung und Verarbeitung in
elektronischen Systemen.
Umschlag: Ute Weber GrafikDesign, Geretsried
Satz: LHF Satzstudio GmbH, Düsseldorf
Papier: Permaplan von Arjo Wiggins Spezialpapiere, Dettingen.
Druck: Neuwieder Verlagsgesellschaft mbH, Neuwied
Printed in Germany, Januar 2002

∞ Gedruckt auf säurefreiem, alterungsbeständigem und chlorfreiem Papier.

Inhalt

Vorwort des Herausgebers		VIII
1	Einleitung	1
2	Zum Bildungsauftrag der Grundschule – Einordnung und Spezifizierung der Aufgaben des Anfangsunterrichts	4
2.1	Einführung in das Problemfeld	4
2.2	✳Bildungsauftrag der Grundschule in aktueller Sicht	7
2.3	✳Spezifizierung der Aufgaben des Anfangsunterrichts	10
2.4	Zusammenfassung	11
2.5	Empfohlene Literatur	11
3	Zu Lebens- und Lernbedingungen der Schulanfänger – Betrachtungen aus interdisziplinärer Perspektive	13
3.1	Wie leben Schulanfänger? – Betrachtungen aus sozialwissenschaftlicher und sozialökologischer Perspektive zu kindlichen Lebenswelten	13
3.1.1	Einführung in das Problemfeld	13
3.1.2	Betrachtungen zur Lebenswelt von Kindern	15
3.1.3	Bedeutung der Ergebnisse der Kindheitsforschung für die Grundschularbeit/den Anfangsunterricht	17
3.1.4	Zusammenfassung	19
3.1.5	Empfohlene Literatur	19
3.2	Wie lernen Schulanfänger? – Betrachtungen aus entwicklungs-, lern- und kognitionspsychologischer sowie anthropologischer Sicht	20
3.2.1	Einführung in das Problemfeld	20
3.2.2	Betrachtungen aus entwicklungs-, lern- und kognitionspsychologischer Perspektive zum Lernen der Kinder	22
3.2.3	Betrachtungen aus anthropologischer Perspektive zum Lernen der Kinder	28
3.2.4	Zusammenfassung	29
3.2.5	Empfohlene Literatur	30
4	Schulleben oder vom »In-der-Schule-Leben« der Schulanfänger	31
4.1	Einführung in das Problemfeld	31

4.2	Was kennzeichnet »Schulleben«?	33
4.3	Schulanfänger »entdecken« das Leben in der Institution Schule	37
4.4	Schulanfänger »entdecken« das Leben in einer Lerngruppe/Klasse	42
4.4.1	Soziale Erfahrungen in einer Lerngruppe/Klasse zu Schulbeginn	42
4.4.2	Mädchen und Jungen entdecken das gemeinsame Leben in einer Lerngruppe/Klasse	47
4.4.3	Erfahren des gemeinsamen Lebens von Kindern unterschiedlicher Kulturen	50
4.4.4	Erfahren des gemeinsamen Lebens mit Kindern mit besonderen Bedürfnissen	52
4.5	Schulanfänger »entdecken« das Leben mit einer Klassenlehrerin/einem Klassenlehrer	54
4.6	Entfalten der Schulwelt als Lebenswelt in Kontinuität mit dem Elternhaus	56
4.7	Zusammenfassung	58
4.8	Empfohlene Literatur	59
5	**Schulanfänger lernen vor, neben und in der Schule – Individuelle Lernvoraussetzungen und Lernprozesse beobachten, deuten und dokumentieren**	**61**
5.1	Einführung in das Problemfeld	61
5.2	Begrifflichkeiten: Beobachten – Deuten – Dokumentieren	64
5.3	Beobachten und Deuten von Lernvoraussetzungen in unterschiedlichen Lernbereichen zu Schulbeginn	68
5.4	Beobachten und Deuten von Lernprozessen in unterschiedlichen Lernbereichen im weiteren Verlauf des Anfangsunterrichts	76
5.5	Zusammenfassung	82
5.6	Empfohlene Literatur	83
6	**Entwicklungsorientiertes pädagogisch-didaktisches Handeln in heterogenen Lerngruppen im Anfangsunterricht**	**84**
6.1	Einführung in das Problemfeld	84
6.2	Gestalten eines lernförderlichen Anfangsunterrichts: Offener Unterricht – Differenzieren – Beraten	88
6.3	Offene Unterrichtsformen im Anfangsunterricht	95
6.3.1	Tagesplan- und Wochenplanarbeit	96
6.3.2	Freiarbeit	102

6.3.3	Werkstattunterricht	104
6.4	Zur Qualität der Lernangebote in offenen Unterrichtsformen – Sinn und Un-Sinn beim Lernen mit allen Sinnen	106
6.5	Entwicklungsorientiertes pädagogisch-fachdidaktisches Handeln im Anfangsunterricht – Ausgewählte Beispiele zum Schriftspracherwerb	110
6.5.1	Spracherfahrungsansatz	110
6.5.2	»Lesen durch Schreiben«	114
6.6	Zusammenfassung	116
6.7	Empfohlene Literatur	118
7	**Lernleistungen im Anfangsunterricht beschreiben und beurteilen**	**119**
7.1	Einführung in das Problemfeld	119
7.2	Begrifflichkeiten: »Lernleistung«, »Leistungserziehung«, »Leistungsbeurteilung« im Anfangsunterricht aus pädagogischer Perspektive	124
7.3	Verbalbeurteilung als Form einer pädagogischen Leistungsbeurteilung	126
7.4	Zusammenfassung	130
7.5	Empfohlene Literatur	131
8	**Innovative Tendenzen im Grundschulbereich/im Bereich des Anfangsunterrichts**	**132**
8.1	Einführung	132
8.2	»Neustrukturierung des Schulanfangs«	132
8.3	»Volle Halbtagsgrundschule«	136
8.4	Zusammenfassung	138
8.5	Empfohlene Literatur	138
9	**Ausblick**	**139**
10	**Literatur**	**141**

Vorwort des Herausgebers

Entscheidend ist der Beginn, heißt es in vielen Umbruchsituationen, die wir als Menschen im Laufe unseres Lebens erfahren und meistern. Tatsächlich hängt die weitere Bewährung in einer neuen Umgebung weitgehend davon ab, wie uns der Start gelingt, bzw. welche Startbedingungen uns geboten werden oder wir uns selbst verschaffen, um nach unseren eigenen oder fremden Maßstäben »erfolgreich« auf die damit verbundenen Herausforderungen reagieren zu können. Auf das gute Gelingen einer Startphase kommt es um so mehr an, je kürzer die Zeit insgesamt ist, in der man sich zu beweisen hat. Wer beispielsweise beim 100m-Lauf den Start verpatzt, hat kaum noch eine Chance als einer der Ersten durchs Ziel zu spurten. Die vierjährige Grundschule erstreckt sich entwicklungsmäßig betrachtet auch nur über eine relativ kurze Zeit, eine Tatsache, die uns bewusst ist, wenn wir einen Blick über die Grenzen unseres Bildungssystems hinaus in das europäische Ausland werfen, wo Kinder fünf, sechs oder gar acht Jahre lang gemeinsam in der Grundschule lernen dürfen. Lernen braucht nämlich Zeit, mitunter sehr viel Zeit. Wenn nämlich Kinder in die Grundschule kommen und ihren ersten Schultag erleben, dann ist es eben nicht wie beim Start zum 100-m-Lauf. Denn dort treten nach Geschlechtern getrennt durchtrainierte Männer und Frauen an, die allesamt ähnliche Ausgangsbedingungen haben und die sich deshalb zuversichtlich mit der Hoffnung auf Erfolg dem Wettkampf stellen können. Ein Wettbewerb übrigens, an dem sie freiwillig teilnehmen. Für die Kinder, die in das schulische Bildungssystem »eingeschult« werden, ist alles anders und sehr viel schwerer und ungleicher. Sie sind tatsächlich nicht »freiwillig« da, auch wenn sich die Mehrzahl von ihnen auf die Grundschule gefreut hat. Sie haben alle recht unterschiedliche Voraussetzungen, von Startgleichheit ganz zu schweigen, und sie werden nur deshalb zu einer Klasse zusammengefügt, weil sie überwiegend in ihrem kalendarischen Alter übereinstimmen. Die Entwicklungsunterschiede zu Schulbeginn können inzwischen eine Spanne von einem bis zu drei Jahren kindlichen Entwicklungsalters umfassen. Körperliche, intellektuelle, emotionale und entwicklungspsychologische Unterschiede treten ebenso häufig in großer Bandbreite auf, wie variierende kulturelle und soziale Erfahrungen. Die ersten Schulwochen in der Grundschule stellen für die Kinder wie für ihre Lehrerinnen und Lehrer eine große Herausforderung dar. Es ist eine für die Grundschule pädagogisch und didaktisch anspruchsvolle Aufgabe, auf dieses Spektrum der Unterschiedlichkeit zu reagieren. Dazu bedarf es Engagement und beruflicher Professionalität.

Mit diesem Buch von Petra Hanke werden der angehenden Lehrerin ebenso wie dem bereits in der Schulpraxis tätigen Lehrer das theoretische und praktische Wissen vermittelt, das dazu beitragen kann, dass für beide Seiten, die Kinder und die Lehrerinnen und Lehrer, die Anfangsphase in der Grundschule zu einer positiven Erfahrung wird, d. h. insbesondere den Kindern hilft, das Fundament zu legen, für eine umfassende Entfaltung all ihrer unterschiedlichen Fähigkeiten.

Bielefeld, im Oktober 2001   Eiko Jürgens

1 Einleitung

Der Anfangsunterricht eröffnet eine wichtige Phase im Leben des Kindes: Das Familien- und Kindergartenkind wird (nun auch) zum Schulkind, es tritt ein in eine neue Lebenswelt, die es gemeinsam mit neuen Bezugspersonen in einer durch Heterogenität gekennzeichneten Schulklasse entdeckt und erobert – in das Schulleben der Grundschule.

Seit Entstehung der Grundschule zu Beginn der 20er Jahre bezeichnet der Anfangsunterricht insbesondere den Unterricht in den ersten zwei Schuljahren (vgl. Lichtenstein-Rother 1969, Rabenstein 1974, Schorch 1998, Knauf 1998, 2001). Das Schulkind gewinnt in dieser Zeit in einer neuen, anregenden und herausfordernden schulischen Lebenswelt erste Eindrücke vom Leben und Lernen unter den Bedingungen der Institution Schule, die es in seiner Einstellung zu Schule und Lernen und damit in seinem weiteren Lebenslauf wesentlich prägen. Aus diesen Aspekten resultiert die besondere Bedeutung der Phase des Schulanfangs.

Die Bedeutsamkeit des Anfangsunterrichts für die Persönlichkeitsentwicklung des Kindes stellt zugleich spezifische Erwartungen und Ansprüche an die Professionalität der Lehrerinnen und Lehrer, die Kinder in dieser Phase hilfreich zu begleiten und auf der Grundlage eines wissenschaftlich fundierten, durchdachten und in praktischen Handlungsfeldern erprobten pädagogisch-didaktischen Konzeptes zu unterstützen. Diesem Anliegen ist das vorliegende Buch verpflichtet. Ziel ist, eine pädagogisch-didaktische Konzeption für die Gestaltung der Anfangsphase schulischen Lebens und Lernens zu entwerfen und in ihren wesentlichen Bestimmungsstücken zu entfalten.

Inhaltlicher Aufbau und Konzeption des Buches

Ausgehend von dem pädagogischen Auftrag der Grundschule wird zunächst eine Einordnung und Aufgabenbestimmung des Anfangsunterrichts vorgenommen. Dies steckt in gewisser Weise den Rahmen einer pädagogisch-didaktischen Konzeption für die Anfangsphase der Grundschule ab.

In einem nächsten Schritt werden die interdisziplinären Grundlagen einer pädagogisch-didaktischen Konzeption für die Gestaltung der Anfangsphase schulischen Lebens und Lernens gelegt: Die heterogenen Lebens- und Lernbedingungen der Kinder zu Beginn der Grundschulzeit werden unter Berücksichtigung des jeweils aktuellen Forschungsstandes aus sozialwissenschaftlicher, entwicklungs- und kognitionspsychologischer sowie anthropologischer Perspektive genauer beleuchtet.

Auf diesem Fundament wird es möglich, wesentliche Bestimmungsstücke einer pädagogisch-didaktischen Konzeption für die Gestaltung der Anfangsphase schulischen Lebens und Lernens zu entwickeln und zu begründen:

Einleitung

Eingebettet in einen theoretischen Rahmen des Schullebens werden verschiedene Facetten des »In-der-Schule-Lebens« entfaltet und im Hinblick auf pädagogisch-didaktische Gestaltungsmöglichkeiten untersucht, die die Schülerinnen und Schüler auf den Weg der Selbstbildung und des Aufbaus von Ich- und Wir-Identität bringen und unterstützen können. Der Anfangsunterricht erweist sich gewissermaßen als ein Moment von Schulleben.

In einem weiteren Konkretisierungsschritt werden schließlich wesentliche Aspekte einer pädagogisch-didaktischen Handlungskompetenz im Anfangsunterricht genauer beleuchtet. Dazu gehören neben grundlegenden Kompetenzen im Beobachten, Deuten und Fördern durch Gestalten differenzierender Lernumgebungen zugleich Fähigkeiten im Beraten und Beurteilen. Diese Kompetenzen werden an Beispielen aus verschiedenen Lernbereichen verdeutlicht.

Abschließend werden aktuelle Innovationstendenzen im Grundschulbereich/im Bereich des Anfangsunterrichts aufgezeigt, die in einem engen Zusammenhang zu den zuvor angestellten Betrachtungen stehen.

Der Aspekt der pädagogischen Gestaltung des Übergangs vom Kindergarten zur Grundschule bildet Schwerpunkt eines eigenständigen Bandes in der Reihe Studientexte für das Lehramt (Knauf i. V.). Er wird daher in den Ausführungen zwar angerissen, aber nicht tiefgründiger verfolgt, um Überschneidungen zu vermeiden.

Die gewählte einheitliche Struktur des Buches bietet den interessierten Leserinnen und Lesern – Lehramtsstudierenden, Referendarinnen und Referendaren, Lehrerinnen und Lehrern sowie Dozenten im Bereich der Lehrer/innenbildung – vielfältige Möglichkeiten zu weiterführenden Auseinandersetzungen:

Jedes Kapitel wird mit einer Skizzierung des Problemfeldes eingeleitet. Unterrichtssituationen, Beispielsammlungen von Schülerinnen und Schülern (z. B. Dokumentationen zu Lernprozessen, Lernentwicklungsberichte) liefern in dem Zusammenhang ein reichhaltiges Material, das zu weiterführenden Analysen und Diskussionen einlädt.

Das skizzierte Problemfeld dient als Diskussionsgrundlage für die anschließenden theoriegeleiteten Auseinandersetzungen zum Kapitelschwerpunkt. Der jeweils aktuelle Forschungsstand wird aufgezeigt und in die Auseinandersetzungen bzw. deren Zusammenfassung integriert.

Das Kapitel abschließend werden wesentliche Aspekte der geführten Auseinandersetzungen zusammengefasst. Eine Übersicht über die zum Thema empfohlene Literatur gibt Anregungen für eine vertiefende Beschäftigung mit der Thematik.

Dank

Das Buch basiert u. a. auf meinen in den letzten Jahren entwickelten Seminarkonzeptionen zum Schwerpunkt »Anfangsunterricht«. Mein Dank gilt in dem Zusammenhang insbesondere den Studierenden der Universitäten Köln und Münster, mit denen diese Konzeptionen erprobt und in vielfältigen Diskussionen weiter ausdifferenziert werden konnten. Ganz besonders danke ich an dieser Stelle den Grundschullehrerinnen Mona Krug und Corinna Roll und den Schülerinnen und Schülern aus ihren Klassen sowie den Lehrerinnen und Lehrern aus dem Forschungsprojekt »Schrift-Spracherwerb« und den Schülerinnen und Schülern aus deren Klassen für die vielen Anregungen, die ich im Rahmen von Beobachtungen im Unterricht und gemeinsamen Gesprächen darüber gewinnen konnte. Mona Krug, Anja Hey-Wieners, Uwe Knop und Christiane Koch danke ich für die kritische und konstruktive Durchsicht des Manuskripts, dem Herausgeber, Professor Dr. Eiko Jürgens, für die Möglichkeit zur Mitarbeit an der Studientext-Reihe. Ein herzlicher Dank gilt ebenso der Münsteraner Kollegin Anna Katharina Hein für den inspirierenden Gedankenaustausch über das Leben und Lernen von Kindern in der Anfangsphase der Grundschule.

2 Zum Bildungsauftrag der Grundschule – Einordnung und Spezifizierung der Aufgaben des Anfangsunterrichts

2.1 Einführung in das Problemfeld

Zur Einführung in das Problemfeld werden verschiedene Alltagstheorien von Personen aus unterschiedlichen Tätigkeits- und Lebensbereichen, die in dem Zusammenhang befragt wurden, sowie kontrastive Auffassungen aus der Fachliteratur zum Bildungsauftrag der Grundschule allgemein und zu Aufgaben des Anfangsunterrichts insbesondere dargestellt.

Diskussionsgrundlage 1.1: Alltagstheorien zum Bildungsauftrag der Grundschule

Frau L. (Kindergärtnerin):
»Für die Kinder bedeutet die Grundschule eine völlig neue Situation. Sie lernen in einer für sie zunächst unterschiedlich bekannten Gruppe. Manche Kinder treffen ihre Freunde und Freundinnen aus dem Kindergarten wieder, für einige Kinder ist die Gruppe jedoch völlig neu. Aufgabe der Grundschule, vor allem des Anfangsunterrichts, besteht meines Erachtens insbesondere in der Förderung sozialer Fähigkeiten, damit Lernen überhaupt erst möglich wird.«

Herr B. (Vater):
»Also ich weiß schon jetzt, auf welches Gymnasium mein Sohn nach dem vierten Schuljahr gehen wird. Das ist ein auserwähltes Gymnasium, auf das nicht jeder kommt. Vor der Einschulung meines Sohnes habe ich mich daher durch einen Grundschulvergleich intensiv darüber informiert, welche Grundschule vom Anforderungsniveau her am besten auf das Gymnasium vorbereitet. Die Grundschule hat meiner Ansicht nach die Aufgabe, das Lernen der Schüler von Anfang an ganz zielgerichtet in die richtige Bahn zu lenken mit dem Ziel größtmöglicher Effektivität. Mit Blick auf die berufliche Zukunft meines Sohnes ist dabei vor allem kognitives Lernen wichtig. Darauf lege ich besonderen Wert.«

Frau Sch. (Referendarin):
»Im Studium haben wir viel darüber gehört, wie sich die Kinder und die Bedingungen, unter denen sie aufwachsen, in den letzten Jahren verändert haben. Viele Kinder wachsen heute zunehmend alleine auf, vereinsamen, sehen viel fern oder verplanen ihre Freizeit. Deshalb sind die Kinder heute unruhiger, unkonzentrierter, unaufmerksamer, aggressiver und motorisch auffälliger als früher. Ich konnte diesbezüglich inzwischen im Referendariat auch schon eigene Erfahrungen sammeln. Meines Erachtens hat die Grundschule daher vor allem eine sozialtherapeutische Funktion, sie muss auf die veränderten Kindheitsbedingungen reagieren, indem sie einen sozialen Ausgleich schafft.«

Herr U. (Gymnasiallehrer – Fach: Mathematik):
»Wenn ich mir die neuen Fünftklässler so anschaue, dann frage ich mich ernsthaft, was die Grundschule heute überhaupt noch als ihre Aufgabe ansieht. Die Schüler können kaum ein Wort mehr richtig schreiben. Fehler machen die, das ist einfach unglaublich. Wenn ich ein Wort in der Mathematikarbeit nicht lesen kann, dann ziehe ich jetzt immer konsequent einen Punkt ab. Die Grundschule

Bildungsauftrag der Grundschule | 5

sollte doch zumindest die Kulturtechniken allen Schülern so vermitteln, dass wir uns am Gymnasium damit überhaupt nicht mehr beschäftigen müssen. An unserer Schulform geht es doch eher darum, fachspezifisches Wissen zu vermitteln, um die Schüler bestmöglich auf das anschließende Studium vorzubereiten, damit sie so schnell wie möglich für die Wirtschaft brauchbar sind.«

Frau R. (Realschullehrerin – Fach: Biologie):
»Die Kinder kommen sicher mit ganz unterschiedlichen Voraussetzungen zur Grundschule. Das kann ich bei den Kindern in meiner Nachbarschaft ganz deutlich beobachten. Meines Erachtens hat gerade die Grundschule die Aufgabe, diese Unterschiede auszugleichen und eine solide Grundlage für die weiterführenden Schulen zu schaffen. Um Chancengleichheit zu gewähren halte ich das für ausgesprochen notwendig.«

Herr D. (Student, Lehramt Primarstufe, 1. Semester):
»Ich denke, dass die Kinder in der Grundschule allererste Erfahrungen mit dem Lernen machen. Das muss meines Erachtens ganz vorsichtig angebahnt werden, indem zunächst – ähnlich wie im Kindergarten – viel mit den Kindern gespielt und gebastelt wird, damit sie überhaupt Spaß am Lernen bekommen. Grundschule hat für mich daher eher eine schulpropädeutische bzw. das Lernen vorbereitende Funktion.«

Frau G. (Grundschullehrerin und Schulleiterin einer Grundschule):
»Wir sehen es als unsere Aufgabe an, die Persönlichkeit jedes Kindes zu stärken im Miteinander und nicht im Gegeneinander, nicht in der Konkurrenz, sondern in der gegenseitigen Achtung. Wir bemühen uns, jedes Kind seinen Fähigkeiten entsprechend zu fördern und zu fordern. Dabei werden die Kinder in die Verantwortung für ihren Lernprozess schrittweise mit einbezogen. Unsere Schule soll insgesamt ein Lebens- und Erfahrungsraum sein, der vielfältige Herausforderungen bietet, die die Kinder anregen und ermutigen, über das vorher Erlebte, Erkannte und Gekonnte hinauszugehen, Fähigkeiten auszudifferenzieren und ihr Wissen zu erweitern, damit sie zunehmend in der Lage sind, gegenwärtige und künftige Lebenssituationen eigenständig zu meistern.«

Diskussionsgrundlage 1.2: Auszüge aus der Fachliteratur zum Bildungsauftrag der Grundschule sowie zu speziellen Aufgaben des Anfangsunterrichts

Auszug 1: Auftrag der Grundschule zur Zeit der Gründung in der Weimarer Zeit
»Die Grundschule als die gemeinsame Schule für alle Kinder der ersten vier Schuljahre hat die Aufgabe, den sie besuchenden Kindern eine grundlegende Bildung zu vermitteln, an die sowohl die Volksschule der vier oberen Jahrgänge wie die mittleren und höheren Schulen mit ihrem weiterführenden Unterricht anknüpfen können. Sie muß deshalb alle geistigen und körperlichen Kräfte der Kinder wecken und schulen und die Kinder mit denjenigen Kenntnissen und Fertigkeiten ausrüsten, die als Grundlage für jede Art von weiterführender Bildung unerläßliches Erfordernis ist.«
(Aus: Reichsministerium des Innern 1921, zit. nach Lichtenstein-Rother/Röbe 1984, 78)

Auszug 2: Verordnung über den Bildungsgang in der Grundschule in NRW
»§ 1 Ziel des Bildungsgangs«
Die Grundschule als die für alle Kinder gemeinsame Grundstufe des Bildungswesens hat auf der Grundlage des in der Landesverfassung und den Schulgesetzen vorgegebenen Bildungs- und Erziehungsauftrags die Aufgabe,

6 Bildungsauftrag der Grundschule

1. *alle Schülerinnen und Schüler unter Berücksichtigung ihrer individuellen Voraussetzungen in ihrer Persönlichkeitsentwicklung, in den sozialen Verhaltensweisen sowie in ihren musischen und praktischen Fähigkeiten gleichermaßen umfassend zu fördern,*
2. *grundlegende Fähigkeiten, Kenntnisse und Fertigkeiten in Inhalt und Form so zu vermitteln, daß sie den individuellen Lernmöglichkeiten und Erfahrungen der Schülerinnen und Schüler angepaßt sind,*
3. *durch fördernde und ermutigende Hilfe zu systematischeren Formen des Lernens allmählich hinzuführen und damit die Grundlagen für die weitere Schullaufbahn zu schaffen,*
4. *die Lernfreude der Schülerinnen und Schüler zu erhalten und weiter zu fördern.«*

(Aus: Margies u. a. 1997, 1)

Auszug 3: Arbeitskreis Grundschule zum Bildungsauftrag der Grundschule
»Als Primarstufe des Bildungssystems ist die Grundschule eine eigenständige Schulform. Auch wenn sie die Schüler auf das Lernen in den weiterführenden Schulen vorbereiten muß, kann sie doch ihre Ziele, Inhalte, Methoden und Prinzipien nicht von den nachfolgenden Schulen beziehen. Die Grundschule steht in der Kontinuität der vorschulischen und der weiterführenden Bildung und hat ihren eigenen stufenspezifischen Bildungsauftrag.«
(Aus: Faust-Siehl u. a. 1996, 20)

Auszug 4: Was ist die Grundschule? Aufgaben der Grundschule nach der Verfassung
»Manche sehen die Grundschule als ABC-Trainer und Begabten-Sortierer für die weiterführenden Schulen, mit denen dann die ›eigentliche Bildung‹ beginnt. Im Gegensatz dazu ist ihre Aufgabe verfassungsrechtlich eindeutig festgelegt: Sie soll a) ›alle Kinder des Volkes‹ (heute: aller Völker) sozial integrieren, b) eine eigenwertige ›grundlegende Allgemeinbildung‹ vermitteln, die c) abgestimmt ist auf das Alter wie das Umfeld des Kindes: Fundament, nicht Vorschule des Bildungswesens also.«
(Aus: Haarmann/Kalb 1999, 11)

Auszug 5: Grundsatzdiskussion »Grundlegung der Bildung« und/oder »grundlegende Bildung«?
»Es gibt Diskussionen, die sind so überflüssig wie ein Kropf. So der Streit, ob der Auftrag der Grundschule in der ›Grundlegung der Bildung‹ liege, somit ›richtige‹ (mittlere, höhere) Bildung nur vorbereite, oder in ›grundlegender Bildung‹, die bereits als richtige, vollwertige, in und für sich gültige Bildung anzuerkennen sei. Wieso ›oder‹? Die Grundschule ist für die Kinder hier und heute da, vermittelt als grundlegende Bildung für hier und heute. Die Grundschule ist aber auch für das Morgen und Übermorgen der Kinder verantwortlich, schafft mithin auch die Grundlage für weiterführende Bildung jeglicher Art. Eines geht nicht ohne das andere. Ziemlich frei nach Kant: Die Zukunft des Kindes ohne erfüllte Gegenwart wäre leer, seine Gegenwart ohne Blick auf die Zukunft blind. In dieser Zwickmühle steckt der Unterricht von Grund auf.«
(Aus: Haarmann 1993, 327)

Auszug 6: Doppelaufgabe der Grundschule
»Auszugehen ist ... von der Doppelaufgabe der Grundschule:
- *Erschließung der Lebenswirklichkeit des Kindes und Hilfe bei der Bewältigung gegenwärtiger Lebensaufgaben,*
- *Vorbereitung des Kindes auf die Angebote und Anforderungen weiterführender Schulen.*

Hier ist ein Grundverständnis von Schule überhaupt angesprochen: Schutz des Eigenwertes jeder Altersphase, Respektieren der spezifischen Bedürfnisse des Kindes einerseits, Vorbereitung auf spätere Lebens- und Berufsanforderungen andererseits. Erst in Abwägung und Wechselwirkung dieser Bedingungen leistet die Schule ihren Beitrag zur Humanisierung des Menschen. Eine solche ›Ausbildung‹ ist notwendig; zur ›Bildung‹ wird sie erst, wenn beide Aspekte eingebracht sind, wenn über Wissen und Können hinaus Daseinserfüllung angestrebt, über Einsicht Haltung angebahnt wird, wenn fachliche Erkenntnisse dazu verhelfen, Lebenswirklichkeit klarer zu durchschauen und lebenspraktische Situationen besser zu meistern.«
»Auf Grund der ... Prämisse, daß Bildung nicht direkt (und schon gar nicht gegen den Willen des einzelnen) ›vermittelt‹ werden kann, sondern – im Rahmen biologischer und gesellschaftlicher Voraussetzungen – immer der Selbstbildung bedarf, ist Bescheidenheit in der Einschätzung pädagogisch-didaktischer Verwirklichungsmöglichkeiten angezeigt.
Die Grundschule kann zum Bildungsprozeß beitragen, wenn sie günstige äußere Rahmenbedingungen schafft, zum ›Lernen des Lernens‹ anleitet, Bildungsinhalte sorgfältig auswählt, ..., kurz: das Kind in seiner Gegenwart und Zukunft ernst nimmt.«
(Aus: Schorch 1994, 7 – 9)

Auszug 7: Aufgaben des Anfangsunterrichts
»Da aber nicht alle Schüler mit denselben Vorerfahrungen und den gleichen Lernvoraussetzungen in die Schule kommen, besteht die Zielsetzung des Unterrichts während der ersten Schulwochen darin, so zu arbeiten, daß eventuelle Entwicklungs- und Lernrückstände angeglichen werden können, um bis zum Beginn der Lehrgänge und für alle eine positive Lernausgangslage geschaffen zu haben. Erst dann kann das schulische Lernen im eigentlichen Sinn beginnen, obwohl manche Eltern es schon am ersten Tag erwarten.«
(Aus: Weigert/Weigert 1997, 50)

Auszug 8: Aufgaben des Anfangsunterrichts
»Anfangsunterricht muss im Hinblick auf die Verschiedenheit der Kinder Entwicklungsprozesse auf mehreren Ebenen stimulieren, sichern, unterstützen und fördern. Diese Ebenen sind:
1. die Stärkung von Selbstwertgefühl, von Akzeptanz der eigenen Person und des eigenen Könnens (Ich-Kompetenz),
2. die Entwicklung der Fähigkeit, die anderen in der Klasse wahrzunehmen, der Bereitschaft zur sozialen Mitverantwortung, des Interesses, mit anderen gemeinsame Handlungen zu planen und zu realisieren (sozial-emotionale Kompetenz),
3. die Förderung vielfältiger Ausdrucks- und Mitteilungsformen (kommunikative Kompetenz),
4. die Stärkung der Fähigkeit, Handlungen an Zielen zu orientieren und zielorientiert gemeinsam mit anderen, aber auch allein zu strukturieren (Planungs- und Handlungskompetenz),
5. die Stimulierung von Welt-, Sach- und Symbolerfahrung (Sachkompetenz).«
(Aus: Knauf 2001, 24 – 25)

2.2 Bildungsauftrag der Grundschule in aktueller Sicht

Die ausgeprägte Vielfalt der in der pädagogischen Praxis und Theorie verbreiteten Auffassungen zum Bildungsauftrag der Grundschule allgemein sowie zu Aufgaben des Anfangsunterrichts insbesondere deutet zum einen auf ein unterschiedliches Selbstverständnis der Grundschule als Institution innerhalb des Bildungssystems hin:

a) die Grundschule als eine propädeutische Einrichtung, die systematisches Lernen vorbereitet (Kindergärtnerin, Student, Auszug 7),
b) die Grundschule als Zulieferinstitution für die weiterführenden Schulen, die ein entsprechendes Wissensfundament schafft (Vater, Gymnasiallehrer, Realschullehrerin, der historische Auszug 1),
c) die Grundschule als pädagogische Einrichtung, die auf die Bewältigung gegenwärtiger und künftiger Lebensanforderungen vorbereitet und dabei zugleich über ein eigenständiges Profil verfügt, indem sie an vorschulische Erfahrungen anknüpft und wesentliche Grundlagen für weiterführendes (lebenslanges) Lernen legt (Grundschullehrerin, Auszüge 2 – 6).

Ein Vergleich der Alltagstheorien und der Auffassungen aus der Fachliteratur bezüglich des Selbstverständnisses der Grundschule als Institution macht darüber hinaus deutlich, dass sich vor allem die letzte – umfassendere – Position c) insbesondere in der grundschulpädagogischen Theorie zunehmend durchgesetzt hat. Die Eigenständigkeit der Grundschule wird in dem Zusammenhang in der grundschulpädagogischen Theorie (vgl. Schorch 1998, Götz 2000 a, Valtin 2000) folgendermaßen begründet:

- Die Grundschule ist die *erste* Schule im Bildungswesen. Sie nimmt als Institution systematisches Lernen in einem schulischen Kontext erstmalig auf.
- Die Grundschule ist eine Schule für *alle* Kinder. Sie ist daher durch eine ausgeprägte Heterogenität hinsichtlich der individuellen Lernvoraussetzungen der Schülerinnen und Schüler wie Alter, Geschlecht, soziale und kulturelle Herkunft und Erfahrungen, Lernbiographie (und damit bereits entworfene Selbstkonzepte), Interessen, Bedürfnisse etc. charakterisiert.
- Die Grundschule ist eine Schule für Schülerinnen und Schüler, die sich in einer spezifisch definierten Lebensphase – der *Kindheit* – befinden. Damit verbunden sind nicht nur sozial-emotionale, moralische, sprachliche, kognitive oder körperliche Alters- und Entwicklungsbesonderheiten der Schülerinnen und Schüler (einen detaillierten Überblick über Strukturelemente von Kindheit gibt Baacke 1993/1999). ›Kindheit‹ wird heute darüber hinaus in der grundschulpädagogischen Theorie auch als ›soziale Konstruktion‹ interpretiert. Danach wird Kindheit von den Kindern vornehmlich selbst gestaltet, sie sind gewissermaßen Akteure und Schöpfer ihrer eigenen Kindheit (vgl. Fölling-Albers 2001, 10) inner- und außerhalb von Schule.
- Die Grundschule besitzt eine *Schnittstellenposition zwischen vorschulischem und weiterführendem Lernen*. Sie knüpft an vorhandenes Wissen (Fähigkeiten, Kenntnisse, Gewohnheiten, Einstellungen) an und bietet zugleich pädagogisch-didaktisch Möglichkeiten für dessen Ausdifferenzierung und Erweiterung, das sich auf diese Weise sowohl für

die Bewältigung gegenwärtiger als auch künftiger Lebenssituationen als brauchbar erweisen kann.

Aus diesen verschiedenen Aspekten, die die Eigenständigkeit der Grundschule als Institution begründen, ergibt sich zugleich eine Akzentuierung spezifischer Bildungsziele und -inhalte für diesen speziellen Abschnitt des Bildungssystems – die Primarstufe. Gerade diesbezüglich spiegeln sich in den dargestellten Auffassungen zum anderen gravierende Unterschiede wider, die sich u. a. zu folgenden Tendenzen bündeln lassen:

a) Fokussierung sozialer Bildungsziele und -inhalte (Referendarin, Kindergärtnerin). Die Grundschule steht danach in der Pflicht, zunehmend sozialisatorische und erzieherische Aufgaben zu übernehmen. Diese Auffassung resultiert aus der in der grundschulpädagogischen Theorie und Praxis lange Zeit verbreiteten Tendenz, Konsequenzen bezüglich der Bildungsziele und Bildungsinhalte linear-kausal aus den Erkenntnissen der sozialwissenschaftlich ausgerichteten Kindheitsforschung abzuleiten (zur Kritik vgl. Wittenbruch u. a. 1995/2000, Schorch 2000). Auf Grund der »Verinselung«, der »Verplanung«, der »Mediatisierung«, der »Vereinzelung«, der »Konsumorientierung« heutiger Kindheit – auffällig ist hierbei insbesondere die Defizitbeschreibung von Kindheit – müsse die Grundschule heute vor allem soziale Kompensationsmöglichkeiten schaffen. Diese Tendenz erweist sich zugleich als trügerisch, indem eine Subjektorientierung – von der ›problematischen‹ sozialen Situation der Kinder auszugehen und diese im Schulleben und Unterricht besonders zu berücksichtigen – vorgetäuscht wird. Durch eine Deutung von Konsequenzen veränderter Sozialisationsbedingungen heutiger Kindheit für das schulische Lernen aus der Perspektive der Erwachsenen (Pädagogen) werden die Kinder und deren Bedürfnisse vielmehr objektiviert (zur Kritik vgl. auch Schorch 2000, Fölling-Albers 2001, Einsiedler i. Dr.). Auf die Gefahr einer »sich selbst erfüllenden Prophezeiung« (Watzlawick 2000, 19) verweist insbesondere die Aussage der Referendarin. Mit dem Wissen um die aus der sozialwissenschaftlichen Kindheitsforschung abgeleiteten – interpretierenden – Konstruktionen bezüglich Veränderungen bei den Kindern selbst »sieht« sie auch bevorzugt entsprechende (stigmatisierende) Verhaltensweisen bei den Kindern (die zugleich der eigenen Entlastung dienen).

b) Fokussierung kognitiver Bildungsziele und -inhalte (Vater, Gymnasiallehrer). Dabei wird Bildung häufig mit Fachwissen identifiziert (vgl. Drews u. a. 2000, 75). Konsequenzen bezüglich der Bildungsziele und Bildungsinhalte in der Grundschule werden in dem Zusammenhang linear-kausal aus gesellschaftlichen, insbesondere wirtschaftlichen Anforderungen abgeleitet, sie sind somit ebenso – wenn auch anders als in a) – soziologisch fundiert.

c) Fokussierung einer allseitigen, ausgewogenen Bildung, die an die individuellen Voraussetzungen der Schülerinnen und Schüler anknüpft und anschlussfähige Bildung grundlegt (Grundschullehrerin/Schulleiterin, Auszüge 2, 6, 8). In der Grundschule sollen alle Kinder in vielfältigen Auseinandersetzungen mit sich selbst, miteinander und mit – sich in ihren Ansprüchen und Anforderungen ständig verändernder – Welt im (individuellen) Prozess der Selbstbildung unterstützt und auf den Weg der Identitätsfindung (verstanden als Ich-Identität und kulturelle Identität – vgl. Maurer 1992, 148) gebracht werden, um aktiv und zunehmend eigenständig in gesellschaftlicher Mitverantwortung ihr Leben gestalten zu können. D. h., sozial-emotionale, kognitive, ästhetische, körperliche etc. Bildung bedeutet immer zugleich Selbstbildung. So kann fachliches Wissen beispielsweise dazu verhelfen, Lebenswirklichkeit klarer zu durchschauen und lebenspraktische Situationen sicherer zu bewältigen (vgl. Schorch 1994). Bezugspunkte für die Gestaltung des schulischen Bildungsprozesses sind folglich das Kind (Subjekt) und die Gesellschaft gleichermaßen. Diese Tendenz entspricht dem aktuell in der grundschulpädagogischen Theorie verbreiteten Selbstverständnis der Grundschule insbesondere. Dabei wird diese der geisteswissenschaftlichen Tradition verhaftete humanistische Bildungsauffassung in der Grundschulpädagogik heute interdisziplinär (ethisch, anthropologisch, entwicklungs- und kognitionspsychologisch sowie sozialisationstheoretisch) begründet (vgl. auch Kapitel 3).

2.3 Spezifizierung der Aufgaben des Anfangsunterrichts

In den verschiedenen Auffassungen zu den Aufgaben des Anfangsunterrichts wird insbesondere ein spezifisches Verständnis von Schulfähigkeit deutlich:

Hildegund und Edgar Weigert (1997) gehen von einem einheitlichen Schulfähigkeitsniveau (im Sinne von basalen Fähigkeitsniveaus im geistigen, körperlichen und sozialen Bereich) bei den Kindern aus, das zu Schulbeginn vorausgesetzt wird bzw. bei »Entwicklungs- und Lernrückständen« nachgeholt, aufgearbeitet werden muss. Erst dann könne schulisches Lernen – hier verstanden als für alle Kinder einheitlich vorstrukturiertes und systematisiertes Lernen – beginnen. Diese Auffassung ist eher defektorientiert ausgerichtet: Sind die Kinder motorisch, sprachlich oder in sonstiger Hinsicht ›rückständig‹ und damit ›auffällig‹, sind entsprechende Förderprogramme nötig, die das Symptom/die Symptome überwinden helfen.

Knauf (2001) weist hingegen – und dies gilt in der Grundschulpädagogik inzwischen weitgehend als mainstream (vgl. Richter 1999) – auf die Verschiedenheit der Kinder im Anfangsunterricht hin, die es nicht auszugleichen, sondern vielmehr für ein gemeinsames Lernen in unterrichtlichen Zusammenhängen zu nutzen gilt. Auf diese Weise wird Schulfähigkeit im Anfangsunterricht *gemeinsam entwickelt und entfaltet*. Aufgabe des Anfangsunterrichtes ist es schließlich, grundlegende, auf Selbstbildung abzielende Kompetenzen (Ich-, Sozial-, Sach-, Planungs- und Handlungskompetenz, kommunikative Kompetenz), die zugleich vielfältig miteinander vernetzt sind, in klärenden Auseinandersetzungen bzw. systematischen Formen des Lernens individuell aufzugreifen, fortzuführen bzw. neu anzubahnen. Über die Einführung bzw. Entfaltung der grundlegenden kulturellen Tätigkeiten wie Rechnen, Lesen und Schreiben – wozu u. a. auch die *Entwicklung* (nicht Voraussetzung!) von feinmotorischen Fähigkeiten, der Entwurf eines Graphemkonzepts (z. B. zur Unterscheidung von <b> und <d>) zählen – und die sich damit eröffnenden Möglichkeiten einer (mündigen) Teilhabe an Schriftkultur werden zugleich Selbstvertrauen, Selbstständigkeit und Verantwortungsbewusstsein gefördert. Lesen-, Schreiben- und Rechnenlernen wird heute (vor allem) in der Theoriediskussion weniger als Aneignung von Kulturtechniken als vielmehr im Sinne des Erlernens komplexer kultureller Tätigkeiten interpretiert und auch fachdidaktisch konzipiert (vgl. z. B. Augst/Dehn 1998, Dehn 1999).

Der Anfangsunterricht steht dabei in einem Spannungsfeld von Kontinuität und Neubeginn. Kontinuität im Sinne des Anknüpfens an individuell Vertrautes und Bewährtes (z. B. an bestimmte Lernformen, Regeln und Rituale, d. h. an methodische, soziale, ästhetische, sachbezogene Vorerfahrungen) vermittelt den Kindern Sicherheit in der neuen schulischen Situation. Ein Neubeginn bezieht sich insbesondere auf die Einführung in systematische Formen schulischen Lehrens und Lernens in veränderten zeitlichen, räumlichen und sozialen Strukturen. Der Anfangsunterricht prägt auf diese Weise das eigenständige Profil der Grundschule mit.

2.4 Zusammenfassung

- Die Grundschule ist eine eigenständige Schulform. Sie steht in der Kontinuität von vorschulischer und schulischer (grundlegender und weiterführender) Bildung und zielt damit zugleich auf eine vielfältige und ausgewogene Bildung, die in »Prozessen der Selbst-Bildung« (vgl. Schäfer 1995) hervorgebracht werden kann. Bezugspunkte des Bildungsauftrags sind die Lernenden (das Subjekt) und die Gesellschaft gleichermaßen.
- Die Grundschule ist eine Schulform mit einer heterogenen Schülerschaft. Die vielfältigen Dimensionen der Heterogenität der sich in der Phase des Übergangs von der frühen zur mittleren Kindheit befindenden Schülerinnen und Schüler fordern ein zieldifferentes Lernen in einem differenzierenden Unterricht ein, der die Kinder in ihrer Individualität berücksichtigt, sie als Subjekte ihres Sozialisations- und Lernprozesses ernst nimmt, d. h. an die individuellen Lebens- und Lernbedingungen anknüpft und anschlussfähige Bildung ermöglicht.
- Die Besonderheiten des Anfangsunterrichts ergeben sich aus der Schnittstellenposition von vorschulischer und schulischer (grundlegender) Bildung, aus dem Spannungsfeld von Kontinuität und Neubeginn.

2.5 Empfohlene Literatur

Faust-Siehl, Gabriele/Garlichs, Ariane/Ramseger, Jörg/Schwarz, Hermann/Warm, Ute (1996): Die Zukunft beginnt in der Grundschule. Empfehlungen zur Neugestaltung der Primarstufe. Reinbek

Haarmann, Dieter (Hrsg.) (1993): Handbuch Grundschule. Bd. 2: Fachdidaktik: Inhalte und Bereiche grundlegender Bildung. Weinheim und Basel
Haarmann, Dieter/Kalb, Peter E. (1999): Grundschule 2000. Lernen und leben im neuen Jahrtausend. Weinheim und Basel
Knauf, Tassilo (2001): Einführung in die Grundschuldidaktik. Lernen, Entwicklungsförderung und Erfahrungswelten in der Primarstufe. Stuttgart, Berlin, Köln
Lichtenstein-Rother, Ilse/Röbe, Edeltraud (1984): Grundschule. Der pädagogische Raum für die Grundlegung der Bildung. Weinheim und Basel. 2. Aufl.
Margies, Dieter/Knapp, Rudolf/Gampe, Harald/Rieger, Gerald (1997): Der Bildungsgang in der Grundschule in Nordrhein-Westfalen. Ausbildungsordnung Grundschule. Neuwied, Kriftel, Berlin. 2. Aufl.
Schäfer, Gerd E. (1995): Bildungsprozesse im Kindesalter. Selbstbildung, Erfahrung und lernen in der frühen Kindheit. Weinheim und München
Schorch, Günther (Hrsg.) (1994): Grundlegende Bildung. Erziehung und Unterricht in der Grundschule. Einleitung. Bad Heilbrunn/Obb. 2. Aufl. S. 7 – 10
Schorch, Günther (1998): Grundschulpädagogik – eine Einführung. Bad Heilbrunn/Obb.

3 Zu Lebens- und Lernbedingungen der Schulanfänger – Betrachtungen aus interdisziplinärer Perspektive

3.1 Wie leben Schulanfänger? – Betrachtungen aus sozialwissenschaftlicher und sozialökologischer Perspektive zu kindlichen Lebenswelten

3.1.1 Einführung in das Problemfeld

Zur Einführung in das Problemfeld wird eine Zusammenfassung der Befundlage der sozialwissenschaftlichen (empirischen) Kindheitsforschung zu veränderten Bedingungen des Aufwachsens von Kindern (im Übergang von der frühen zur mittleren Kindheit) heute bzw. zu veränderten kindlichen Lebensbedingungen vorgenommen (vgl. Diskussionsgrundlage 2.1 in Tabelle 1). Die Basis dafür bildet der aktuelle Forschungsüberblick von Maria Fölling-Albers (2001). Auf dieser Grundlage werden die in der grundschulpädagogischen Praxis und Theorie inzwischen weit verbreiteten Interpretationen der Befunde im Hinblick auf Aspekte veränderter Kindheit (z. B. Fölling-Albers 1989, Fölling-Albers u. a. 1992, Hopf 1993, Holtappels 1998a, Knörzer/Grass 2000, Rolff/Zimmermann 2001) kontrastiv gegenübergestellt.

Es erfolgt im Rahmen der thematischen Problematisierung eine Fokussierung der Erkenntnisse der sozialwissenschaftlichen (empirischen) Kindheitsforschung (und nicht z. B. der psychoanalytischen, entwicklungspsychologischen, ethnografischen) aus dem Grunde, weil gerade diese in den letzten Jahren sowohl in der grundschulpädagogischen Praxis als auch Theorie bevorzugt aufgegriffen worden sind und mit Blick auf die Bedeutsamkeit für die Grundschularbeit zunehmend kritisch diskutiert werden (z. B. Honig u. a. 1999, Schorch 1998, 2000, Einsiedler i. Dr.).

Fölling-Albers (2001) konzentriert sich in der Darstellung veränderter Sozialisationsbedingungen heutiger Kindheit insbesondere auf die folgenden vier Erfahrungsbereiche:

- familiale Lebenswelt,
- Spielverhalten,
- institutionalisierte Förder- und Freizeitangebote,
- neue Medien,

weil diese – so die Autorin – »die relevantesten Erfahrungsbereiche für die Kinder bilden und sie von dem Modernisierungsschub in den 70er Jahren vorrangig betroffen sind, aber auch weil sich an ihnen ganz besonders die kontroversen Auseinandersetzungen um das Aufwachsen von Kindern entzündet haben« (Fölling-Albers 2001, 18).

Zwei Fragen erscheinen in dem Zusammenhang als wesentlich:

Erfahrungsbereiche der kindlichen Lebenswelt	Befunde der sozialwissenschaftlichen (empirischen) Kindheitsforschung	Interpretationen der Befunde kulturpessimistisch	Interpretationen der Befunde kulturoptimistisch
Familiale Lebenswelt	Zunahme der Müttererwerbstätigkeit	Vereinsamung	frühere Selbstständigkeit
	Anstieg der Ein-Kind-Familien, Rückgang der Mehr-Kind-Familien	regelverletzendes, egozentrisches Verhalten »Prinz(essinne)n«	mehr Zuwendung, bessere Bildungsmöglichkeiten
	Zunahme der Ein-Eltern-Familien, Anstieg der Ehescheidungen	Erziehungsschwierigkeiten Schulprobleme	Konflikterfahrung, frühe Selbstständigkeit
	Liberalisierung des Erziehungsstils, Verschiebung der Erziehungswerte »vom Befehlen und Gehorchen zum Verhandeln« (Büchner 1983) »von der Erziehung zur Beziehung« (Zinnecker 1988)	»Aufmüpfigkeit« »Grenzenlosigkeit«	Selbstständigkeit, Selbstbewusstsein, Fantasie, Kooperation, Hilfsbereitschaft
Spielgefährten und Spielorte	altersgleiche Spielpartnerschaften als vorrangige und bevorzugte Gemeinschaftsform	Erschwerung von Gruppenbildungsprozessen, von Konfliktfähigkeit, eingeschränkte Rücksichtnahme auf Jüngere	Vertrauen, Kooperation
	eingeschränktes Zusammentreffen von Kindern verschiedener sozialer Schichten und unterschiedlicher Kulturen außerhalb der Schule	Fremdenfeindlichkeit	–
	Mehrheit der Kinder hält sich nach wie vor gern draußen auf, dennoch zunehmende Tendenz zum Spiel im Innenraum	Verhäuslichung, Vereinselung	intensivere Erfahrung des Nahraums
Institutionalisierte Förder- und Freizeitangebote	spezifische (kommerzialisierte) Förder- und Freizeitangebote werden nur von einem kleinen (privilegierten) Teil der Heranwachsenden genutzt	Einschränkung der Chancengerechtigkeit in Bezug auf Bildung	–
Neue Medien	Zunahme der Anschaffung und Nutzung auditiver Medien, des Fernsehers, des Computers (später auch vermehrte Nutzung interaktiver Medien)	Leben aus der zweiten Hand, Verlust an originalen Lebenserfahrungen	Informationsgewinn, Erwerb effektiver Handlungsstrategien (z. B. in Computerspielen)

Tabelle 1: Ausgewählte Befunde der sozialwissenschaftlichen Kindheitsforschung (Fölling-Albers 2001) und deren alltagstheoretische Interpretation

Was sagen diese Befunde einerseits und deren ambivalente Interpretation andererseits über die Lebenswelt von Kindern aus? Welche Bedeutung haben sie für die Grundschularbeit, insbesondere für den Anfangsunterricht?

3.1.2 Betrachtungen zur Lebenswelt von Kindern

Kinder verbringen ihre Kindheit in Lebenswelten (vgl. Baacke 1993, 199). Dabei bleibt jedoch zunächst zu klären, was überhaupt kindliche »Lebenswelt« ausmacht.

Baacke (1993/1999) entwickelte auf der Grundlage des entwicklungsökologischen Ansatzes von Bronfenbrenner ein strukturierendes Konzept von Lebenswelt – das Modell der vier sozialökologischen Zonen.

»Wenn wir künftig von ›Lebenswelt‹ der Kinder sprechen, ist diese immer vorzustellen in der historisch wechselnden (wir werden uns nunmehr mit der Gegenwart beschäftigen) Konkretheit psychischer, sozialer und gesellschaftlicher Verfaßtheit, wie sie der sozialökologische Zugang zu erfassen verspricht, unter Einbezug aller nicht unmittelbar gegebener Umwelten, die auf eine jeweils gegebene Umwelt Einfluss nehmen – ebenso wie jede gegebene Umwelt das Handeln von Menschen in anderen Umwelten beeinflussen kann und damit diese Umwelten selbst.« (Baacke 1999, 112)

Die vier sozialökologischen Zonen implizieren sowohl zeitliche Strukturen, die interpersonale Situation (soziale Beziehungen zu anderen Kindern und Erwachsenen, zu Freunden und Fremden, im familiären und außerfamiliären Bereich) und räumlich-dingliche Umgebung (z. B. in der Natur, in der technischen Welt) sowie ›behavioral settings‹ im Sinne verhaltensbestimmender, organisierter Umwelten (z. B. Kindergarten, Schule, Läden), die jeweils miteinander in (eine Person-Umwelt-)Interaktion treten (vgl. Gudjons 1999).

Nach Baacke (1999, 112) lassen sich die vier sozialökologischen Zonen als »vier sich erweiternde konzentrische Ringe« darstellen:

Lebens- und Lernbedingungen

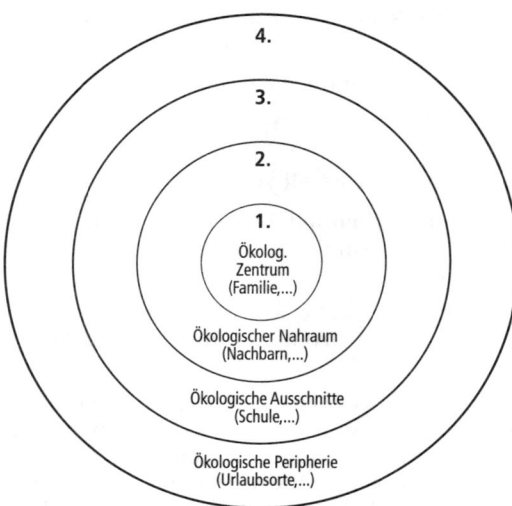

Abbildung 1: Sozialökologische Zonen (Baacke 1999, 113)

Baacke (1999, 112 – 114) erläutert diese vier Zonen folgendermaßen:

1. *Das ökologische Zentrum* ist die Familie, das »Zuhause« als der Ort, an dem sich das Kind zusammen mit den wichtigsten und unmittelbarsten Bezugspersonen vor allem im Säuglings- und Kindesalter am häufigsten aufhält und interagiert.
2. *Der ökologische Nahraum* ist die »Nachbarschaft«, der Stadtteil, das Viertel, die »Wohngegend«, das »Dorf« als »Orte«, an denen das Kind die ersten Außenbeziehungen und Kontakte zu funktionsspezifischen behavioral settings aufnimmt (z. B. in Läden einkaufen, zum Dorffest, zur Kirmes gehen).
3. *Die ökologischen Ausschnitte* sind Orte mit funktionaler Differenzierung, d. h., der Umgang darin ist durch funktionsspezifische Aufgaben geregelt (gemeinsam zu spielen, zu lernen etc., wie z. B. im Kindergarten, in der Grundschule).
4. *Die ökologische Peripherie* sind Zonen gelegentlicher Kontakte, ungeplanter Begegnungen, jenseits der Routinisierung.

Das Kind erobert sich gewissermaßen die verschiedenen Zonen. Dabei *wächst die Welt*, sie wird reicher und vielfältiger in den sozialen und sachlichen Beziehungen und wird zugleich funktionaler, und *das Kind wächst in der Welt* (Baacke 1999, 115), es differenziert seine Grundbedürfnisse, sozialen Beziehungen, individuellen Schemata für Wirklichkeitskonstruktionen und Lebensgewohnheiten weiter aus (vgl. auch Soostmeyer 1992, Hempel 2000). Während die ersten drei Zonen in »regelmäßigen und geordneten Verbindungen« stehen, ist die vierte nicht entsprechend planbar.

Die Ergebnisse der sozialwissenschaftlichen Kindheitsforschung (3.1.1) beschreiben nun, was die konkreten Lebensbedingungen von Kindern innerhalb dieser sozialökologischen Zonen kennzeichnet, insbesondere welche Veränderungen sich in dem Zusammenhang in den letzten Jahren vollzogen haben.

Eine genauere Betrachtung der in Tabelle 1 aufgelisteten Befunde der sozialwissenschaftlichen (empirischen) Kindheitsforschung vor dem skizzierten lebensweltlichen Hintergrund macht deutlich, dass die von Fölling-Albers (2001) ausgewertete Kindheitsforschung den Fokus primär darauf ausrichtet, Aussagen darüber treffen zu können, *wie sich die Welt des Kindes konstituiert, wie sie wächst und sich zugleich selbst (subjektunabhängig) verändert.* Die Perspektive darauf, *wie das Kind in der (sich aus wessen Perspektive verändernden?) Welt wächst, wie es eine Welt hervorbringt, die es in Koexistenz mit anderen Menschen gestaltet,* bleibt dabei eher unberücksichtigt. Darauf wird in den alltagstheoretischen Positionen allemal interpretativ geschlossen. Neuere Untersuchungsergebnisse aus der psychoanalytischen und entwicklungspsychologischen sowie der ethnografischen Forschung werden in dem Zusammenhang unter 3.2 und 4.4 vorgestellt.

3.1.3 Bedeutung der Ergebnisse der Kindheitsforschung für die Grundschularbeit/den Anfangsunterricht

Wie wird mit den in 3.1.1 dargestellten Befunden in der grundschulpädagogischen Theorie und Praxis umgegangen, welche Relevanz können sie für die Grundschularbeit, insbesondere den Anfangsunterricht, haben?

Fölling-Albers (2001) verweist in ihren Ausführungen explizit auf die Gefahr der Pauschalisierung im Umgang mit den Ergebnissen der empirischen Kindheitsforschung in der pädagogischen Theorie und Praxis der Grundschule.

Wie in Tabelle 1 dargestellt, sind in der Alltagstheorie in den meisten Fällen (wenn es nicht ethische oder moralische Gründe verbieten, wie z. B. bezüglich sozialer und kultureller Aussonderung) ambivalente Interpretationen möglich. Dabei können kulturpessimistische Deutungen für die pädagogische Arbeit mit Kindern ebenso wenig brauchbar sein wie kulturoptimistische. Kulturpessimistische Deutungen von Aspekten der kindlichen Lebenswelt haben im pädagogischen Alltag eher eine Entlastungsfunktion (im Sinne von, wie schlimm die Kinder heute aufwachsen, es deshalb nicht verwunderlich ist, dass sie »gestört« sind, d. h. den Kindern werden »Defekte« zugeschrieben, denen gegenüber man hilflos ist). Kulturoptimistische Deutungen können hingegen verantwortungslos sein, indem Probleme beschönigt und verdeckt werden, die Kinder als Subjekte ebenso nicht ernst genommen werden.

Obwohl Fölling-Albers auf die Gefahr von Pauschalisierungen und Etikettierungen hinweist, die der Vielfalt unterschiedlicher Kindheiten nicht gerecht werden (Fölling-Albers 2001, 14, 18, 24), bleiben auch ihre Ausführungen nicht konsequent frei davon.

Ein Beispiel soll dies verdeutlichen: Im Kontext der Auswertung von Untersuchungen zum Spielverhalten ost- und westdeutscher Kinder verweist die Verfasserin auf ein Untersuchungsergebnis von Lipski (1996), wonach sich ostdeutsche Kinder insgesamt mehr in Außenräumen aufhalten als westdeutsche Kinder. Den Grund für diese Tendenz sieht die Verfasserin in den »im Vergleich zu westdeutschen Wohnungen insgesamt weniger attraktiven (ostdeutschen – P. H.) Innenräumen.« (Fölling-Albers 2001, 29)

An diesem Beispiel wird offenbar: Was für wen attraktiv ist, ist stets subjektiv, denn: wer hat das zu entscheiden? Die ostdeutschen Kinder selbst haben in der Studie von Lipski darüber *nicht* befunden. Auch Lipski (1996, 361) stellt bezüglich der ostdeutschen Innenräume lediglich fest, dass sich diese überwiegend in Mehrfamilienhäusern befinden, dabei pro Person ca. 27,4 Quadratmeter Wohnfläche zur Verfügung stehen, 93 % der Kinder über ein Kinderzimmer verfügen, das fast die Hälfte der Kinder mit Geschwistern teilen muss, daher die Lage in den Kinderzimmern offenbar eher beengt sei. Darüber hinaus fasst er zusammen, dass »wie im Westen auch im Osten (eine) ausgiebige Nutzung des Außenraums« (Lipski 1996, 361) zu verzeichnen ist. In dem aufgeführten Beispiel handelt es sich daher wohl eher um ein »Attraktivitäts-Konstrukt von Wohnraum« einer – so Fölling-Albers selbst – »im Westen lebenden Pädagogin«, der es »kaum möglich (ist), die ostdeutschen Erfahrungen hinreichend genau aufzunehmen« (Fölling-Albers 2001, 11).

Damit ist ein entscheidender Punkt hinsichtlich der Bedeutsamkeit der Ergebnisse der sozialwissenschaftlichen Kindheitsforschung für die Grundschularbeit, so auch für den Anfangsunterricht, angesprochen:

Die Befunde der sozialwissenschaftlichen (empirischen) Kindheitsforschung liefern wichtige Orientierungshilfen, wo es pädagogisch lohnenswert und sinnvoll sein könnte, *bei der gemeinsamen Rekonstruktion von Lebenswelten von Kindern mit Kindern* anzusetzen, um an diese anzuknüpfen und auf Selbstbildung abzielende Unterstützung zu gewähren.

Unzulässig ist hingegen eine direkte Übertragung von Erkenntnissen über veränderte Bedingungen des Aufwachsens auf tatsächliche Veränderungen von Kindern bzw. kindlicher Lebenswelt aus der Perspektive der Erwachsenen (Pädagogen) (vgl. Scholz 1993, 47). Denn: »Wie Kinder mit bestimmten Bedingungen umgehen, läßt sich nur erfahren, wenn man versucht, ihre Weltsicht aus ihrer Sicht zu verstehen ... Ob das Hochhaus in Bezug auf die Lernmöglichkeiten von Kindern eine Einöde ist oder ein Eldorado, steht nicht von vornherein (und nicht für alle Kinder gleichermaßen – P. H.) fest.« (Scholz 1993, 48)

Aufgabe der Lehrerin/des Lehrers im Anfangsunterricht ist es daher, die Lebenswelten der Kinder in einer Verflechtung von ökologischem Zentrum und Nahraum und sich erweiternden ökologischen Ausschnitten mit ihnen gemeinsam zu erkunden. Auf dieser Grundlage werden pädagogische Entscheidungen eher dem Kinde entsprechend begründbar und gerecht.

Kindliche Weltsichten und Handlungsperspektiven sind – so Behnken und Zinnecker (2001, 53) – am intensivsten in einem qualitativen Forschungsparadigma erschließbar. Hierzu zählen die Autoren insbesondere Fallstudien, ethnografische Beobachtungen, explorierende Tiefengespräche, Eigenprodukte der Kinder wie Zeichnungen, Kritzeleien, Aufzeichnungen und biografische Erkundungen (Beispiele dafür in Honig u. a. 1999, vgl. auch Kapitel 5).

3.1.4 Zusammenfassung

- Kindliche Lebenswelten sind nach dem sozialökologischen Modell von Dieter Baacke, das den Ausführungen zu Grunde gelegt wurde, in verschiedene sozialökologische Zonen strukturiert, die das Kind fortschreitend in Besitz nimmt bzw. mit konstruiert. Die Welt wächst und das Kind wächst in die Welt (vgl. Baacke 1999, 112–115), es bringt eine Welt hervor, die es gemeinsam mit anderen Menschen gestaltet.
- Aus der sozialwissenschaftlichen Kindheitsforschung liegen vielfältige Untersuchungsergebnisse über veränderte Bedingungen des Aufwachsens von Kindern in den verschiedenen sozialökologischen Zonen seit den 70er und 80er Jahren vor (vgl. Tabelle 1). Diese Befunde haben in der pädagogischen Theorie und Praxis inzwischen weite Verbreitung gefunden.
- Eine Interpretation der Befunde hinsichtlich einer (positiven oder negativen) Veränderung der Lebenswelt von Kindern vernachlässigt die Perspektive der Kinder und wird dieser damit auch nicht gerecht.
- Ein Erkunden bzw. Rekonstruieren kindlicher Lebenswelten im Anfangsunterricht ist daher nur gemeinsam mit den Kindern möglich. Die Ergebnisse der sozialwissenschaftlichen (empirischen) Kindheitsforschung können dafür wesentliche Ansatzpunkte liefern. Für das gemeinsame Erkunden der Lebenswelt von Kindern gibt es inzwischen vielfältige methodische Möglichkeiten (vgl. 3.1.3).

3.1.5 Empfohlene Literatur

Baacke, Dieter (1993/1999): Die 6- bis 12jährigen. Einführung in Probleme des Kindesalters. Weinheim und Basel. 5. Aufl./6. Aufl.
Fölling-Albers, Maria (Hrsg.) (1989): Veränderte Kindheit – Veränderte Grundschule. Arbeitskreis Grundschule e.V. Frankfurt a. M.
Fölling-Albers, Maria u. a. (1992): Schulkinder heute. Auswirkungen veränderter Kindheit auf Unterricht und Schulleben. Weinheim und Basel
Fölling-Albers, Maria/Richter, Sigrun/Brügelmann, Hans/Speck-Hamdan, Angelika (Hrsg.) (2001): Jahrbuch Grundschule III: Fragen der Praxis – Befunde der Forschung: Kindheitsforschung/Forschung zum Sachunterricht. Seelze/Velber

Honig, Michael-Sebastian/Lange, Andreas/Leu, Hans Rudolf (Hrsg.) (1999): Aus der Perspektive von Kindern? Zur Methodologie der Kindheitsforschung. Weinheim, München
Hopf, Arnulf (1993): Grundschularbeit heute. Didaktische Antworten auf neue Lebensverhältnisse. München
Scholz, Gerold (1993): Kinder lernen von Kindern. Baltmannsweiler
Schorch, Günther (2000): Zur Kritik grundschulpädagogischer Folgerungen aus Ergebnissen heutiger Kindheitsforschung. In: Jaumann-Graumann, O./Köhnlein, W. (Hrsg.): Lehrerprofessionalität – Lehrerprofessionalisierung. Bad Heilbrunn/Obb. S. 183 – 191

3.2 Wie lernen Schulanfänger? – Betrachtungen aus entwicklungs-, lern- und kognitionspsychologischer sowie anthropologischer Sicht

3.2.1 Einführung in das Problemfeld

Zur Verdeutlichung des Problemfeldes, wie Schülerinnen und Schüler im Anfangsunterricht lernen, soll zunächst von zwei Unterrichtssituationen ausgegangen werden. Die erste Unterrichtssituation stammt aus den ersten Schulwochen im ersten Schuljahr und wurde der Sammlung von Schlüsselszenen zum Lese- und Schreibunterricht von Mechthild Dehn (1994, 82) entnommen. Bei der zweiten Unterrichtssituation handelt es sich um ein Unterrichtsprotokoll aus einem zweiten Schuljahr, das im Rahmen des Forschungsprojektes »Schrift-Spracherwerb« (Hanke 1997a) angefertigt wurde.

Im Anschluss daran werden Schreibproben von Jessica und Bianca aus dem ersten und zweiten Schuljahr vorgestellt, die die schriftsprachlichen Lernprozesse der Kinder verdeutlichen. Diese Schreibproben wurden ebenso dem Forschungsprojekt »Schrift-Spracherwerb« entnommen (Hanke 1997a).

Diskussionsgrundlage 3.1: Unterrichtssituation aus dem 1. Schuljahr

Das soll eine Sonne sein?
Wir sitzen im Kreis, erzählen vom Wochenende.
Sascha sagt: »Ich habe euch etwas mitgebracht.« Stolz präsentiert er fünf gleichgroße Papierschnipsel und legt sie in die Kreismitte.
»Das ist ein Puzzle«, sagt er mit einer Stimme, die verrät, daß wir das wohl nie rauskriegen. Die Kinder schauen und bemerken dann, daß auf den einzelnen Papierstückchen Buchstaben stehen.
Sandra hockt sich in den Kreis und beginnt, die Schnipsel nebeneinander zu legen.
Die Kinder sagen:
Das ist ein O.
Und ein N.
Den kenn' ich, den habe ich vorn.
Das S ist auch da.
Ja, und noch mal!
Und ein E – wie Esel.

Lebens- und Lernbedingungen

In der Kreismitte liegt jetzt ENNOS. Sandra (sie kann schon Wörter/kleine Sätze lesen) ruft: »Oh, das ist ja Sonne!« *Schnell legt sie die Buchstaben in die richtige Reihenfolge:* »Ja, das ist Sonne.«
Anwar hält sich die Hand vor den Mund, lacht versteckt und prustet dann los: »Das soll eine Sonne sein, da lach' ich mich ja kaputt, das ist doch keine Sonne!«
Die Kinder schauen etwas ratlos. Ich gehe an die Tafel und male eine große Sonne auf die Vorderseite.
»Ist das eine Sonne?« *frage ich.*
Er nickt: »Ja, das ist eine Sonne. So sieht nämlich eine Sonne aus.«
Im Kreis zeige ich auf die Schnipsel und sehe die Kinder an. Sascha meint: »Ja, und da steht auch Sonne. Das ist nämlich das Wort für Sonne.«
»Hääh?« ... *Keiner kann dieses* »häh« *so lang ziehen und so ungläubig gucken wie Anwar.*
»Das ist auch 'ne Sonne?«
Murat sagt: »Anwar, das sind die Buchstaben für Sonne, wenn man schreibt.«
Sascha erklärt noch, daß er sein Puzzle ja extra schwer machen wollte, deshalb habe er keine Sonne gemalt.
Anwar schaut noch etwas ungläubig und fragt: »Und da steht jetzt Sonne?«
Klasse 1, 30. 8. 1993. Gedächtnisprotokoll: Sigrid Andersen, aus: Dehn (1994, 82)

Diskussionsgrundlage 3.2: Unterrichtssituation aus dem 2. Schuljahr

Das »4-Jahreszeiten-Projekt«

Die Lehrerin kündigt den Zweitklässlern im Stuhlkreis ein Projekt zum Thema »Jahreszeiten« an. Sie informiert die Kinder darüber, dass in den nächsten zwei Stunden (bis zur Frühstückspause) Plakate zu den verschiedenen Jahreszeiten entstehen sollen, um diese den zukünftigen Schulanfängern am Wochenende zum Tag der offenen Tür präsentieren zu können.
Die Kinder werden aufgefordert, Ideen zu äußern, was ihnen zu den Jahreszeiten einfällt, welche Ereignisse anstehen, was sie jeweils gern tun etc.
Die Phase der Ideensammlung wird abgeschlossen mit der Formulierung konkreter Arbeitsanweisungen durch die Lehrerin:
Die Kinder können aus den von ihr mitgebrachten Zeitungen und Zeitschriften Bilder zu den Jahreszeiten ausschneiden, notfalls selbst Bilder malen, aus den von ihr zur Verfügung gestellten Lese- und Sprachbüchern jahreszeitliche Gedichte und Geschichten abschreiben. Die Produkte sollen schließlich auf die von ihr mitgebrachten Plakatkartons aufgeklebt werden.
Die Schülerinnen und Schüler beginnen jede/r für sich sofort mit der Arbeit: Sie schneiden Bilder aus und schreiben Gedichte und Geschichten aus verschiedenen Sprachbüchern ab. Maja arbeitet an dem »Sommer-Plakat«. Sie hat ein Schwimmbad und eine saftige Wiese gemalt, über die eine große herrliche Sonne strahlt. Anschließend beschriftet sie das Bild. Mit einem dicken Stift schreibt sie: »In den ferien gehen wir schwimen.« *Als die Lehrerin bei ihrem Gang durch das Klassenzimmer dies bemerkt, nimmt sie Maja den Stift aus der Hand und überschreibt das <f> in »ferien« mit einem <F> und schreibt über das <m> in »schwimen« noch ein <m> dazu. Anderen Kindern gibt sie konkrete Arbeitsanweisung, schneidet Bilder selbst mit aus und schickt Kinder mit fehlerhaft abgeschriebenen Gedichten und Geschichten zurück, diese noch einmal abzuschreiben.*

22 Lebens- und Lernbedingungen

Diskussionsgrundlage 3.3: Schreibproben von Kindern aus dem 1. und 2. Schuljahr

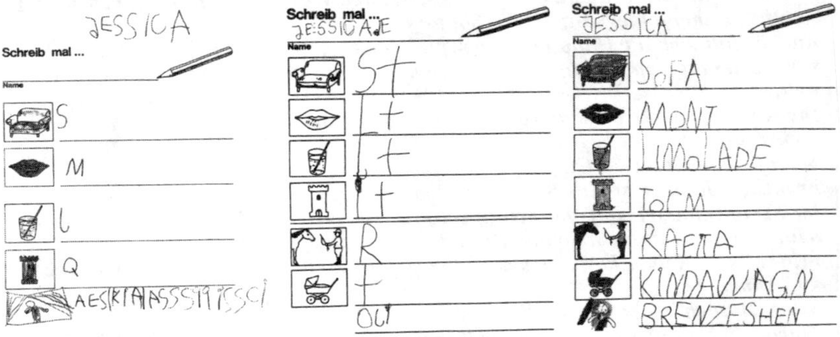

a) November Klasse 1   b) Januar Klasse 1   c) Mai Klasse 1

Abbildungen 2 a – c: Schreibproben von Jessica

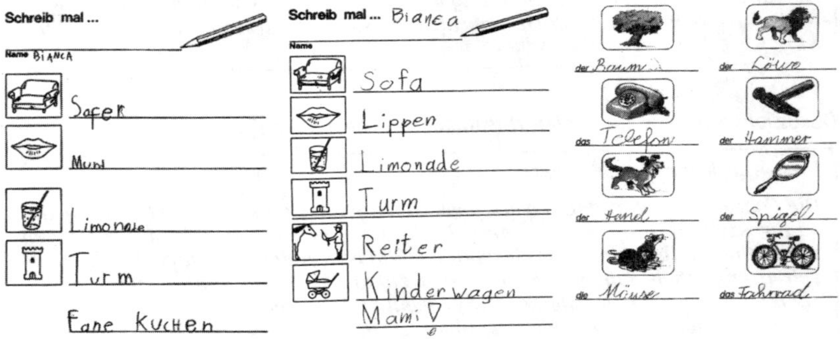

a) November Klasse 1   b) Mai Klasse 1   c) Januar Klasse 2

Abbildungen 3 a – c: Schreibproben von Bianca

3.2.2 Betrachtungen aus entwicklungs-, lern- und kognitionspsychologischer Perspektive zum Lernen der Kinder

Darüber, wie Kinder lernen, hat es in der Geschichte der Grundschulpädagogik – unter Bezugnahme auf verschiedene Lern-, Entwicklungs- und Instruktionstheorien (ein allgemeiner Überblick bei Baumgart 1998, auf die Grundschule bezogen bei Rost 1980, Fölling-Albers 1989) – unterschiedliche Auffassungen gegeben: Während u. a. nativistische Theorien (häufig auch als »endogen orientierte oder endogenistische Theorien« bezeichnet, vgl. Giest/Lompscher 1997, 73, Dollase 1997, 55) und behavioristische Ansätze (»exogenistische Theorien«) zumindest in der grundschulpädagogischen Theorie inzwischen als weitgehend überwunden gelten, haben sich im Zuge eines Paradigmenwechsels im Laufe der 80er Jahre zunehmend entwicklungs- und kognitionspsychologisch-konstruktivistische Positionen entfaltet und etabliert.

In *nativistischen Theorieansätzen* wird davon ausgegangen, dass Lernen sich als ein natürlicher Entwicklungsprozess erweist, der auf der Entfaltung naturgegebener innerer Anlagen (beispielsweise auf der Grundlage eines Spracherwerbsmechanismus, z. B. Chomsky 1970) basiert. Im Zentrum steht primär die Entfaltung von Reifungsprozessen bzw. angelegter Entwicklungsprogramme (vgl. Giest/Lompscher 1997, 73), d. h. es werden insbesondere die inneren Dispositionen des Individuums beim Lernen fokussiert.

In Bezug auf die Unterrichtsbeispiele (Diskussionsgrundlagen 3.1 und 3.2) wäre sowohl bei Anwar als auch bei Maja folglich zu warten, bis entsprechende Vorstellungen über die Strukturen von Schrift von selbst ausgereift sind. Möglichkeiten des Unterrichts, diesen Prozess in entsprechend individuell strukturierten Lernumgebungen zu unterstützen, werden nur eingeschränkt eingeräumt. Valtin spricht in dem Zusammenhang auch von der Gestaltung des Unterrichts im Sinne eines »Selbstbedienungsladens« (Valtin 1998, 66).

Behavioristische Positionen gehen im Unterschied dazu davon aus, dass das Lernen dem Lehren in einer linearen Kausalitätsbeziehung folgt. D. h., Lernen wird als *»Verhaltensänderung durch Konditionieren«* (Giest/Lompscher 1997, 73) interpretiert (z. B. Skinner). Durch beständiges Wiederholen, Üben und Verstärken sollen sich spezifische Fähigkeiten, Fertigkeiten, Einsichten und Gewohnheiten »verfestigen«. Die sich insbesondere in den Fehlern der Kinder abzeichnenden Theorien oder »Prä-Konzepte« werden bei der Gestaltung von Lernumgebungen sanktioniert und somit vernachlässigt, damit sie sich nicht falsch »einschleifen«. Im Zentrum stehen folglich primär die Einwirkfaktoren der Umwelt.

Nach dieser Auffassung hätten die Kinder in Anwars Klasse das Schriftbild »Sonne« im Unterricht wiederholt mit Buchstabenkarten zu legen, das Wortbild dem Abbild einer Sonne zuzuordnen, dieses evtl. auch zu erfühlen oder zu kneten sowie auf methodisch originelle Art und Weise ab- oder nachzuschreiben. Diese Versuche würden jeweils – wie im zweiten Unterrichtsbeispiel (Diskussionsgrundlage 3.2) – durch die Lehrperson bestätigt oder sanktioniert bzw. korrigiert. Solche Korrekturen der Lehrerinnen und Lehrer in die Schreibungen der Kinder hinein sind auch heute noch in der Grundschulpraxis zu beobachten, wie das zweite Unterrichtsbeispiel explizit belegt. Dies erfolgt mit der in der Schriftspracherwerbsdidaktik längst widerlegten Begründung, dass sich falsche Wortbilder einprägen könnten (vgl. Scheerer-Neumann 1995).

Piaget (1972, 1983) als eine Schlüsselfigur der *kognitiven Entwicklungspsychologie* geht davon aus, dass insbesondere die Ausbildung denkpsychologischer (kognitiver) Strukturen für die menschliche Entwicklung entscheidend ist. Im Unterschied zu den bisher betrachteten Theoriekonzepten werden nach diesem Ansatz der kognitiven Entwicklungspsychologie die kognitiven Strukturen weder als vorgeformt begriffen (die durch Reifung heranwachsen) noch als allein durch die Umwelt bestimmt aufgefasst. Das Kind konstruiert vielmehr seine internen Strukturen in aktiven Auseinandersetzungen mit der Umwelt und durch reflexive Abstraktion seiner Handlungen in der Umwelt (vgl. Huber/Mandl 1980, 67). Die kognitiven Strukturen dienen dabei der »*Adaptation*«, d. h. der Anpassung des Organismus an seine Umwelt, jedoch nicht im Sinne eines Abbildens von Wirklichkeit, sondern im Sinne eines Konstruierens von Umwelt als einer »konstruktiven Leistung der Intelligenz, weil sie ein bestimmtes Verständnis von Welt erzeugt« (Baumgart 1998, 205).

Von zentraler Bedeutung für die kognitive Entwicklung ist das Streben nach Gleichgewicht (»*Äquilibration*«). Das vorangehende Erfahren eines Ungleichgewichts (durch Widersprüche, Konflikte etc.) kann zum einen bedingt sein durch Unstimmigkeiten in der Organisation von Wissen und Erkenntnisfähigkeit oder zum anderen ausgelöst sein durch Diskrepanzerfahrungen, d. h., durch die Erfahrung, dass die vorhandenen kognitiven Strukturen für die Erklärung und den Umgang mit Umwelt nicht ausreichend sind (Baumgart 1998, 208). Dies hat insbesondere Anwar in der ersten Unterrichtssituation für sich erfahren können. Ob auch Maja eine solche Unstimmigkeits- bzw. Diskrepanzerfahrung in der zweiten Unterrichtssituation machen konnte, scheint fraglich.

Zum Aufbau neuer Strukturen und damit zu neuen Formen eines Gleichgewichts zwischen Organismus und Umwelt kommt es durch ein Zusammenspiel von »*Asssimilation*« und »*Akkommodation*«. Bei der Asssimilation versucht das Kind, neue Erfahrungen, Handlungsanforderungen etc. in bereits vorhandene kognitive Strukturen und die aus ihnen resultierenden Erklärungs- und Handlungsmuster einzugliedern. So hätte Anwar beispielsweise versuchen können, eine bildhafte Deutung des Schriftbildes »Sonne« zu finden oder aber nach dieser Unterrichtssituation jedes Schriftbild zunächst als »Sonne« zu deuten. Bei der Akkomodation machen hingegen neue Anforderungen der Umwelt eine qualitative Veränderung der vorhandenen Denk- und Handlungsmuster notwendig. D. h., das Kind verändert seine kognitive Struktur, um mit den neuen Anforderungen der Umwelt angemessener umgehen zu können. Eine solche Strukturmodifikation muss auch Anwar vornehmen, da seine bisherigen kognitiven Strukturen von Schrift eher bildhaft ausgerichtet sind. Er macht in dieser Situation die Erfahrung, dass seine vorhandenen – anschauungsgebundenen – Denk- und Handlungsmuster nicht ausreichen, um diese neue Anforderung der Umwelt zu bewältigen – das Schriftbild »Sonne«, das den realen Gegenstand nicht bildhaft darstellt, zu erkennen bzw. zu erlesen. Dabei sind – so Dehn (1994, 31) – gerade die Gegenüberstellung von Bild und Schrift sowie die vielfältigen Formulierungen der Kinder (die zum Teil bereits über sehr differenzierte Einsichten in die Schrift und deren Struktur verfügen) in der Situation eine Herausforderung für ihn, sein bisheriges kognitives Schema zu verändern. Anwar hat zunächst widersprochen und sein eigenes – dem anschauungsgebundenen Denken verhaftetes – Verständnis artikuliert, zum Schluss übernimmt er den Sprachgebrauch der anderen und nähert sich (vielleicht) mit seiner letzten Frage einem veränderten Begriff von Schrift (auf einer eher konkret-operationalen Ebene). Inwiefern Anwar jedoch seine kognitiven Strukturen bezüglich Schrift in dieser Situation tatsächlich modifizieren konnte, kann sich nur in neuen Situationen zeigen (vgl. Dehn 1994, 31).

Auch die Schreibungen von Jessica und Bianca weisen auf eine zunehmende Ausdifferenzierung der kognitiven Schemata über und im Umgang mit Schrift hin (detaillierter s. u.).

Nach Piaget lässt sich die Entwicklung der kognitiven Strukturen in einer spezifischen – empirisch nachweisbaren – Logik beschreiben. Er unterscheidet insbesondere die folgenden Phasen (auch »Stadien«, »Stufen« oder »Perioden«) der kognitiven Entwicklung (vgl. Oerter/Montada 1998):

1. *sensumotorische Phase* (0 – 2 Jahre, Herausbildung von Vorformen des Denkens durch erste Erfahrungen im Umgang mit Umwelt)
2. *präoperationale (vorbegriffliche) Phase* (2 – 7 Jahre, stark anschauungsgebundenes Denken)
3. *konkret-operationale Phase* (7 – 12 Jahre, allmähliche Überwindung anschauungsgebundenen Denkens, erste logische Schlüsse)
4. *Phase des formalen Operierens* (ab 12 Jahren, Abstraktion von der unmittelbaren Anschauung, abstrakte, logische Operationen).

Die Problematik dieses Phasenmodells besteht insbesondere in der altersbezogenen Normativität, da auf diese Weise Möglichkeiten zur Legitimation von Auffälligkeit und Ausgrenzung geschaffen werden. Sinnvoller erweist sich, dieses Modell als *Orientierungshilfe* innerhalb des kognitiven Entwicklungsprozesses zu begreifen, in dem alle Phasen (auch überlappend) durchlaufen werden müssen, in denen die Kinder darüber hinaus individuell unterschiedlich lange verweilen und auf die sie (auch wenn sie eine höhere Entwicklungsphase erreicht haben) jederzeit zurück greifen können.

Anwar befindet sich folglich – wie viele andere Schulanfänger auch – in der Phase des Übergangs von der präoperationalen Phase zur konkret-operationalen Phase.

Die sich seit Mitte der 90er Jahre auch in der Grundschulpädagogik zunehmend verbreitenden *konstruktivistisch orientierten Lerntheorien* (Gerstenmaier/Mandl 1995, zur Kritik vgl. Weinert 1996, Terhart 1999) greifen zum einen auf die Überlegungen von Piaget zurück und sind zum anderen ebenso durch neuere neurobiologische und neurokognitive Erkenntnisse zum Lernen und Gedächtnis (z. B. Roth 1997) sowie des sozialen Konstruktivismus (Luhmann 1990) geprägt. Lernen wird danach als aktive Veränderung bestehender Denkstrukturen in sozialen Kontexten aufgefasst. Diese Theorieansätze gehen darüber hinaus von dem konstruktivistischen Gedanken aus, dass neues Wissen auf der Basis vorhandener Schemata, Vorstellungen und Überzeugungen aktiv und eigenständig in Interaktion mit der Umwelt konstruiert werden muss, d. h., Lernende konstruieren ihr Wissen in einem bestimmten Handlungskontext (in Kooperation mit anderen) stets selbst. Dies ist nicht ohne eine emotionale Beteiligung des Lernenden möglich.

Zusammengefasst wird Lernen in konstruktivistischem Verständnis als ein aktiver, situativer, konstruktiver, sozialer und selbstgesteuerter Prozess gekennzeichnet (vgl. Fölling-Albers 1997, Möller 1999, 2001, das Beispiel »Anwar« wird in dem Zusammenhang in Speck-Hamdan 1998 aufgegriffen).

Inspiriert durch die Erkenntnisse der kognitiven Entwicklungspsychologie sowie später der konstruktivistisch orientierten Lerntheorie werden auch in der fach- bzw. bereichsspezifischen Forschung zunehmend Lern- und Denkprozesse von Grundschulkindern untersucht, so z. B. in der Forschung zum Schriftspracherwerb, zum Erwerb mathematischer Fähigkeiten (z. B. Krummheuer 1995, Selter/Spiegel 1997, Stern 1997, Spiegel 1998, Gallin/Ruf 1998, Hengartner 1999), zur ästhetisch-künstlerischen Entwicklung (z. B. Aissen-Crewett 1992, Richter 1997, Seitz 1998), in der Forschung zum Sachunterricht (z. B. Möller 1998, 1999, 2000, 2001, Beck 2001, Kahlert 2001).

Am weitesten fortgeschritten erweist sich in dem Zusammenhang insbesondere die Forschung zum Schriftspracherwerb. In – auch empirisch untersuchten – Entwicklungsmodellen zum Schriftspracherwerb werden »überindividuelle Entwicklungsphasen« (Thomé i. Dr.) beim Erwerb schriftsprachlicher Fähigkeiten beschrieben (z. B. von Brügelmann, Frith, K. B. Günther, Scheerer-Neumann, Spitta, Valtin, einen zusammenfassenden Überblick geben Richter 1996, Topsch 2000 oder Thomé i. Dr.). Diese Entwicklungsphasen sollen anhand der Schreibproben von Jessica und Bianca (Diskussionsgrundlage 3.3) exemplarisch erörtert werden. In Anlehnung an Valtin (1993, 75), Scheerer-Neumann (1998, 55) und Spitta (2001, 12) lassen sich hinsichtlich der Schreibentwicklung die folgenden Phasen unterscheiden:

1. Phase: vorkommunikative Aktivitäten (auch »präliteral-symbolische Phase«)

Die Kinder unternehmen erste Versuche, mit Stiften Spuren auf Papier zu erzeugen (Kritzelbilder). Diese Phase haben sowohl Jessica als auch Bianca zu Schulbeginn bereits durchschritten.

2. Phase: vorphonetisches Stadium (auch »logographemische Phase«)

Die Kinder entdecken allmählich die kommunikativen Möglichkeiten von Schrift. Sie geben erste Buchstaben und Buchstabenreihen (z. B. den eigenen Namen) wieder, die sie sich an auffälligen Merkmalen gemerkt haben. Einsichten in die Strukturen von Schrift sind noch nicht vorhanden.

Insbesondere bei Jessica ist diese Phase beim Schreiben ihres eigenen Namens noch beobachtbar. Während sie alle anderen Wörter (im November und Januar) bereits ansatzweise schriftstrukturorientiert verschriftet (was auf einen Übergang zur nächsten Phase hindeutet), gibt sie ihren Namen jeweils ganzheitlich wieder. Darüber hinaus experimentiert sie auf der Zeile für Lieblingswörter mit den ihr aus ihrem Namen bekannten Buchstaben. Inwiefern sich auch Bianca beim Schreiben ihres Namens noch in dieser Phase befindet, ist eher hypothetisch, da die Schreibungen der vorgegebenen Wörter bereits auf detailliertere Einsichten in die Schriftstruktur hinweisen.

3. Phase: halbphonetisches Stadium (auch »alphabetische Phase«)

Die Kinder gewinnen erste Einsichten in die Strukturen von Schrift. Sie produzieren Skelettschreibungen, indem sie Wortanfänge oder Silbenanfänge verschriften. Empirisch konnte in dem Zusammenhang nachgewiesen werden, dass die Kinder dabei die konsonantischen Wort- oder Silbenanfänge bevorzugen, da diese artikulatorisch im Mundraum eher spürbar sind.

Jessica befindet sich im November in dieser Phase. Sie verschriftet insbesondere die Wortanfänge. Im Januar hat sie bereits die Einsicht gewonnen, dass die Wörter nicht nur aus den Wortanfängen bestehen. Das verdeutlicht sie durch entsprechende Kreuze (oder »Plus-Zeichen«), was heißen soll, dass sie weiß, dass noch etwas folgen muss, was sie aber noch nicht realisieren kann. Bianca hat dieses Stadium bereits bewältigt.

4. Phase: phonetische Phase (auch »alphabetische Phase«)

Die Kinder differenzieren ihre Einsichten in die Strukturen von Schrift weiter aus. Sie orientieren sich beim Schreiben jedoch noch vorrangig an ihrer gesprochenen Sprache und versuchen, diese weitgehend vollständig wiederzugeben.

Dieses Stadium erreicht Jessica im Mai des ersten Schuljahres (*»MONT«, *»LIMoLADE«, *»ToRM«, *»RAEITA«, *»KINDAWAGN«, »BRENZESHEN«). Bei Bianca wird diese Phase bereits im November nur noch beim Verschriften des Lieblingswortes deutlich (»Fane Kuchen« für »Pfannkuchen«).

5. Phase: Orthografische Phase mit Übergeneralisierungen

Auch in dieser Phase differenzieren die Kinder ihre Einsichten in die Strukturen von Schrift weiter aus. Sie neigen in der Phase dazu, diese Einsichten über spezifische Schriftstrukturen (z. B. über Reduktionssilben bzw. Wortbildungsmorpheme wie »er«, in *»Coler«, *»Mofer«, über Auslautverhärtung wie in *»kald«) überzugeneralisieren.

Diese Phase ist in den Schreibproben von Jessica noch nicht zu beobachten. Sie zeigt sich hingegen bei Bianca bereits in einer Schreibung im November (*»Sofer«).

6. Phase: Entfaltete orthografische Phase

Die Kinder sind in der Lage, komplexe orthografische Anforderungen zu bewältigen. Ihre kognitiven Strukturen über orthografische Strukturen erweisen sich als ausdifferenziert.

Diese Phase deutet sich bei Bianca bereits in der November-Schreibprobe an (es ist eher unwahrscheinlich, dass sie die Schriftbilder logographemisch produziert) und wird in den weiteren Schreibproben (Mai Klasse 1 und Januar Klasse 2) zunehmend offensichtlich.

An den Beispielen von Jessica und Bianca wird Folgendes deutlich:

- Die Kinder befinden sich zu Schulbeginn in unterschiedlichen Phasen der (Schreib-)Entwicklung.
- Sie verweilen in den einzelnen Phasen unterschiedlich lange.
- Sie können sich zugleich in verschiedenen Phasen befinden, d. h., die Phasen überlappen sich.
- Sie greifen bei unbekannten, schwierigen Situationen (z. B. beim Schreiben unbekannter Wörter) auf vertraute Phasen zurück.

Das bedeutet: Entwicklungsmodelle liefern Orientierungshilfen für Entwicklungsprozesse, die auf individuelle Weise vollzogen werden. Deren Auffassung als eine allgemein gültige Norm würde Stigmatisierung und Aussonderung bei verzögerter Entwicklung rechtfertigen.

3.2.3 Betrachtungen aus anthropologischer Perspektive zum Lernen der Kinder

Die anthropologische Perspektive versucht, grundlegende, allen Menschen prinzipiell gemeinsame Bedingungen für das Lernen aufzuzeigen (vgl. Kahlert 2001, 69). Dabei sind diese anthropologischen Orientierungen nicht als absolut gültige Beschreibungen (im Sinne von Eigenschaftszuschreibungen) des Menschen zu verstehen – so Kahlert (2001, 70) –, sondern »als Konstruktionen, in die auch normative Annahmen einfließen.«

Nach Maurer, der sich insbesondere mit einer Anthropologie der Kindheit und des Jugendalters auseinandersetzt, ist Lernen ein »*ursprüngliches Phänomen*«, es gehört zum menschlichen Leben ebenso wie Liebe, Tod, Sprache, Arbeit und Kultur, denn das eigentliche Wesen des Menschen liege gerade in seiner Unfertigkeit, Weltoffenheit, Erziehungsbedürftigkeit und Lernfähigkeit (Maurer 1992, 12, 21). Kinder gelten daher bereits »von sich aus« an ihrer Umwelt interessiert und dies nicht nur zweckbedingt zur Erfüllung jeweils aktueller Bedürfnisse (vgl. Kahlert 2001, 70). Dabei ist Lernen – so Maurer (1992, 39) – ohne die Entfaltung eines Lebenssinns nicht denkbar und wäre nicht menschlich. Maurer kennzeichnet den Prozess der Findung von Lebenssinn in einem sozialen Bezugssystem: »Wir können ihn (einen Lebenssinn – P. H.) nur finden, wenn wir sehen, dass wir gebraucht werden, dass wir für andere bedeutsam und verantwortlich sind, wenn wir die Erfahrung haben oder schaffen können, für andere nicht überflüssig zu sein.« (Maurer 1992, 39) Dennoch muss der Mensch selbst notwendig der Sinngeber seines Lebens sein, denn: »Sinn ist ihm weder von außen unmittelbar vorgegeben, noch vermag er ihn aus der eigenen Natur abzulesen. Sinnfindung ist damit eine ständige geistige Aufgabe für den einzelnen wie für die verschiedenen sozialen Organisationen.« (Maurer 1992, 22)

Jeder Mensch entfaltet im Laufe seines Lebens eine eigene Lerngeschichte, d. h. bestimmte Bedürfnisse (zu Grundbedürfnissen vgl. Pringle 1979), Erwartungen, Selbstkonzepte und Kompetenzen in einer je individuellen Lebenswelt. Lernen lässt sich folglich – so Maurer (1992, 14) – in dem, was es für den einzelnen bedeutet, auch nur lebensgeschichtlich bilanzieren. Über eine solche individuelle Lebens- und Lerngeschichte verfügen auch die Schulanfänger.

Was bedeuten diese Überlegungen für den Anfangsunterricht?

1. Sie verweisen auf die Notwendigkeit eines Menschenbildes, das auf die Lernfähigkeit, Lernwilligkeit, die Fähigkeit zur Selbstbildung und Lebenssinnfindung des Kindes vertraut. Hätte die Lehrerin von Jessica nicht auf deren Lernfähigkeit vertraut, hätte sie Jessica auf Grund des im Vergleich zu Bianca zeitlich verzögerten Lernprozesses auf eine Sonderschule (für Kinder mit eingeschränkter Lernfähigkeit) abgeschoben.
2. Sie belegen die Bedeutsamkeit der Berücksichtigung der individuellen Bedürfnisse, Erwartungen, Selbstkonzepte und Kompetenzen, d. h. der Lebens- und Lerngeschichte der Kinder bei der Gestaltung der Anfangsunterrichts. Von außen gesetzte Ziele und Zumutungen des Lernens – so Maurer (1992, 37) – werden in Bedürfnissen und Erwartungen, im Selbstkonzept des Subjekts, in dessen Lebens- und Lerngeschichte gebrochen. Allein das Subjekt, das Kind, kann den Zielen und Inhalten im Unterricht den für es verbindlichen Sinn geben, und dieser kann von dem der Lehrenden recht verschieden sein (vgl. Maurer 1992, 128 – 129).
3. Sie unterstreichen die Relevanz des sozialen Umfeldes – des Schullebens –, das den Prozess der Findung von Lebenssinn bei den Kindern maßgeblich unterstützt bzw. beeinflusst.

3.2.4 Zusammenfassung

- Lernen ist nach neueren kognitionspsychologisch-konstruktivistisch orientierten Auffassungen ein Prozess der Konstruktion von Wissen. Wissen wird in dem Zusammenhang in einem weiteren Verständnis aufgefasst. Danach impliziert Wissen neben Sach- und Handlungswissen auch Einstellungen und Haltungen. Entscheidend für entsprechende Konstruktionsprozesse sind die bereits erworbenen Handlungs- und Denkstrukturen der Lernenden. Lernen bedeutet schließlich eine Veränderung dieser bestehenden Handlungs- und Denkstrukturen. Durch deren Erweiterung, Differenzierung und Umstrukturierung in sozialen Situationen werden neue Wissensstrukturen aufgebaut, untereinander und mit bereits vorhandenen Strukturen verknüpft sowie zur Anwendung gebracht. Diese Veränderungen können ausschließlich von den Lernenden selbst vorgenommen werden (vgl. Möller 1999, 130).

- Angeregt durch die Erkenntnisse der kognitiven Entwicklungspsychologie, nach denen sich eine Logik in der Entwicklung kognitiver Strukturen widerspiegelt, sowie der konstruktivistisch orientierten Lerntheorie werden in der fach- bzw. bereichsspezifischen Forschung Lern- und Denkprozesse von Grundschulkindern untersucht. Aus diesem Forschungsfeld liegen beispielsweise differenzierte Entwicklungsmodelle zum Schriftspracherwerb vor, die Phasen des Erwerbs schriftsprachlicher Fähigkeiten beschreiben. Diese Modelle können als Orientierungsgrundlagen für die Lehrenden *innerhalb der individuellen Lernprozesse der Lernenden* begriffen werden.
- Aus anthropologischer Perspektive ist Lernen ein »ursprüngliches Phänomen« menschlichen Lebens. Danach ist jeder Mensch/jedes Kind grundsätzlich lernfähig und lernwillig. Darüber hinaus verfügt jeder Mensch/jedes Kind über eine individuelle Lebens- und Lerngeschichte (spezifische Bedürfnisse, Erwartungen, Selbstkonzepte, Kompetenzen), an die das Lernen in neuen Situationen anschließt. Lernen ist an das Finden von Lebenssinn durch den Lernenden selbst innerhalb seiner Lebenswelt gebunden.

3.2.5 Empfohlene Literatur

Baumgart, Franzjörg (Hrsg.) (1998): Entwicklungs- und Lerntheorien. Erläuterungen – Texte – Arbeitsaufgaben. Bad Heilbrunn/Obb.
Brügelmann, Hans (Hrsg.) (1998a): Kinder lernen anders vor der Schule – in der Schule. Lengwil
Dollase, Rainer (1997): Nutzen der Entwicklungspsychologie für die pädagogische Praxis. In: Gesing, H. (Hrsg.): Pädagogik und Didaktik der Grundschule. Neuwied, Kriftel, Berlin. S. 45 – 61
Gerstenmaier, Jochen/Mandl, Heinz (1995): Wissenserwerb unter konstruktivistischer Perspektive. In: Zeitschrift für Pädagogik. Heft 6/1995. S. 867 – 887
Maurer, Friedemann (1992): Lebenssinn und Lernen. Zur Anthropologie der Kindheit und des Jugendalters. Bad Heilbrunn/Obb. 2. Aufl.
Möller, Kornelia (1999): Konstruktivistisch orientierte Lehr-Lernprozeßforschung im naturwissenschaftlich-technischen Bereich des Sachunterrichts. In: Köhnlein, W./Marquardt-Mau, B./Schreier, H. (Hrsg.): Vielperspektivisches Denken im Sachunterricht. Bad Heilbrunn/Obb. S. 125 – 191
Oerter, Rolf/Montada, Leo (1987/1998): Entwicklungspsychologie. Weinheim. 2./4. Aufl.
Piaget, Jean (1972): Sprechen und Denken des Kindes. Düsseldorf
Piaget, Jean (1983): Meine Theorie der geistigen Entwicklung. Frankfurt a. M.
Richter, Hans-Günther (1997): Die Kinderzeichnung: Entwicklung, Interpretation, Ästhetik. Berlin. 5. Dr.
Valtin, Renate (1993): Stufen des Lesen- und Schreibenlernens – Schriftspracherwerb als Entwicklungsprozess. In: Haarmann, D. (Hrsg.): Handbuch Grundschule. Bd. 2. Weinheim und Basel. S. 68 – 80
Weinert, Franz E./Helmke, Andreas (1997): Entwicklung im Grundschulalter. Weinheim

4 Schulleben oder vom »In-der-Schule-Leben« der Schulanfänger

4.1 Einführung in das Problemfeld

Zur Verdeutlichung des mit dem »Schulleben« verbundenen Problemfeldes wird einleitend eine von Gerold Scholz verschriftete Schulanfangssituation aufgegriffen.

Zur Einführung in das Problemfeld »In-der-Schule-Leben« wurden 27 Schülerinnen und Schüler einer ersten Klasse am Ende des ersten Schuljahres (2000/2001) an einer kleinstädtischen Grundschule im Kölner Raum befragt (mündlich und schriftlich), welche Vorstellungen und Erwartungen sie von ihrer Schule, Klasse und Lehrerin vor ihrer Einschulung hatten und inwiefern sich diese Erwartungen und Vorstellungen während des ersten Schuljahres erfüllt oder auch nicht erfüllt haben. Darüber hinaus wird eine Episode dargestellt, die Anna Katharina Hein, eine Münsteraner Kollegin mir darüber erzählte, wie ihr Sohn (Lukas) zu Beginn des zweiten Schuljahres seinen Übergang vom ersten in das zweite Schuljahr reflektierte.

Diskussionsgrundlage 4.1: Schulanfangssituation

Nach einer Theateraufführung versammeln sich Schulneulinge, ihre Eltern und die Lehrerin im »neuen« Klassenzimmer. Die Kinder haben schon Platz genommen, ihre Eltern stehen – es sind in der Mehrzahl Mütter – im Hintergrund des Raumes. Und so beginnt die Lehrerin:
»Und jetzt habt ihr eine Lehrerin gekriegt mit so einem komplizierten Namen (...) Aber das werdet ihr ganz schnell lernen und eure Eltern, die haben das schon gelesen auf dem Zettel. Die begrüß ich natürlich auch ganz herzlich, hier zu ihrem ersten Schultag, hier in der 1 a. Und ich hoffe nur eins, dass hier keinen gibt, der Angst hat, das braucht er nämlich überhaupt nicht. Ihr werdet sehen, wie schön das hier wird bei uns und wie lustig das wird. Dass man natürlich auch was lernen muss, das ist ja wohl klar. Denn man geht ja nicht dreizehn Jahre in den Kindergarten (Lachen der Kinder). Und ihr wollt ja schlauer sein wie der Hase und der Igel in dem kleinen Stückchen da? Was wollt ihr denn eigentlich in der Schule, warum seid ihr denn hergekommen?«
Kind: »Weil wir lernen wollen.«
Lehrerin: »Ihr wollt lernen. Was wollt ihr denn lernen?«
Kinder: »Schreiben, Lesen.«
Lehrerin: »Noch was?«
Kind: »Rechnen, Computerspiele.«
Lehrerin: »Rechnen. Ganz wichtig. Man kann ja nicht immer mit seinem Computer da rumlaufen. Das geht ja nicht. (...) Und deshalb seid ihr hier hergekommen, weil ihr bei uns was lernen wollt. Wir sind also hier in der 1 a siebenundzwanzig Kinder. (...) Jetzt will ich gucken, ob ihr auch wirklich alle da seid – nicht dass wir einen vergessen haben und der findet unsere Klasse nicht vor lauter Gedrängel. Wo ist denn die Jutta? Das ist die Jutta. Und der Martin ...?«
(Alle Kinder werden mit Namen genannt.)

Vom Schulleben der Schulanfänger

> Lehrerin: »Und eins könnt ihr auf jeden Fall schon alle, ihr könnt schon ganz toll eure Finger strecken. Und wenn das so bleibt, sind wir glücklich. (...)«
> An die Eltern gewendet: »Ich werde hier bis kurz vor 11 Uhr ein bisschen Schule machen« (Lachen der Eltern), »damit sie sich so ganz langsam daran gewöhnen. Und ihr« (Ansprache an die Kinder) »habt euch ja vielleicht einen ersten Schultag ausgesucht – Freitag – und dann gleich wieder zwei Tage frei. Das ist toll, aber das ist nicht jede Woche so. Aber das macht nichts, ihr werdet merken, wie schnell die ganze Woche herumgeht und wie schön das hier wird (...)«
> Aus: Scholz 2001

Diskussionsgrundlage 4.2: Äußerungen von Erstklässlern zum Ende des ersten Schuljahres zu Vorstellungen über Schule vor der Einschulung und deren Veränderung nach einem Schuljahr (Abbildungen 4a – d)

So habe ich mir die Schule vorgestellt: **So ist die Schule:**

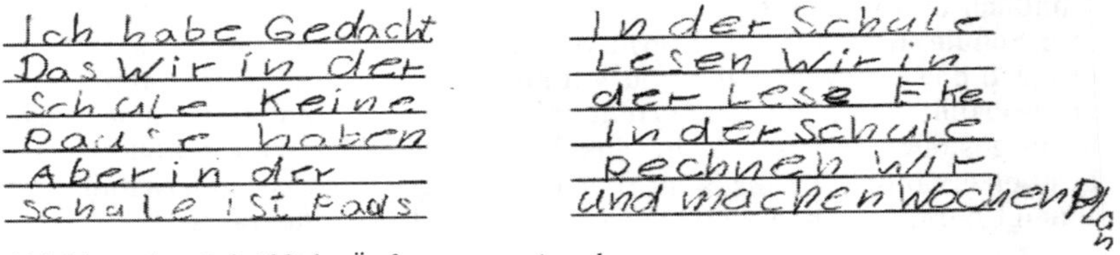

Ich habe Gedacht
Das wir in der
Schule Keine
Pause haben
Aber in der
Schule ist Paus

In der Schule
Lesen wir in
der Lese Eke
In der Schule
Rechnen wir
und machen Wochenplan

Abbildung 4a: Schriftliche Äußerung von Angela

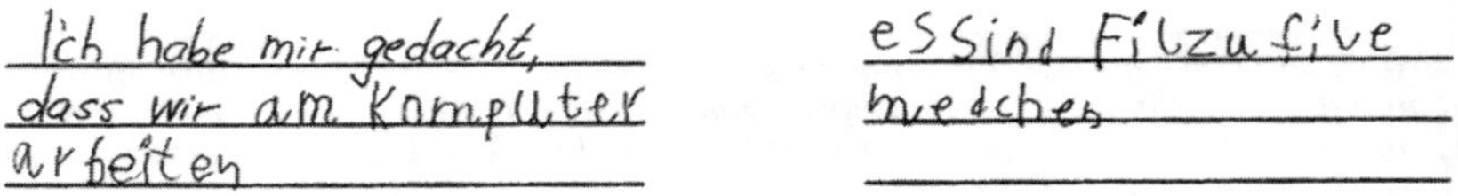

Ich habe mir gedacht,
dass wir am Komputer
arbeiten

es sind Filzufive
medchen

Abbildung 4b: Schriftliche Äußerung von Max

ich dachte ich müsste
um 3 uhr aufstehen

Zum Glück 8 uhr

Abbildung 4c: Schriftliche Äußerung von Jens

ich habe gedacht
das wier eng Seseng
und das der Lerer in So ein
Teil (Seseng) sitzt

Wier Schreiben und
Wier Abeiten Am Wochen Plan
Wier Rechnen

Abbildung 4d: Schriftliche Äußerung von Veysel

Diskussionsgrundlage 4. 3: Reflexion eines Zweitklässlers (Lukas Hein) über seinen Übergang vom ersten zum zweiten Schuljahr (erzählt von Anna Katharina Hein)

>»*Am Ende der Sommerferien vor dem Übergang in das zweite Schuljahr wirkte Lukas sehr still und in sich gekehrt oder, wie man im Westfälischen sagt, ›lurig‹ (kränkelnd). Die Sommerferien waren schließlich zu Ende, das zweite Schuljahr begann. Lukas kam am dritten Schultag nach Hause, setzte sich an den Mittagstisch, stützte den Kopf auf den Arm und sagte zu mir: ›Mama, ich bin so froh, jetzt sind schon drei Tage im zweiten Schuljahr um, und ich komme immer noch gut zurecht.‹ – ›Warum solltest du nicht gut zurecht kommen?‹, fragte ich ihn daraufhin. ›Ich bin doch nun schon ins zweite Schuljahr gekommen und da wusste ich nicht, was auf mich zukommt, ob ich das wohl schaffen werde.‹ antwortete daraufhin Lukas.*«

4.2 Was kennzeichnet »Schulleben«?

Der Begriff »Schulleben« wird in der grundschulpädagogischen Theorie und Praxis oftmals eher schlagwortartig bzw. alltagssprachlich gebraucht, was eine Verständigung über qualitative Fragen des Schullebens maßgeblich erschwert. So wird mitunter beispielsweise eine Beschränkung von Schulleben auf einen eigenen Bereich *neben* dem Unterricht vorgenommen (zur Kritik vgl. Wittenbruch 1991, 199). Dabei handelt es sich bei dem Begriff »Schulleben« – wie Lassahn 1969, Wittenbruch 1980, 1988, 1991, Keck 1993 aufzeigen – um einen historisch gewachsenen Terminus mit jeweils spezifischen theoretischen (und systematischen) Konzepten (z. B. von Pestalozzi, Herbart, Fröbel, Peter Petersen, Kerschensteiner, Reichwein, Lietz, Geheeb).

Schulleben ist keine »Beigabe zum Unterricht« – so Hermann Schwarz (1997, 81) –, sondern Schule selbst ist als eine in die Lebenswelt der Kinder (innerhalb und außerhalb der Schule) zu integrierende Größe zu entwickeln. D. h., mit Schuleintritt erweitern die Kinder ihre bisher auf das sozialökologische Zentrum und den Nahraum beschränkte Lebenswelt um Erfahrungen in einem bzw. um einen neuen sozialökologischen Ausschnitt – der Schule. Die Schulwelt ist dabei zugleich »in enger Tuchfühlung« mit der Lebenswelt der Kinder um- und auszugestalten (vgl. Keck 1993, 133), um zwischen den verschiedenen Welten zu vermitteln und Anschlussfähigkeit zu gewährleisten.

Wittenbruch (1988, 1991, 1995) hebt insbesondere die folgenden Bestimmungsstücke von Schulleben hervor:

- Schulleben kennzeichnet ein »pädagogisches Programm« für die Grundschule, das auf jene schulischen Situationen und Begegnungsformen bezogen ist, die absichtsvoll nach pädagogischen Maßgaben gestaltet werden,
- Schulleben meint das »erzieherisch-wertvolle und absichtsvoll arrangierte ›In-der-Schule-Leben‹«, also das »pädagogisch gestaltete Schulleben«, in dem durch die bewusst gestalteten Formen des alltäglichen Miteinanders Menschlichkeit konkret erfahren werden kann, d. h. es ist eine Welt, die etwas bedeutet und in der man etwas bedeutet,

- Schulleben ist zu verstehen als eine Kultur des mitmenschlichen Umgangs, die die Schülerinnen und Schüler sowohl zur sozialen Kooperation als auch zum sachorientierten Lernen anregt, d. h., Schulleben als grundlegende pädagogische Ausgestaltung der Schule zu einem sozialen Lern- und Handlungsraum umfasst und durchdringt den Unterricht,
- Schulleben zeichnet sich durch eine »Brückenfunktion« zwischen »Außerunterrichtlichem« und »Innerschulischem« aus.

Wittenbruch (1988) entwickelte auf der Grundlage dieser Bestimmungsstücke ein umfassendes Modell des Schullebens, das sich durch die »erzieherische Grundausrichtung allen schulischen Handelns« – so auch des unterrichtlichen Handelns – in einer »Schule als einem arrangierten Lebensraum« auszeichnet (vgl. Wittenbruch 1988, 15 – 16).

Die Grundschule als ein »arrangierter Lebensraum« konstituiert sich über die folgenden Beziehungsstrukturen, in denen vielfältige Lebensbereiche miteinander verschachtelt sind (siehe Abbildung 5).

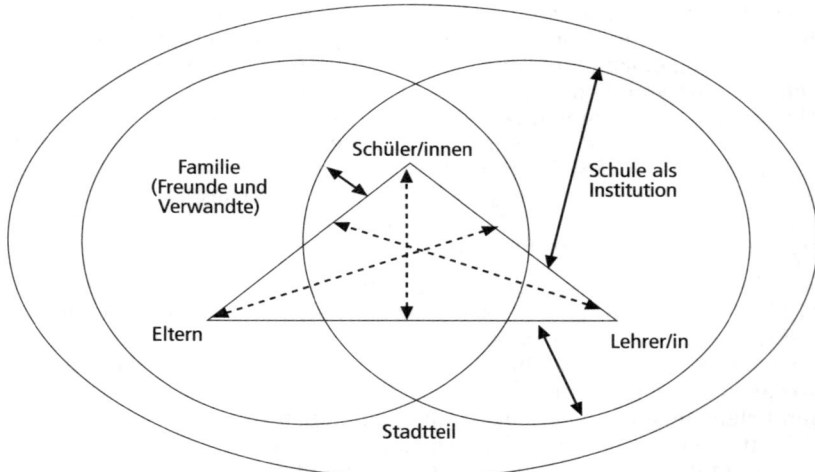

Abbildung 5: Das Schulkind im inner- und außerschulischen Beziehungsgeflecht (in Anlehnung an Nickel/Petzold 1997, 113, vgl. Hanke 1997b, 173)

In der in Diskussionsgrundlage 4.1 dargestellten Schulanfangssituation treten Lehrerin, Eltern und Schulanfänger in ein komplexes Interaktionsgefüge ein, über dessen Konstitution zugleich eine spezifische Qualität des Schullebens, eine besondere Kultur des mitmenschlichen Umgangs zum Ausdruck kommt. Diese Situation ist bereits von Arno Combe (1992) und Wilfried Lippitz (2000) auf unterschiedliche Weise interpretiert worden, worauf an dieser Stelle jedoch nicht näher eingegangen wird.

Es soll in diesem Kontext vielmehr eine eigene Deutung der Situation in Bezug auf Bedingungen des sich in ihr widerspiegelnden komplexen Interaktionsgefüges auf der Grundlage eines systemisch-konstruktivistischen Ansatzes (Reich 1996) vorgenommen werden. Danach konstituiert sich dieses komplexe Interaktionsgefüge u. a. über die gegenseitigen Wahrnehmungen der Interaktionspartner und deren Interpretation. Nach Reich (1996, 21) wird die Interpretation von Wahrnehmungen (Selbst- und Fremdwahrnehmung) wesentlich beeinflusst

a) von den bisherigen Erfahrungen mit sich selbst im Umgang mit anderen, Erlebnissen, Informationen und Erwartungen, die wir erinnern, assoziieren, nachempfinden können,
b) von der jeweils momentanen Befindlichkeit sowie
c) der gegenseitigen sozialen Wahrnehmung in einem sozialen Bezugssystem.

In Bezug auf die dargestellte Schulanfangssituation sind folgende Deutungen bezüglich der eigenen und gegenseitigen Wahrnehmungen der Interaktionspartner innerhalb des komplexen Interaktionsgefüges und des sich darin widerspiegelnden Verständnisses von Schulleben möglich:

Die Lehrerin (evtl. selbst Mutter) vertritt in der vorgestellten Schulanfangssituation die Institution Schule. Sie verfügt über eigene biografische Erfahrungen mit Schule (in der man dreizehn Jahre lernt; damit setzt sie zugleich unbewusst eine Norm) sowie über ein im Studium und Referendariat erworbenes professionsspezifisches Wissen (sonst wäre sie nicht als Lehrerin tätig). Es deuten sich ferner Erfahrungen der Lehrerin darüber an, wie sie selbst von anderen wahrgenommen wird. Sie weiß, dass Kinder und Eltern insbesondere mit ihrem Namen Schwierigkeiten haben. Auf welche Weise und in welchem Ausmaß sie jedoch über Erfahrungen im Umgang mit Schulneulingen und Eltern (als Lehrerin oder Mutter) allgemein und mit den sich in der konkreten Situation befindlichen insbesondere verfügt, ist aus der Situation nicht rekonstruierbar. Es werden stellenweise eher Unsicherheiten mit der eigenen Lehrerinnen-Identität und der Identität der Schüler/innen (sie fokussiert das männliche Geschlecht) vermutbar (»**Wir** sind also hier in der 1 a siebenundzwanzig Kinder.« »Und wenn das so bleibt, sind **wir** glücklich.« »Und ich hoffe nur eins, dass es hier **keinen** gibt, **der** Angst hat, das braucht **er** nämlich überhaupt nicht.«). Vor dem skizzierten Erfahrungs- und Wissenshintergrund hat sie bestimmte Erwartungen und Vorstellungen bezüglich der Schulneulinge und Eltern (vorwiegend Mütter) vor allem darüber, wie diese die Situation des Schulanfangs erleben und empfinden könnten – nämlich beängstigend und irritierend (weil sie diese Situation vermutlich auch selbst so empfindet). Dies wird nicht nur an ihren Äußerungen über das Schulleben deutlich, indem sie mehrfach darauf verweist, dass es »schön« und »lustig« wird und es zugleich »toll« ist, gleich wieder zwei Tage frei zu haben, sondern auch an ihren eng vorgegebenen Fragen an die Schulneulinge, auf die die Kinder auch nur schlagwortartig reagieren brauchen (nachdem sie selbst die Antwort schon fast vorgegeben hat). Auch aus dem zumeist getrennt gruppenbezogenen Ansprechen der Interaktionspartner (»Ich werde hier ... ein bisschen Schule machen ... damit sie sich so ganz langsam daran gewöhnen. Und **ihr** ...«) lässt sich die Vermutung ableiten, dass die Lehrerin Schule weniger als eine Institution versteht, in der Lehrer/innen, Eltern und Kinder *ein gemeinsames Schulleben* gestalten (auch wenn sie die Eltern zu ihrem ersten Schultag begrüßt). Die Dominanz der Lehrerin, insbesondere ihre hektisch wirkenden Aussagen, die sich wiederholenden Fragen, der sprunghafte Wechsel der jeweils angesprochenen Personen, Satzbau und Wortwahl (z. B. der Personalpronomen) deuten insgesamt darauf hin, dass sie in dieser Situation aufgeregt und unsicher ist.

Die *Eltern* mit ihren spezifischen sozialen und kulturellen Lebenswelten verfügen über jeweils eigene biografische Erfahrungen mit Schule (in der sicher nicht alle dreizehn Jahre gelernt haben) sowie gegebenenfalls über Erfahrungen, die bereits mit Geschwisterkindern oder Kindern und Eltern aus dem unmittelbaren Nahraum im Zusammenhang mit Schule gesammelt wurden. Sie verfügen mehr oder weniger bewusst über die Einsicht, dass die Institution Schule als eine öffentliche Sozialisationsinstanz über eine institutionelle Autorität (»Macht qua institutioneller Rahmenbedingungen« Jürgens 1996, 40) infolge der gesetzlich vorgeschriebenen Schulpflicht und der Bildung von (zumeist wohnortgebundenen) »Zwangsgemeinschaften« verfügt sowie eine personelle Autorität (»Macht qua Amt« Jürgens 1996, 40) dahingehend besitzt, dass die (nicht selbst wählbaren) Lehrer/innen Kriterien (entsprechend der staatlicherseits vorgegebenen Rahmenrichtlinien) für Leistung definieren und die Qualität von Leistung bewerten, und damit in gewisser Weise eine »Macht«-Position im System der Sozialisationsinstanzen einnehmen (vgl. Nickel/Petzold 1997, 112). Gerade in dem Kontext kann die Frage der Lehrerin an die Kinder, warum sie denn zur Schule gekommen sind, bei den Eltern (ggf. auch bei den Kindern) Irritationen auslösen, denn es bestand keine Alternative. Darüber hinaus werden die Erfahrungen der Eltern mit Schule häufig überlagert von Erfahrungen in anderen Lebenszusammenhängen mit anderen Menschen und gesellschaftlichen Institutionen oder aber auch durch familiäre Belastungssituationen. Ferner ergeben sich aus unterschiedlichen kulturellen Traditionen heraus Besonderheiten in der sozialen Wahrnehmung der Lehrperson, insbesondere des weiblichen Geschlechts.

Die Eltern gewinnen in dieser Schulanfangssituation nun erste Erfahrungen im Erleben ihres Kindes als Schulkind zusammen mit anderen Schulkindern, deren Eltern und einer Lehrerin. Vor den skizzierten Erfahrungs- und Wissenshintergründen haben die Eltern bestimmte Erwartungen und Vorstellungen bezüglich ihrer Kinder, der Lehrerin und den anderen Eltern in der gegebenen Situation. Gerade diese Erfahrungs- und Wissenshintergründe könnten die Eltern (insbesondere die Mütter) dazu veranlasst haben, sich ruhig und unauffällig zu verhalten, um evtl. mögliche (stigmatisierende) Konsequenzen für ihr Kind durch die Lehrerin, die anderen Kinder oder deren Eltern zu vermeiden. Die Erfahrung eines gemeinsam gestalteten Schullebens wird den Eltern in dieser Situation insgesamt nicht möglich.

Die *Kinder* gewinnen in dieser Situation erste Erfahrungen als Schulkind in der Institution Schule mit anderen (zum Teil bereits bekannten) Kindern und einer Lehrerin als neuer Bezugsperson sowie den Eltern, die es nun nicht mehr nur in der Rolle des Familien- oder Kindergartenkindes erleben. Die Vorstellungen und Erwartungen der Schulanfänger von Schule sind vor allem durch die unterschiedlichen (positiven und negativen) Erfahrungen der Eltern, Geschwister, Freunde und Bekannten in dem Zusammenhang geprägt. In der dargestellten Situation können sie die Erfahrung gewinnen, dass Schulleben vorwiegend im Reagieren auf einen einengenden Lehrerimpuls und damit in einem hierarchischen Verhältnis von Lehrerin und Schüler/in besteht (was den Vorurteilen der Schulerfahrenen sicher entgegenkommt).

Die Position und die (Vor-)Erfahrungen des Schulanfängers in diesem komplexen Beziehungsgefüge zu Schulbeginn sowie daraus resultierende pädagogisch-didaktische Konsequenzen für die Gestaltung des Schullebens in der Grundschule sollen anschließend näher betrachtet werden. In den Ausführungen wird eine »mehrebenenanalytische« Vorgehensweise gewählt, wobei eine »Trennung« der verschiedenen Betrachtungsebenen (Schule – Klasse – Lehrerin) ausschließlich heuristisch begründet ist.

4.3 Schulanfänger »entdecken« das Leben in der Institution Schule

Was kennzeichnet »das Leben in der Institution Schule«, welches die Schulneulinge für sich »entdecken« können?

Die Schülerinnen und Schüler können zu Beginn ihres »Lebens in der Institution Schule« insbesondere die folgenden Aspekte für sich »entdecken«:

a) eine plurale *Schulgemeinschaft* als »Lebensgemeinschaft«, wozu neben der Schulleiterin/dem Schulleiter (welche/r den Kindern vom Einschulungsgespräch her bekannt ist), der Klassenlehrerin/dem Klassenlehrer (vgl. 4.5), den Kindern der eigenen Klasse (vgl. 4.4) auch die anderen Mädchen und Jungen der Schule, die anderen Lehrerinnen und Lehrer, evtl. Sonderpädagog(inn)en, Zivildienstleistende, Erzieher/innen, die Schulkindergärtnerin, die »Bis-mittags-Betreuung«, die Schulpsychologin, die Sekretärin, der Hausmeister, aber auch Eltern gehören, d. h., diese Gemeinschaft unterschiedlicher Menschen ist viel größer und umfangreicher als ihnen bisher aus dem Kindergarten oder anderen sozialökologischen Ausschnitten vertraut war. Sie erleben dabei zugleich spezifische Lebens- und Beziehungskulturen zwischen den an der Institution Schule Beteiligten, in denen sie ihre eigene Position finden müssen.

b) das Schulgelände, das Schulgebäude mit seinen verschiedenen Funktionsräumen (wie der Toilette, Turnhalle, Bücherei), das sich insgesamt als viel größer und weitläufiger als das Gelände und die Räumlichkeiten der bisher erlebten sozialökologischen Ausschnitte (wie des Kindergartens) erweist, und ihren eigenen Klassenraum als neue *Lebensräume*.

c) dass ihr Alltag anders als bisher zeitlich strukturiert und organisiert ist (*Rhythmisierung von Lebenszeit*).

d) dass sie nicht mehr wie bisher (zumeist) darüber entscheiden können, ob sie eine Institution außerhalb der Familie freiwillig aufsuchen möchten, sondern dass der Schulbesuch obligatorisch ist, d. h., sie entdecken das Leben (und Lernen) in der Institution Schule zugleich als eine Pflicht (*Schulpflicht*). Die Schulneulinge sind in ihrer neuen Rolle als Schüler/in dazu angehalten, bestimmte Lernanstrengungen in einer Gruppe von Kindern zu erbringen, die fremdbestimmt bereits vor der Einschulung konstituiert worden ist.

e) dass Schule etwas mit ihrer eigenen Lebenswelt zu tun hat, indem sie ihre eigenen Interessen, Bedürfnisse und Erfahrungen im sachlichen und sozial-emotionalen Lernen nicht nur in den Unterricht miteinbringen können (Kontinuität). Darüber hinaus machen sie die Entdeckung systematischen schulischen Lernens in einer Lerngruppe (Neubeginn), das sie zunehmend auch selbst mit planen und gestalten können (*Einbringen und Erweitern von Lebenswelt*).

Wie Erstklässler die Schule erleben, welche Entdeckungen sie dabei machen, soll anhand der Äußerungen der befragten Schülerinnen und Schüler des ersten Schuljahres exemplarisch verdeutlicht werden:

In der mündlichen Befragung der Erstklässler wurde offensichtlich, dass deren Vorstellungen und Erwartungen bezüglich Schule vor Schulbeginn maßgeblich geprägt waren durch die Schulerfahrungen der Geschwister (»Meine Schwester hat gesagt, freu dich bloß nicht auf die Schule, da musst du nur schreiben, lesen und rechnen.«), Eltern, Verwandten und Bekannten (»Mein Cousin meinte, dass es in der Schule langweilig ist.«) sowie durch die eigenen (kulturell bedingten) Erfahrungen, worauf möglicherweise das Beispiel von Veysel hinweist: »Ich habe mir vorgestellt, dass die Kinder in der Schule ganz eng nebeneinander sitzen und der Lehrer vorne in einem Kasten sitzt.« (ähnlich wie in einer Moschee), aber auch durch eigene Fantasien.

In Bezug auf die genannten Aspekte des Schullebens konnten die Kinder im Laufe des ersten Schuljahres insbesondere die folgenden Entdeckungen machen:

a) *Schulgemeinschaft* bestand für die befragten Schülerinnen und Schüler vor allem aus den Kindern der eigenen Klasse und der Klassenlehrerin. Dabei wurde in den Äußerungen eine besonders starke Bindung an die Klassenlehrerin deutlich (»Unsere Lehrerin ist nett.«, »Unsere liebe Frau K.«, »Ich bin froh, dass Frau K. unsere Lehrerin ist.«). In Bezug auf die Klassengemeinschaft spielten vor allem das Geschlecht und die Geschlechterverteilung eine Rolle. So bedauerten insbesondere die Jungen, dass es in der Klasse anteilmäßig mehr Mädchen (16) als Jungen (12) gibt (vgl. Beispiel Max). Von den Mädchen wurde dieses Verhältnis weniger thematisiert. Sie gaben jedoch ebenso an, sich bevorzugt gleichgeschlechtlich mit Mädchen zu beschäftigen, weil die Jungen »zu frech« seien und immer die Mädchen ärgerten. Die Beziehungskultur erweist sich im Anfangsunterricht folglich eher als gleichgeschlechtlich orientiert. Darüber hinaus wurde die Beziehungskultur innerhalb der Klasse als durch gemeinsam aufgestellte Regeln und Rituale geprägt empfunden (wie: andere, z. B. körperlich auffällige Kinder nicht ärgern oder hänseln, andere Kinder nicht beim Arbeiten stören, sich gegenseitig ausreden lassen, Entscheidungen abstimmen und dabei die Meinung aller berücksichtigen).

b) *Lebensräume:* Die Entdeckungen des Schulgeländes und Schulbäudes bezogen sich in den Äußerungen der Kinder insbesondere auf den Spielplatz in den Außenanlagen der Schule, den die Kinder in der großen Pause aufsuchen können, die Toiletten, die Turnhalle, die Aula, die zugleich für Proben für Schulaufführungen (z. B. für das anstehende Schulfest) genutzt wird, auf das Sekretariat und Lehrerzimmer (mit Sanitätsecke). Im Klassenraum konnten die Kinder die Erfahrung machen, dass jeder seinen eigenen (selbst gewählten) Platz hat, die Tische zu Gruppentischen zusammengestellt sind (vgl. Beispiel Bild Veysel), an den Schränken und Wänden selbst gemalte Bilder aufgehängt werden, in der Leseecke vielfältige Bücher und in den Regalen Freiarbeitsmaterialien zur Verfügung stehen, aus denen sie selbst auswählen können. Darüber hinaus empfanden es die Kinder auch als wichtig, auf Sauberkeit in ihrem Klassenraum zu achten (Max: »Wir haben gestern unser Zimmer so sauber aufgeräumt, dass die Putzfrau gar nichts mehr machen brauchte.«). D. h., die Kinder konnten ihren Klassenraum im Laufe des ersten Schuljahres als einen Raum entdecken, in dem sie leben und sich wohlfühlen, weil sie ihn auch selbst mit gestalten können.

c) *Rhythmisierung von Lebenszeit:* Die Kinder gewannen in dem Zusammenhang die Erfahrung, dass der Schultag nicht »vor dem Aufstehen« beginnt (vgl. Beispiel Jens) und rhythmisch gegliedert ist: in verschiedene Arbeits- und Gesprächsphasen (Morgenkreis, gemeinsame fächerübergreifende und fachspezifische Arbeitsphasen, Freiarbeit, Wochenplanarbeit – vgl. Beispiel Veysel, Angela), die sich mit Pausenzeiten abwechseln (Bewegungspausen während des Unterrichts, Frühstückspause, Hofpause – vgl. Beispiel Angela). Max skizzierte zur Verdeutlichung des Tagesrhythmus das folgende Schema:

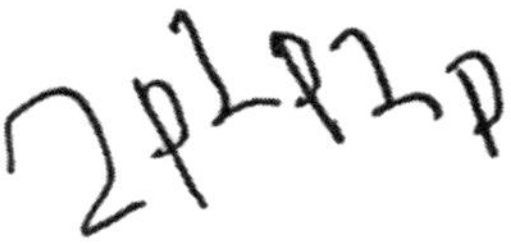

Abbildung 6: Skizze zum Rhythmus eines Schultages (übersetzt: 2 Stunden – Pause – 2 Stunden – Pause – 2 Stunden – Pause)

d) *Schulpflicht:* Dass sich der Schulbesuch für die Kinder als eine Pflicht erweist, kam in den Äußerungen der Schülerinnen und Schüler weniger zum Ausdruck. Lediglich das Erledigen von Hausaufgaben am Nachmittag wurde als eine (lästige) Pflicht empfunden (»Ich dachte, dass es im ersten Schuljahr noch keine Hausaufgaben aufgibt, aber wir haben doch welche auf. Das ist nicht so schön.«).

e) *Einbringen und Erweitern von Lebenswelt:* In den Äußerungen der Schülerinnen und Schüler spiegelt sich grundsätzlich eine Erleichterung darüber wider, dass Schule doch etwas mit ihrem Leben zu tun hat, dass sie doch nicht so trocken, langweilig oder anstrengend, nicht leistbar ist, wie von Freunden und Bekannten verkündet, dass sie also durchaus zu bewältigen bzw. »in ihr zu leben« ist. Aus den Aussagen der Schülerinnen und Schüler in dem Zusammenhang geht hervor, dass sie im Unterricht verschiedene Möglichkeiten haben, ihre Lebenswelt einzubringen, daran anzuknüpfen, diese zu erweitern. In Phasen der Freiarbeit und Wochenplanarbeit können sie beispielsweise eigene Geschichten (auch mit dem Computer) schreiben. So gibt es einen Geschichtenordner in der Klasse, in dem eigene Geschichten der Kinder abgeheftet sind, die zugleich als Lesematerial dienen. Eine gemeinsame Durchsicht dieser Geschichten zeigte, dass die Kinder sowohl Themen aus ihrer unmittelbaren Lebenswelt aufgreifen als auch Fantasiegeschichten (z. B. Abenteuergeschichten mit aktuellen Kultfiguren) entwerfen. Ferner empfanden sie den Morgenkreis als eine Möglichkeit, über Erlebnisse und Ereignisse aus ihrer unmittelbaren Lebenswelt berichten zu können. Darüber hinaus hatten sie entdeckt, dass sie in den Freiarbeitsphasen zwischen Aufgaben mit unterschiedlichem Schwierigkeitsgrad auswählen können, d. h. Aufgaben bearbeiten können, die sie sich selbst auch zutrauen. Ihre Vorstellung, dass in der Schule immer »nur streng gelesen, geschrieben und gerechnet werde«, was sie als mit ihrer unmittelbaren Lebenswelt nur wenig verbunden und als nur mit großen Schwierigkeiten und vielen Hürden zu bewältigen empfinden, hatte sich insgesamt so nicht bestätigt.

Das Beispiel in 4.3 (Lukas) verdeutlicht, dass eine solche Hürde nicht nur zum Zeitpunkt der Einschulung, sondern auch noch vor Beginn eines neuen Schuljahres von Kindern empfunden werden kann. Sie spüren dies häufig bereits lange im vorhinein, ohne sich dessen bewusst zu sein und darüber reflektieren zu können. So konnte Lukas in den ersten Schultagen des zweiten Schuljahres die Erfahrung gewinnen, dass auch im neuen Schuljahr seine Lebenswelt Berücksichtigung findet. Über die erlebte Kontinuität war er sichtlich erleichtert.

Welche pädagogisch-didaktischen Möglichkeiten bieten sich an, diese schulischen Entdeckungsprozesse zu unterstützen? Eine Auswahl pädagogisch-didaktischer Handlungsalternativen für die ersten Schulmonate soll dies verdeutlichen (siehe dazu auch Faust-Siehl/Portmann 1992, Hacker 1998):

a) *für das »Entdecken« einer Schulgemeinschaft:*

- Schülerinnen und Schüler aus den anderen Schulstufen übernehmen Patenschaften über die Schulneulinge und machen sie mit den verschiedenen an der Institution Schule beteiligten Personen und den Regeln des Umgangs miteinander bekannt.

- Durch ein gemeinsames Gestalten von Wochenanfangs- und Wochenabschlussfeiern (nach Peter Petersen) sowie anderen Schulfesten und -feiern (wie Einschulungsfeier, Sommerfest, Sportfest, Teilnahme an Stadtteilfesten, z. B. am Karnevalsumzug) auch mit Einbeziehung der Eltern können die Erstklässler die Schulgemeinschaft erleben und entdecken.
- Bei der verantwortungsvollen Beteiligung an schulischen Aktivitäten (wie z. B. bei der Erstellung einer Schulhomepage, einer Schülerzeitung, der Pflege eines Schulgartens etc.) können die Schulanfänger zugleich ein Gemeinschaftsgefühl gewinnen und entwickeln, aber auch ein Gefühl der Identifikation mit der Schule entfalten.
- Durch Formen jahrgangsübergreifenden Lernens (vgl. Burk 1999) können die Neuen zugleich über ihre eigene Klasse hinausgehende Erfahrungen mit anderen Kindern sammeln (vgl. die Kritik dazu in Kapitel 8.1).
- Schulgemeinschaft erleben sie ebenso über eine abgestimmte Zusammenarbeit und ein vertrauensvolles Verhältnis der verschiedenen pädagogischen Fachkräfte untereinander.

b) *für das »Entdecken« schulischer Lebensräume:*

- Die schulischen Lebensräume können gemeinsam mit der Klassenlehrerin/dem Klassenlehrer oder den Paten systematisch bei den verschiedensten Aktivitäten erkundet werden. Mit Hilfe von den Schulneulingen selbst entworfenen Symbolen bietet es sich ferner an, Wege zu markieren, Räume und Gegenstände zu beschriften, damit sie für die Neuen wiedererkennbar werden (vgl. Beispiele in der Ideenkiste von Brügelmann/Brinkmann 1998).
- Räume werden für die Schülerinnen und Schüler dann zu Lebensräumen, wenn sie diese nicht nur mit einer eigenen Symbolik versehen, sondern jene auch selbst mit eigenen Bildern, Ausstellungen etc. sowie eigenen Anordnungen der Raumgegenstände (z. B. in Funktionsbereiche im Sinne eines Ateliers nach C. Freinet) mit gestalten, dass sich auf diese Weise ein Klima des Wohlfühlens, der emotionalen Wärme, des Aufgehobenseins entwickeln kann.

c) *für das »Entdecken« der Rhythmisierung des Alltags:*

- Die zeitliche Struktur des Schulalltags können die Schulneulinge über eine dem Biorhythmus der Kinder entsprechende Rhythmisierung entdecken (durch Wechsel unterschiedlicher Aktivitätsformen, z. B.: offener Schulbeginn, Freiarbeit, Morgenkreis, gemeinsames Frühstück, Tagesplan/gemeinsame Arbeitsphasen, Abschlusskreis, abgewechselt von Phasen der Entspannung, der Bewegung). Wichtig ist dabei, dass dieser Rhythmus auch von den Kindern durch eine entsprechende Transparenz erfahren werden kann, indem die jeweils (zunehmend gemeinsam) geplante Struktur zu Beginn des Tages besprochen, symbolisch zur Orientierung und Sicherheit an der Tafel veranschaulicht sowie am Ende des Tages reflektiert wird. Die Kinder können auf diese Weise ein Zeitgefühl entwickeln, auf dessen Grundlage die Entfaltung von Planungsfähigkeit möglich wird. Dabei dürfen die Zeitstrukturen jedoch nicht das Leben und Lernen beherrschen, sondern sie müssen ihnen vielmehr dienlich sein (vgl. Schwarz 1997, 95).

d) *für das »Entdecken« der individuellen Bedeutsamkeit der Schulpflicht:*

- In bedeutungsvollen Handlungen in schulischen und unterrichtlichen Zusammenhängen (z. B. beim Schreiben, um sich damit anderen mitteilen, sich austauschen, Vereinbarungen oder Verabredungen treffen zu können etc.) können die Erstklässler die Erfahrung gewinnen, dass schulisches Lernen und Arbeiten zwar ein anstrengender Prozess ist, der aber zugleich vielfältige Möglichkeiten eröffnet, am gemeinsamen Leben aktiv teilzunehmen.

e) *für das »Entdecken«, dass in den neuen Herausforderungen die Lebenswelt der Kinder Berücksichtigung findet:*

- Entsprechende Erfahrungen werden möglich, wenn die Schulneulinge ihre Lernumwelt als individuell anschlussfähig erleben. Durch dieses Gefühl des Zurechtkommens in der neuen Lebenswelt können sie Selbstvertrauen und Selbstsicherheit gewinnen. In den verschiedenen Phasen des Schulvormittags (wie Morgenkreis, gemeinsamen Arbeitsphasen, Phasen der Freiarbeit und Tagesplanarbeit) können die Kinder beispielsweise entdecken, dass ihre Lebenswelt Berücksichtigung findet, wenn sie ihre Vorerfahrungen (Interessen, Bedürfnisse, Kompetenzen, Lernformen) z. B. in Form eigener Materialien in diese mit einbringen können, wenn sie in die Planung, Organisation und Gestaltung unterrichtlicher und gesamtschulischer Aktivitäten zunehmend mit einbezogen werden.
- Auch in der Art der Entfaltung zwischenmenschlicher Handlungen zwischen Erwachsenen und Kindern erleben die Schulneulinge, wie sie als Personen in ihrer Individualität akzeptiert und angenommen werden.

4.4 Schulanfänger »entdecken« das Leben in einer Lerngruppe/Klasse

4.4.1 Soziale Erfahrungen in einer Lerngruppe/Klasse zu Schulbeginn

Was kennzeichnet die soziale Situation der Schulanfänger in der sich zu Schulbeginn konstituierenden Lerngruppe bzw. Klasse?

Die Lebenswelten und Lebensgeschichten der Schulneulinge erweisen sich – das wurde bereits in Kapitel 3.1 deutlich – als ausgesprochen heterogen: Die Kinder kommen aus unterschiedlichen Familien (aus vollständigen Familien, aus Familien mit nur einem Elternteil, aus Familien mit keinem, einem oder mehreren Geschwisterkind/ern) mit verschiedenen ethischen und religiösen, kulturellen und sozialen Hintergründen, mit Unterschieden bezüglich der Interessen, Bedürfnisse, Vorerfahrungen, des Leistungsvermögens, der Selbstsicherheit und sozialen Verhaltensweisen, die sie in individuellen Auseinandersetzungsprozessen im familialen Kontext sowie in außerfamilialen Lebenswelten (z. B. im Kindergarten, in Freizeiteinrichtungen, im Spiel mit den Nachbarskindern etc.) gewonnen haben (vgl. Beck/Scholz 1995a, 4). Dabei konnten die Kinder ihre sozialen Beziehungen bisher weitgehend – beruhend auf eigenem Sympathieempfinden – selbst auswählen und pflegen.

Mit Schuleintritt werden die Kinder fremdbestimmt einer Schulklasse zugeordnet, die sich als »ein auf dem Verwaltungsweg zustande gekommenes Gebilde« (Portmann 1992, 42) erweist. Bei der eher »verwaltungstechnischen« Zusammensetzung dieses Gebildes spielt insbesondere der Aspekt der zahlenmäßigen Gleichgewichtung von Mädchen und Jungen eine Rolle, aber auch – wenn dies bekannt –, dass die Kinder einer Kindergartengruppe möglichst zusammenbleiben können. D. h., in der sich zu Schulbeginn konstituierenden Lerngruppe bzw. Klasse sind vielen Kindern durchaus manche Mädchen und Jungen aus dem Kindergarten oder aus der Nachbarschaft bekannt, aber einige oder viele darüber hinaus auch nicht. Für manche Kinder bedeutet die Bekanntheit von Mitschülerinnen und Mitschülern zugleich Vertrautheit und Sicherheit, andere hingegen sehen in der Neukonstitution der Lerngruppe eher eine Chance und Gelegenheit, neue Beziehungen knüpfen und ihre sozialen Kontakte erweitern zu können. Sie machen jetzt auch verstärkt die Bekanntschaft mit verschiedenen Formen von Andersartigkeit: mit Kindern aus anderen sozialen Kontexten, anderen Kulturen, mit Kindern mit besonderen Bedürfnissen. Gemeinsam mit diesen bekannten und unbekannten Kindern müssen sie nun die – schon vorhandene Struktur der – Schulgemeinschaft, die schulischen Lebensräume, die Rhythmisierung des Schulalltags, das gemeinsame schulische Lernen mit einer Lehrerin/ einem Lehrer – zusammengefasst: eine neue Lebenswelt – erkunden und sich dabei selbst als ein Teil dieser neuen Gemeinschaft empfinden und definieren. Der Schulbeginn bedeutet daher nicht nur, sich neuen sozialen, emotionalen und kognitiven Anforderungen zu stellen, sondern vor allem auch, ein neues Selbstbild – eine Ich-Identität – zu gewinnen: »sich selbst in Beziehung zu anderen setzen, klarer erkennen, wer man selbst ist und wie man mit anderen klar kommt« (Beck/Scholz 1995a, 7). Die Kinder in ihrer neuen Rolle als Schüler/Schülerin in einer Lerngruppe/ Klasse sind somit sowohl Individuen als auch Mitglieder einer Gruppe, deren eigenen Strukturen, Normen und eigenes soziales Klima sie im Anfangsunterricht gemeinsam entwickeln und entfalten.

Wie entdecken bzw. erleben Schulanfänger ihre Lerngruppe/Klasse?

Für den Sozialbereich des Schulanfangs stellte Petillon (1993a, 29) noch zu Beginn der neunziger Jahre ein »empirisches Vakuum« in der deutschen Forschungslandschaft fest.

Petillon untersuchte daher im Rahmen einer Längsschnittstudie zum Schulanfang, wie Schulanfänger im Verlauf der ersten beiden Schuljahre das Sozialleben in ihrer Gleichaltrigengruppe aus der eigenen Perspektive wahrnehmen und bewerten (Petillon 1993a, 4), indem die Kinder nach Sozialereignissen (in den verschiedenen Emotionsbereichen Freude, Trauer, Angst, Wut) gefragt wurden, die sie im Verlauf der ersten beiden Schuljahre besonders bewegten, in einem soziometrischen Wahlvorgang ihre Mitschüler bewerteten sowie in einem Interview über Freundschaftsbeziehungen Auskunft gaben. Petillon gelangte dabei zu folgenden Einsichten über das Sozialleben der Kinder zu Schulbeginn:

- Durchschnittlich 6 % der von den Kindern zu Beginn und am Ende des ersten Schuljahres sowie am Ende des zweiten Schuljahres erzählten Sozialereignisse beziehen sich – unabhängig von den Emotionsbereichen – auf die Lehrerin/den Lehrer, ca. 13 % auf die Schule und ca. 80 % auf die Mitschülerinnen und Mitschüler. Insbesondere in den Emotionsbereichen Trauer, Angst und Wut beziehen sich die meisten Sozialereignisse auf die Mitschülerinnen und Mitschüler, während sich die Sozialereignisse im Emotionsbereich Freude primär auf die Schule beziehen (bis Ende des zweiten Schuljahres mit noch zunehmender Tendenz) (Petillon 1993a, 48, 55, 61, 66, 71). Die Lehrperson scheint die Kinder in den wiedergegebenen Sozialereignissen (unter Berücksichtigung der verschiedenen Emotionsbereiche) insgesamt in geringstem Maße zu bewegen. Petillon schlussfolgert aus diesen Befunden, dass für die Kinder in den ersten beiden Grundschuljahren offensichtlich der Umgang mit den Mitschülern ein »großes Thema« ist (Petillon 1993a, 72), es ist ihnen wichtig, eine befriedigende Position in der Gruppe zu finden. Auffällig wird in dem Zusammenhang die emotional eher belastende Ausrichtung der auf die Mitschülerinnen und Mitschüler bezogenen Sozialereignisse (Trauer, Angst, Wut, zu geschlechtsspezifischen Besonderheiten vgl. Kapitel 4.4.2). Petillon deutet dies als einen Hinweis auf die Relevanz der Schülergruppe im Alltag des Schulanfängers und auf die Wichtigkeit sozialen Lernens zu Schulbeginn (Petillon 1993a, 72).
- Qualitative Inhaltsanalysen der von den Kindern erzählten Sozialereignisse gaben Aufschlüsse darüber, dass insbesondere das Kennenlernen von neuen Mitschülern das zentrale soziale Thema zum Schulanfang ist. Kennzeichnend dafür ist das (häufig auch vergebliche) Bemühen der Kinder, eine feste Beziehung in der Lerngruppe/Klasse zu finden, um sich erste Sicherheit in der sich neu formierenden Gruppe zu verschaffen (Petillon 1993a, 72).
- Im Verlaufe der ersten beiden Schuljahre konnte Petillon eine Ausweitung der Kontakte auf eine größere Gruppe sowie ein differenzierteres Wahrnehmen sozialer Ereignisse durch die Kinder feststellen (Petillon 1993a, 74 – 75). Viele Kinder haben inzwischen auch einzuschätzen gelernt, bei welchen Mitschülern sie eine Chance auf Erwiderung einer Beziehungsaufnahme besitzen (Petillon 1993a, 116).
- Die Befunde aus dem soziometrischen Verfahren deuten darauf hin, dass die Kinder bis zum Ende des zweiten Schuljahres häufiger andere Kinder ausschließen und hänseln. Auffällig wurde darüber hinaus, dass von Anfang an bestehende Außenseiterpositionen sehr stabil blieben (bei über 70 % der Kinder, die von den Mitschülern zum Schul-

anfang gemieden wurden) (Petillon 1993a, 114, 118). Stabil blieb ebenso die Position »anführender« oder »einflussreicher« Kinder (bei über 80 % der Kinder bis Ende des 2. Schuljahres). Die Stabilität dieser kontrastiven Rollenzuschreibungen unterstreicht die Bedeutsamkeit sozialen Lernens im Anfangsunterricht insbesondere.

- Die Interviewergebnisse weisen darauf hin, dass die Kinder bis zum Ende des zweiten Schuljahres ihr Freundschaftskonzept und ihre -beziehungen qualitativ ausdifferenzieren. So verlieren in dieser Zeit pauschale Beschreibungsmerkmale (wie »... ist lieb.« – »... ist nett.«) und Hinweise auf positives Äußeres (»... sieht gut aus.«) an Bedeutung, während soziale Eigenschaften (wie »... ist hilfsbereit.« – »... ist bereit zu teilen.«) und schulbezogene Aspekte (wie »... kommt in der Schule gut zurecht.«) an Relevanz gewinnen (Petillon 1993a, 162). Darüber hinaus zeigt sich, dass die Kinder allmählich beginnen, »über die Forderungen an die Eigenschaften und Handlungsweisen des anderen hinaus auch den *eigenen Beitrag zu einer gelungenen Freundschaft* zu reflektieren.« (Petillon 1993a, 164, 178). Neben Fähigkeiten zur Perspektivenübernahme und Empathie sind in dem Zusammenhang zugleich Fähigkeiten zur Selbstreflexion gefragt, d. h. eine empathische Sicht des Denkens und Fühlens anderer Menschen sowie die eigene Betrachtung und Reflexion aus der Perspektive eines anderen lösen allmählich eine egozentrische Weltsicht ab. In dem Kontext deutet sich zugleich die Tendenz einer »Privatisierung« intensiver Gegenseitigkeit in Freundschaftsbeziehungen an, die in ihrer Ausschließlichkeit – so Petillon (1993a, 165, 179) – zu einer starken Gefährdung gruppenbezogener Ansätze sozialen Lernens führen kann (»Grüppchenbildung«).
- Hinsichtlich der Bedeutung der Bekanntheit von Kindern aus dem Kindergarten für Freundschaftsbeziehungen in der Phase des Anfangsunterrichts wurde deutlich, dass zum Ende des zweiten Schuljahres noch ca. 20 % der Kinder mit der besten Freundin/dem besten Freund zusammen sind, die/den sie im Kindergarten kennengelernt haben. Ferner erwiesen sich insbesondere die Freundschaftsbeziehungen als stabil (zu ca. 80 %), in denen auch Kontakte außerhalb der Schule gepflegt wurden, wobei vor allem das gemeinsame Spiel in den Aktivitäten eine große Rolle einnahm (Petillon 1993a, 180). Während zu Schulbeginn als Konflikte zwischen Freunden häufig noch Streit um Sachen (»Eigentumskonflikte«) und das Zufügen körperlicher Schmerzen dominieren, werden Meinungsverschiedenheiten und Rivalität (Eifersucht) in dem Zusammenhang zunehmend wichtiger (Petillon 1993a, 180).

Beck und Scholz (1995a) begleiteten über vier Jahre hinweg eine Grundschulklasse vom ersten Schultag an. Sie beobachteten im Rahmen der als Feld- und Fallstudie angelegten Untersuchung, wie die Kinder auf die Angebote der Schule reagierten und wie sie miteinander umgingen. In den ethnografischen Analysen der beobachteten Situationen nehmen Beck und Scholz insbesondere Bezug auf Erkenntnisse der entwicklungspsychologischen Forschung über soziales Lernen (z. B. von Piaget 1976, Selman 1984,

Damon 1984). An vielfältigen Situationen (z. B. in den Bereichen Freundschaft, Gerechtigkeitsempfinden) wird vor allem der allmähliche Perspektivenwechsel der Kinder von einer egozentrischen Weltsicht, nach der die Kinder die Welt vorrangig aus dem eigenen Blickwinkel deuten und verstehen, hin zu einer empathischen Weltsicht, in der die Perspektive des anderen Berücksichtigung findet, im Laufe der ersten zwei Schuljahre eindrucksvoll deutlich. Darüber hinaus verfolgen sie in ihren Beobachtungen und Analysen insbesondere die Bedeutung der anderen Kinder, der Lerngruppe/Klasse für das soziale Lernen in der Grundschule.

Wie können diese sozialen Entdeckungs- und Lernprozesse im Anfangsunterricht unterstützt werden?

In der entwicklungspsychologischen und in den letzten Jahren auch in der grundschulpädagogischen Forschung wird insbesondere die Bedeutung der Gleichaltrigen (vor allem der unter Gleichaltrigen bestehenden symmetrischen Beziehungen) sowie der in der Schülergruppe gegebenen Erfahrungsmöglichkeiten für die sozialen Entdeckungs- und Lernprozesse des Kindes herausgestellt (Piaget 1976, Damon 1984, Selman 1984, Petillon 1978, 1993a, b, Scholz 1993, Beck/Scholz 1995a, Speck-Hamdan 1997, Beck 1998).

Über die alltäglichen sozialen Erziehungssituationen im Schulleben hinaus können im Anfangsunterricht daher vor allem solche Lernumgebungen soziale Entdeckungs- und Lernprozesse des Kindes unterstützen, die derartige individuellen Auseinandersetzungsprozesse mit anderen Kindern herausfordern, zulassen und auch zu gemeinsamen Reflexionen darüber führen. Dies setzt wiederum eine gezielte Beobachtung und Deutung des sozialen Lebens der Kinder in der Schule voraus (vgl. Speck-Hamdan 1997, 109), um beispielsweise festzustellen, welche Kinder Führungs- oder Außenseiterpositionen inne haben, wo Konflikte in Freundschaftsbeziehungen bestehen, welche Kinder sich um welche Mitschülerinnen und Mitschüler bemühen, wo Ängste bestehen etc. Diese Beobachtungen sind sowohl in den verschiedenen Phasen des Unterrichts (z. B. im Morgenkreisgespräch, in Phasen der Frei- und Wochenplanarbeit) als auch in den Pausen sowie in den verschiedenen Aktivitäten darüber hinaus möglich. Erschreckend wirkt in dem Zusammenhang der Befund in der Untersuchung von Petillon, dass die befragten Lehrerinnen und Lehrer kaum über ein präzises Wissen über das Sozialleben ihrer Schülerinnen und Schüler verfügten. Ihnen waren vorwiegend solche Aspekte des Soziallebens bekannt, die direkt innerhalb des Unterrichtsverlaufs (z. B. durch Störungen) auffällig wurden (Petillon 1993a, 183, vgl. auch Krappmann 1987).

Die Beobachtungen können eine wichtige Grundlage für die Gestaltung pädagogisch-didaktischer Arrangements im Anfangsunterricht bilden. Diese Arrangements sollten insbesondere Freiräume schaffen für gemeinsame Aushandlungsprozesse (in unterschiedlichen Situationen und Gesprächsformen), für das Erproben sozialer Verhaltensmuster (z. B. in Rollenspielen, Interaktionsspielen, kooperativen Spielen vgl. Petillon/Valtin 1999) sowie für die selbstständige Auswahl von Kooperations- und Kommunikationspartnern (z. B. von Partner- oder Gruppenarbeit in Phasen der Wochenplan- oder Freiarbeit). Diese Freiräume zum selbstständigen Auswählen und Erproben (z. B. von Partner- oder Gruppenarbeit) können einzelne – in dem Zusammenhang weitgehend unerfahrene – Kinder jedoch auch überfordern und damit wenig konstruktiv sein (Beispiele für hinderliche Kooperationen beim sachbezogenen Lernen in Krummheuer/Naujok 1999, 90 – 98). Sie bedürfen daher der Übung und gemeinsamen Reflexion, damit die Kinder mit derartigen Situationen Erfahrungen sammeln und entsprechende soziale Handlungsfähigkeiten entfalten können. Petillon (1993a) zeigt in dem Kontext eine Vielfalt konkreter pädagogisch-didaktischer Handlungsalternativen auf (auch Meissner/Stadter 1995, Dettenborn/Schmidt-Denter 1997, zu neueren Ansätzen aus der amerikanischen Forschung vgl. Speck-Hamdan 1997, 112, Kiper 1999 schlägt in dem Zusammenhang neuerdings die Einführung eines Klassenrates vor). Diese spezifischen Arrangements sind zugleich an die Gestaltung einer geeigneten räumlichen Lernumwelt gebunden, die entsprechende Möglichkeiten zum Rückzug, zur Kooperation, zur Präsentation etc. bietet.

Ferner können in der Lerngruppe oder Schulgemeinschaft gemeinsam gewonnene, festgelegte und durchgesetzte Regeln und Rituale helfen, dass sich die Kinder in den damit geschaffenen Strukturen selbst zurecht finden und auseinander setzen können (vgl. Beck 1998, Kaiser 2000).

Auf der Grundlage der in Kapitel 3.2.3 dargestellten Erkenntnisse der anthropologischen Forschung ist in dem Zusammenhang schließlich die Schlussfolgerung ableitbar, dass insbesondere ein Lehrer-Schüler-Verhältnis soziale Entdeckungs- und Lernprozesse der Schülerinnen und Schüler unterstützen kann, das durch Vertrauen, Achtung und Respekt, durch Geduld, Toleranz und Sensibilität geprägt ist.

4.4.2 Mädchen und Jungen entdecken das gemeinsame Leben in einer Lerngruppe/Klasse

Zur kindlichen Lebenswelt gehört ebenso die Geschlechtlichkeit. Was kennzeichnet die sozialen Beziehungen zwischen den Geschlechtern – gemeint ist hier insbesondere das soziale Geschlecht *(gender)* – im Anfangsunterricht? Inwiefern haben sich bereits geschlechtsspezifische Verhaltensmuster in der frühen Kindheitsphase herausgebildet?

Petillon gelangte in der bereits dargestellten Untersuchung in dem Zusammenhang zu folgenden Einsichten:

- Was das Beispiel Max (Kapitel 4.1) bereits andeutete, konnte Petillon im Rahmen seiner Untersuchung auch empirisch bestätigen, dass sich Mädchen und Jungen zu Schulbeginn häufig ignorieren oder ablehnen. Wie Schmidt-Denter (1985) stellte er fest, dass sich die Geschlechter voneinander abgrenzen, dass sie nur wenig miteinander zu tun haben wollen (Petillon 1993a, 117), da die Mädchen und Jungen bereits zu Schulbeginn sehr stark rollenspezifisch vorgeprägt zu sein scheinen (Petillon 1993a, 145, Milhoffer 1998, 140 – 141). Beck und Scholz (1995a, 28) vermuten auf der Grundlage ihrer Beobachtungen jedoch, dass dieses Ergebnis der Ablehnung des anderen Geschlechts bei Petillon eher durch die Befragungsmethode bedingt sein könnte. In ihren eigenen Beobachtungen zeigten sich von Schulbeginn an vielfältige Beziehungen zwischen Mädchen und Jungen, allerdings in höchst unterschiedlicher Qualität. Die Unterschiedlichkeit der Untersuchungsergebnisse verweist auf die Gefahr einer Stigmatisierung der Beziehungen zwischen Mädchen und Jungen im Anfangsunterricht (z. B. »Mädchen und Jungen wollen eben einfach nichts miteinander zu tun haben, das ist eben so.«), die Möglichkeiten der Entfaltung differenzierter Beziehungen zwischen den Geschlechtern aber auch der Ausdifferenzierung einer eigenen (nicht rollenfixierten) Geschlechtsidentität sowie des Aufbaus stabiler Selbstwertgefühle maßgeblich einschränken kann.

- In den Analysen der von den Kindern erzählten Sozialereignisse entstand in der Untersuchung von Petillon von Anfang bis Ende des Anfangsunterrichts der Eindruck als existierten zwei verschiedenartige soziale Welten, die die Geschlechter voneinander trennen. Es wurden insbesondere unterscheidbare – rollentypische – Strategien bei den Mädchen und Jungen festgestellt, Sympathie, Anerkennung und Einfluss in kleineren Gruppen zu erlangen (Petillon 1993a, 72 – 73). Jungen bemühten sich darum, vor allem mit körperlichen Mitteln einen »höheren Rang in der Gruppe zu erkämpfen«. Sie gaben bei Versagen eines entsprechenden Erfolges ein besonders starkes Empfinden von Angst und Wut wieder. Mädchen bemühten sich hingegen eher um Anerkennung und Sympathie mittels verbaler, strategischer Fähigkeiten (z. B. durch Hänseln oder Ausschlussverhalten). Bei Ausschlussverhalten und verbalen Diskriminierungen zeigten sich bei ihnen insbesondere Gefühle der Trauer, Wut, Eifersucht und Angst. Während die Jungen sich in ihren »Rangkämpfen« weniger neuen sozialen Kontakten öffneten, konnten die Mädchen eher ein »dichteres Netz an Sicherheit gewährenden Sozialkontakten entwickeln« (Petillon 1993a, 117). Darüber hinaus zeigte sich in den Sozialereignissen der Jungen bis zum Ende des zweiten Schuljahres eine Zunahme der Konfliktkontakte, während eine wachsende Häufigkeit im Hänseln und Ausschlussverhalten bei den Mädchen festgestellt werden konnte. Dieser Befund unterstreicht erneut die Notwendigkeit sozialen Lernens im Anfangsunterricht.

- In den Interviews zu den Freundschaftsbeziehungen deuteten sich ebenso Geschlechterpräferenzen an: Es zeigte sich auch hierbei eine deutliche Präferenz für das eigene Geschlecht, die sich im Verlauf der ersten beiden Schuljahre weiter verstärkte. Auffällig wurde dabei, dass insbesondere ein Teil der Mädchen zu Schulbeginn noch ein größeres Interesse an einer Freundschaftsbeziehung zu einem Jungen zeigte. In ihren Begründungen der Freundschaftsbeziehungen argumentierten die Mädchen zu allen Zeitpunkten deutlich häufiger als die Jungen mit einer starren Rollenfixierung (z. B.»Mädchen passen nicht für Freundschaft zu den Buben.«»Es ist besser, wenn Mädchen bei Mädchen bleiben.«), sie setzten sich darüber hinaus häufiger mit negativen Aspekten der Jungen auseinander (z. B.»Jungen sind immer so frech.«) (Petillon 1993a, 145). Die Jungen führten hingegen eher die Vorzüge ihres eigenen Geschlechts an (z. B.»Jungen können besser kämpfen.«»Jungen kann man besser vertrauen.«). Persönliche Aversionen gegen das andere Geschlecht nahmen im Laufe der zwei Schuljahre zu (z. B. »Ich kann Weiber nicht leiden.«»Mädchen sind lauter Heulsusen.« – »Jungen sind doof.«) Während die Jungen mehr Freundschaftsbeziehungen aus der Vorschulzeit hatten, lernten die Mädchen ihre Freundin häufig erst zu Schulbeginn kennen und blieben mit ihr auch bis zum Ende des zweiten Schuljahres befreundet. In ihren Freundschaftsbeziehungen spielte insbesondere das Gespräch eine große Rolle (vgl. auch Beck 1998, 134). Petillon stellte ferner fest, dass sich bei Mädchen und Jungen deutlich unterscheidbare Spielkulturen entwickelten (Petillon 1993a, 166). So spielen Jungen beispielsweise häufiger wettbewerbsorientierte Spiele (vgl. Beck 1998, 134).

Aus Untersuchungen zur geschlechtsspezifischen Sozialisation ist inzwischen bekannt, dass derartige rollentypischen und geschlechtsfixierten Verhaltensweisen aus Auseinandersetzungsprozessen zwischen Eltern und Kind, im Kindergarten zwischen Erzieher/in und Kind, im Anfangsunterricht zwischen Lehrperson und Kind, aber auch aus Prozessen sozialer Interaktionen zwischen den Kindern selbst (in Peergroups) hervorgegangen sein können (vgl. Bründel/Hurrelmann 1996, 133, Richter 1996, 157 – 168). Hierbei spielen insbesondere die rollenspezifisch geprägten Verhaltensweisen von Mutter und Vater sowie der Lehrerin/des Lehrers eine Rolle, durch die eine Gleichbehandlung der Geschlechter häufig unterlaufen wird.

Wie können Prozesse des gemeinsamen Lebens von Mädchen und Jungen in einer Lerngruppe – sog.»Koedukationsprozesse« – im Anfangsunterricht unterstützt werden?

Petra Milhoffer (1998, 154) verweist in dem Zusammenhang auf die Bedeutung einer bewussten Wahrnehmung und Gestaltung des Miteinanders der Geschlechter in der Klasse bzw. Lerngruppe. Dies setzt voraus, dass sich die Lehrperson einerseits eigener rollenfixierter traditioneller Muster bewusst wird und andererseits rollenzuschreibende Denk- und Verhaltensmuster in Bezug auf andere (die Mädchen und Jungen der Klasse) kritisch reflektiert, um Stigmatisierungen zu vermeiden. Auf der Grundlage dieser selbstreflexiven Prozesse wird es möglich, Mädchen und Jungen gleichberechtigt zu behandeln, rollenspezifische Verhaltenserwartungen und -ansprüche zurückzustellen und die Mädchen und Jungen darin zu unterstützen, Selbstvertrauen und Achtung vor dem anderen Geschlecht zu entwickeln und sich miteinander zu arrangieren (vgl. Bründel/Hurrelmann 1996, 135). Dazu können vielfältige gemeinsame schulische und außerschulische Aktivitäten ebenso beitragen wie das Durchbrechen üblicher Arbeitsteilung zwischen den Geschlechtern in der Lerngruppe (z. B. bei den Klassendiensten). Über Handlungsangebote im Rahmen von Morgenkreissituationen (Gesprächen), Spielen (z. B. Rollenspielen) etc. können Jungen und Mädchen gleichermaßen die Erfahrung gewinnen, Gefühle (wie Trauer, Angst, Wut, Eifersucht) zum Ausdruck bringen zu können, die akzeptiert und ernst genommen werden, sowie gemeinsam nach Konfliktlösungen zu suchen, diese zu diskutieren und zu erproben. Auf diese Weise können Profilierungsdruck und Konkurrenzverhalten vermieden werden.

4.4.3 Erfahren des gemeinsamen Lebens von Kindern unterschiedlicher Kulturen

In der Grundschule lebt und lernt nicht nur – so Krüger-Potratz (1996, 112) – eine dem Geschlecht, der sozialen Herkunft und Konfession, sondern auch der nationalen, sprachlichen, religiösen und kulturellen Herkunft nach heterogen zusammengesetzte Schülerschaft. Auch diese Heterogenität kennzeichnet die Grundschule bereits seit ihrer Gründung; sie ist daher nicht neu.

Schulbeginn bedeutet für die Kinder somit zugleich das Erfahren des gemeinsamen Lebens in einer multikulturellen Lerngruppe bzw. Schulgemeinschaft. Auch hierbei handelt es sich um einen recht vielschichtigen Aspekt kindlicher Lebenswelt. Die Mädchen und Jungen begegnen unterschiedlichen nationalen Kulturen (z. B. Sprachen, Brauchtum, Religion), die jedoch in sich ebenso wenig homogen sind. So erweist es sich beispielsweise als wesentlich, in welcher Generation türkische Familien in Deutschland leben und auf welche Weise diese Familien im Spannungsfeld der verschiedenen Kulturen inzwischen eine eigene kulturelle Identität entwickelt und entfaltet haben. Auch unterscheiden sich die Geschichten der Familien in vielfältiger Weise, je nachdem woher und aus welchen Gründen sie nach Deutschland gekommen sind (Aussiedler-, Flüchtlings- oder Arbeitsmigrantenfamilien) (Sayler 1997, 144). Dabei ist die Zahl der Kinder wie auch der Länder, aus denen sie kommen, in den letzten Jahren deutlich größer geworden; dieser Heterogenitätsaspekt ist neu (Krüger-Potratz 1996, 114).

Die kulturellen Erfahrungen der Kinder sind zu Schulbeginn vor allem geprägt durch die (z. B. durch Religion beeinflussten) Lebenswelten in der Familie und in Gleichaltrigengruppen, die sich – wie soziologische Studien im Weiteren auch für den Bereich außerhalb der Schule belegen (vgl. Kapitel 3.1) – zumeist aus Kindern derselben Nationalität zusammensetzen. Sie finden ihren Ausdruck insbesondere in unterschiedlichen Lebensformen, sprachlichen und ethischen Leitbildern, geschlechtsspezifischen Differenzierungen der Sozialisationspraktiken (z. B. »Prinzenrolle« der Jungen, »Hausfrauen- oder Mütterrolle« der Mädchen), Ernährungspräferenzen, Kleidungsgewohnheiten oder Freizeitaktivitäten (Glumpler 1992, 73, Merkens/Nauck 1993, 450, Sayler 1997, 150 – 152).

Bedingt durch eine zunehmende Flexibilität des Arbeitsplatzstandorts begegnen die Kinder in der Lerngruppe durchaus auch Mädchen und Jungen mit einer anderen regionalen (deutschen) Kultur, in der beispielsweise andere Sitten und Bräuche, Dialekte etc. gepflegt werden (So gibt es in Bayern andere kulturelle Besonderheiten als in Sachsen-Anhalt, in Münster andere als in Köln oder Leipzig.).

Die Annahme von »Monokulturalität« oder »Monolingualität« (Krüger-Potratz) in einer durch die gekennzeichnete kulturelle und sprachliche Vielfalt geprägten Lerngruppe bzw. Schulgemeinschaft erhebt einen normativen Anspruch und erschwert durch ein Ignorieren oder Stigmatisieren regionaler und nationaler Kulturerfahrungen das Aufbauen einer kulturellen Identität und die Entwicklung eines positiven Selbstkonzepts.

Jede Form des »Andersseins« kann Befremden auslösen, »Schwellenangst« (Naegele/Haarmann 1993, 161) und Ablehnung hervorrufen oder aber Interesse und Neugierde wecken (Auernheimer 1995) und als Bereicherung empfunden werden (Büchner 1997a, 204), je nachdem, über welche Erfahrungen Kinder im Umgang mit »Fremdem« bereits verfügen. Dabei greifen sie auf im Kindergarten sowie in Familie, Freundeskreis und Nachbarschaft gewonnene eigene (positive und negative) Erfahrungen mit einer multikulturellen Lebenswelt oder auf die von Eltern, Geschwistern, Bekannten weitergegebenen Erfahrungen zurück, welche nicht selten (aus den unterschiedlichsten Gründen) durch Vorurteile geprägt sind (zu Vorurteilen vgl. Horstmann/Müller 1997, 48 – 49).

Welche pädagogisch-didaktischen Möglichkeiten bieten sich an, diese multikulturellen Erfahrungs- und Entdeckungsprozesse und damit den Aufbau kultureller Identität und eines positiven Selbstkonzepts zu unterstützen?

Die vielfältigen kulturellen Erfahrungen der Kinder können in unterschiedlichen schulischen Zusammenhängen als Ausgangspunkt genommen werden, um die auf die eigene Kultur gerichtete Perspektive in Richtung auf andere Kulturen gemeinsam zu erweitern, in Auseinandersetzung mit den in Familie und Schule gelebten Kulturen eine eigene kulturelle Identität zu entfalten und sich selbst zunehmend als einen (gleichwertigen) Teil dieser multikulturellen Lerngruppe (mit einer sich allmählich entwickelnden gemeinsamen eigenen Kultur) verstehen zu lernen. In dem Zusammenhang ist es wichtig, in der Lerngruppe/Klasse eine Atmosphäre zu schaffen und zu pflegen, in der sich *jedes* Kind mit seinen (in Sprache gefassten) kulturellen Lebenserfahrungen, Bedürfnissen und Vorstellungen akzeptiert und ernstgenommen fühlen kann. Dazu und zu deren Erweiterung bieten sich beispielsweise vielfältige Gesprächssituationen (z. B. im Morgen- oder Abschlusskreis, in einer »Zeigestunde« (Hey-Wieners), in der die Kinder persönlich bedeutsame Dinge vorstellen und besprechen können), auf die mehrsprachige Lebenswelt bezogene Sprachspiele (z. B. Büchner 1997b), Rollenspiele, die für interkulturelles Lernen relevante Interaktionsprozesse in den Mittelpunkt rücken (Sayler 1997) sowie gemeinsame Projekte mit Muttersprachlehrkräften an. Darüber hinaus kann das gemeinsame Entdecken der gemischt-nationalen und kulturellen Umwelt z. B. im unmittelbar umgebenden Stadtteil mit seinen Menschen, Geschäften, Arbeitsplätzen etc. die Erfahrungsräume der Kinder ausdifferenzieren. Ferner kann Schule auch Impulse geben für außerschulische Kontakte, in denen Spiel und interkulturelles Lernen miteinander verwoben werden (Sayler 1997, 159). Vielfältige Anregungen (z. B. Übersichten über Arbeitsmaterialien, Spiele, Übungen, Kinderbücher, Medien zu interkultureller Erziehung) gibt in dem Zusammenhang insbesondere Sayler (1997, 160 – 161, auch Hopf 1993, Wallrabenstein 1997). Die Verwirklichung derartiger pädagogisch-didaktischer Handlungsalternativen im Anfangsunterricht erfordert zugleich von der Lehrperson, die eigene Einstellung zum »Fremden«, zum »Anderssein« stets kritisch zu hinterfragen und sich ihrer eigenen Bedeutung in diesem multikulturellen Verständigungs- und Verstehensprozess immer wieder bewusst zu werden.

4.4.4 Erfahren des gemeinsamen Lebens mit Kindern mit besonderen Bedürfnissen

Heterogenität in der Grundschule – als eine Schule für alle Kinder – bedeutet auch, dass hier Kinder mit ganz unterschiedlichen Lernvoraussetzungen, Lernbedürfnissen und Lernmöglichkeiten gleichberechtigt und gleichwertig miteinander leben und lernen (vgl. Kapitel 2, 3.2).

Aus pädagogischer, anthropologischer und ethischer Perspektive (vgl. Kapitel 3.2) umstritten und in Frage gestellt wird seit Ende der 70er Jahre die durch Einrichtung separater Sonderschulen für verschiedene Behinderungsarten praktizierte Normativität der angenommenen – stigmatisierenden und defektorientierten – Konstrukte von »Normalität« und »abweichender Normalität«, so dass es seitdem vielfältige Initiativen zur Verwirklichung eines gemeinsamen Lebens und Lernens von Kindern mit ausgeprägten Unterschieden in den Lernbedürfnissen und Lernmöglichkeiten (»von behinderten und nicht behinderten Kindern«) in der Grundschule gegeben hat, die inzwischen auch in offiziellen Regelungen und Empfehlungen ihren Niederschlag gefunden haben (z. B. in den »Empfehlungen zur Arbeit in der Grundschule« der Kultusminister-Konferenz 1994) (vgl. Eberwein 1999, Krawitz 1995, Lersch/Vernooij 1992).

Unter der Voraussetzung, dass den besonderen Bedürfnissen und Lernmöglichkeiten der Kinder entsprechende Bedingungen (wie eine spezielle räumliche und sächliche Ausstattung, qualifiziertes Personal, das auch den speziellen Bedürfnissen und Möglichkeiten von Kindern gegenüber aufgeschlossen ist, sich den damit einhergehenden Anforderungen auch gewachsen fühlt und zur Arbeit im Team bereit ist) an der Grundschule vorhanden sind, die ein gemeinsames Leben und Lernen *allen* Beteiligten ermöglichen, weist – nach den Erkenntnissen der Integrationsforschung – die Lerngruppe/Klasse folgende Besonderheiten auf, die die Kinder jeweils individuell für sich entdecken (vgl. dazu auch Demmer-Dieckmann/Struck 2001):

Gemeinsam ist *allen* Kindern die anthropologische Besonderheit, lernwillige und lernfähige, sozial gleichberechtigte und gleichwertige Wesen zu sein, die gleichermaßen über das Recht auf soziale Teilhabe verfügen (dies ist in den Menschenrechten fixiert). Jedes Kind erlebt sich selbst in Auseinandersetzung mit anderen Kindern oder Erwachsenen, mit einer Umgebung, wenn auch auf unterschiedlich differenzierte Weise.

Unterschiede bestehen insbesondere in den individuellen Möglichkeiten der Kinder zur Aktivierung und Erweiterung vorhandener Interessen und Lernfähigkeiten in vielfältigen Auseinandersetzungen mit anderen Menschen. So sind manche Kinder auf Grund spezieller psychischer, physischer oder sozialer Besonderheiten nur mit erheblichen Anstrengungen bzw. unter außergewöhnlichen Bedingungen in der Lage, dieses Grundrecht für sich in Anspruch zu nehmen (vgl. Faust-Siehl u. a. 1996, Schönberger 1999, 80).

Unterschiede bestehen zu Schulbeginn in den Erfahrungswerten der Kinder mit physischer, psychischer oder sozialer »Verschiedenheit« oder »Andersartigkeit« von Menschen. Bisher kamen sie im familiären und außerfamiliären Bereich vorwiegend mit Erwachsenen und Kindern mit ähnlichen Formen von Verschiedenheit zusammen, es sei denn sie besuchten einen integrativen Kindergarten oder ein Kinderhaus oder leben in einer Familie, wo Erfahrungen im gemeinsamen Leben mit Menschen mit unterschiedlichen Formen von Verschiedenheit möglich waren bzw. sind. Fehlen den Kindern eigene Erfahrungen, dann greifen sie mitunter auf die von Eltern, Geschwistern, Bekannten weitergegebenen Erfahrungen zurück, welche nicht selten aus einer eigenen Unsicherheit heraus durch Vorurteile geprägt sind. Eltern befürchten daher auch häufig Nachteile für eine ihrem Kinde entsprechende Betreuung und dessen Leistungsentwicklung in einer (»integrativen«) Grundschulklasse mit Kindern mit (äußerlich) auffälligen Formen von Andersartigkeit (vgl. Jaumann 1998, 179).

Äußerlich auffällige Formen von (psychischer, physischer, vor allem sozialer) Verschiedenheit bzw. Andersartigkeit können bei unerfahrenen Kindern (und auch Erwachsenen) zu Verängstigung, Hilflosigkeit oder Abwehr führen. In der Integrationsforschung wurde in dem Zusammenhang die Einsicht gewonnen, dass Kinder im Umgang mit »Andersartigkeit« noch unvoreingenommen sind und eher unbefangen miteinander umgehen (Jaumann 1998, 185, Hössl 1999, 147). Darüber hinaus konnte Dumke in einer Untersuchung feststellen, dass »trotz der Heterogenität der Lerngruppen eine angemessene Förderung aller Schüler erreicht wird« (Dumke 1997, 348). Es wurde ferner beobachtet, »dass sich die sozialen Beziehungen in Integrationsklassen nicht nur durch ihre Zahl, sondern auch durch ihre Qualität auszeichnen.« (Dumke 1997, 347).

Wie können Entdeckungs- und Erfahrungsprozesse des gemeinsamen Lebens von Kindern mit unterschiedlichen Lernvoraussetzungen, -besonderheiten und -bedürfnissen pädagogisch-didaktisch unterstützt werden?

Nicht der Kontakt von Kindern mit unterschiedlichen Lernvoraussetzungen, -besonderheiten und bedürfnissen allein reicht für den Aufbau differenzierter Beziehungen in einer »verschiedenartigen« Lerngruppe und für die eigene Identitätsfindung aus. Wesentlich sind in dem Zusammenhang vielmehr die alltäglichen und spielerischen Auseinandersetzungen in Schule und Unterricht miteinander, in denen auch (nicht nur) das »Anderssein« von Kindern eine Rolle spielt. Dabei können die Kinder ihre eigenen Fähigkeiten und die der anderen erfahren, erproben und austesten, aber auch lernen, eigene Einschränkungen bzw. Beeinträchtigungen oder Besonderheiten zu relativieren und Handlungsalternativen zu finden, mit diesen so umzugehen, dass ein menschenwürdiges und glückliches Leben möglich ist (vgl. Bros-Spähn/Spähn 1995, Schönberger 1999, 80). Die unterschiedlichen Perspektiven der in einem Team zusammenarbeitenden Grundschul- und Sonderschullehrkräfte können sich in dem Zusammenhang als sehr förderlich erweisen.

In vielfältigen Kommunikations- und Interaktionssituationen, in denen die Kinder die Möglichkeit haben, ihre Gefühle (wie Ängste, Hilflosigkeit, Mitleid) und Bedürfnisse zum Ausdruck zu bringen, können sie darüber hinaus die für gemeinsames Leben und Lernen wichtige Erfahrung machen, dass sie in ihrem Sosein angenommen und geachtet werden.

Das gemeinsame Erleben in der Lerngruppe, dass die Kinder ihrem individuellem Lernvermögen gemäß »sowohl verschieden als auch Verschiedenes lernen« (Eberwein 1995, 242), bietet ferner die Chance, die individuelle Qualität der Lernprozesse akzeptieren und würdigen zu lernen. Das entlastet die Kinder wesentlich von Leistungsdruck.

An Fallbeispielen aus offenen Lehr- und Lernsituationen (vgl. Kapitel 6) zeigt Jaumann (1998, 180) konkret auf, wie Kinder in einem integrativen – offenen – Unterricht voneinander lernen können und wie sie lernen können, die Besonderheiten des anderen zu akzeptieren und Verantwortung füreinander zu übernehmen.

4.5 Schulanfänger »entdecken« das Leben mit einer Klassenlehrerin/ einem Klassenlehrer

Die Kinder verfügen zu Schulbeginn über verschiedene Erfahrungen im Leben mit Erwachsenen: nicht nur im familiären Bereich (mit Mutter, Vater, evtl. Großeltern, erwachsenen Geschwistern), sondern auch bereits in institutionellen Bereichen (z. B. mit einer Erzieherin/einem Erzieher in der Kinderkrippe oder im Kindergarten, einem Trainer im Sportverein). Sie haben in diesen Bereichen durchaus schon Erfahrungen mit unterschiedlichen Erziehungsstilen und Beziehungskulturen machen können.

Während das Kind die Beziehung innerhalb der Familie (zusammen mit den Geschwistern) als eine ganz individuelle Beziehung erleben kann, sind die Erwachsenenbeziehungen in institutionellen Bereichen wie dem Kindergarten und der Schule stets mit Gruppenbeziehungen wechselseitig verbunden. Das Kind muss sich hier als Teil einer größeren Gruppe von Kindern in Beziehung zu einer erwachsenen Bezugsperson erleben und dabei zugleich lernen, auf die Bedürfnisse anderer Rücksicht zu nehmen. Darüber hinaus sind diese Erwachsenenbeziehungen im institutionellen Bereich – nüchtern betrachtet – zumeist zweckbestimmt und im schulischen Bereich darüber hinaus gar obligatorisch: Schulanfänger leben auf Grund der allgemeinen Schulpflicht mit einer nicht selbst ausgewählten Klassenlehrerin, um zu lernen und damit – anthropologisch betrachtet – einem Grundbedürfnis nachgehen zu können.

Die Schulanfänger sehen die Lehrerin/den Lehrer zu Schulbeginn jedoch zunächst (entwicklungspsychologisch bedingt, vgl. Kapitel 4.4) viel eher auf einer emotionalen Ebene als Elternersatz, von denen sie mitunter auch noch erwarten, dass er/sie dementsprechende Aufgaben (wie Schuhe binden, aufräumen, Schultasche packen) erfüllt (vgl. Portmann 1992). Sie bringen ihr bzw. ihm zumeist ein uneingeschränktes Vertrauen sowie eine uneingeschränkte Bereitwilligkeit entgegen, »alles von ihm anzunehmen, von ihm und durch ihn zu lernen.« (Lichtenstein-Rother/Röbe 1984, 53), d. h. der Lehrperson wird zunächst vorrangig eine »natürliche Autorität« zugesprochen (vgl. Faust-Siehl 1995, 161). Eine gewisse Verehrung wird spürbar (vgl. Aussagen in Diskussionsgrundlage 4.2). Haben Schüler/innen und Lehrer/in in den ersten Schulwochen und -monaten vielfältige Gelegenheiten, sich in den verschiedensten Situationen des Schul- und Klassenlebens gegenseitig zu erleben und in den unterschiedlichsten Auseinandersetzungen kennenzulernen (z. B. in Morgenkreissituationen, in individuellen Zuwendungen in Rahmen eines offenen Schulbeginns, von Freiarbeit), dann verstehen und akzeptieren die Kinder auch allmählich den Unterschied zwischen Eltern- und Lehrer/innenrolle (vgl. Schorch 1998).

Die Lehrerin wird somit im Anfangsunterricht zu einer wichtigen *Bezugsperson*, die die beginnende schulische Lernbiographie der Schülerinnen und Schüler (wie Aufbau und Entfaltung von Ich- und Wir-Identität) wesentlich mit prägt. Wie hilfreich die Lehrerin in dem Zusammenhang sein kann, hängt insbesondere davon ab, wie sie sich dem einzelnen Kind in der Gruppe zuwendet, wie ernst sie das Kind mit seinen individuellen Besonderheiten nimmt und ihm das Gefühl gibt, es in seinem Sosein zu akzeptieren und zu respektieren, d. h. für das Entfalten eines konstruktiven Beziehungsverhältnisses von Lehrer/in und Schulanfänger/in in einer Lerngruppe ist ein wechselseitiges Entgegenbringen von Vertrauen notwendig.

In einem solchen Verständnis des Beziehungsverhältnisses erleben die Schulanfänger die Lehrerin ferner als *Gestalterin von Lernumgebungen*, in denen sie ihnen bei den jeweiligen – zunehmend auch selbst gestellten

– Herausforderungen beratend und unterstützend zur Seite steht (vgl. dazu auch Gudjons 1998, 192 – 193). Dabei erleben sie die Lehrerin ebenso in der Rolle als Lernende, die um ein Verstehen der kindlichen Denk- und Handlungsprozesse und in einem durch gemeinsame Anstrengungen geprägten Miteinander mit einzelnen/mehreren Kindern um deren Entfaltung bemüht ist.

4.6 Entfalten der Schulwelt als Lebenswelt in Kontinuität mit dem Elternhaus

Die Kinder leben zu Schulbeginn in einem Spannungsfeld der familialen Lebenswelt, die durch einen spezifischen (zunehmend liberaler werdenden) Erziehungsstil geprägt ist (vgl. Kapitel 3.1), und der neu zu entdeckenden und eroberenden Schulwelt mit neuen Erziehungsstilen, -vorstellungen und Beziehungskulturen, Ansprüchen etc. In enger Zusammenarbeit mit den Eltern, d. h. in Kontinuität mit der familialen Lebenswelt als einer dem Kinde vertrauten Lebenswelt kann sich die Schulwelt zu einer eigenen Lebenswelt entfalten, in der das Kind in vielfältigen Auseinandersetzungen im schulischen Leben bereichernde, positive und negative, aber auch (bei einem schwierigen Elternhaus) entlastende Erfahrungen gewinnen kann.

Es kann dabei nicht um ein Angleichen verschiedener Erziehungsvorstellungen zwischen Elternhaus und Schule gehen als vielmehr um gegenseitige Absprachen und Abstimmungen sowie um die Gestaltung gemeinsamer Aktivitäten, in denen nicht nur die Kinder in der Erfahrung der Vermischung beider Lebenswelten neue Perspektiven gewinnen können. Darüber hinaus bietet eine partnerschaftliche Zusammenarbeit von Elternhaus und Schule die Chance, wechselseitig Einblicke in die aus verschiedenen Blickwinkeln heraus wahrgenommenen individuellen Befindlichkeiten, Lernvoraussetzungen und Lernbedürfnisse der Schülerinnen und Schüler zu nehmen und auf dieser Basis deren Verhaltensweisen und Lernentwicklungen besser zu verstehen und aufeinander abgestimmt entsprechend zu fördern. Damit erhöhen sich zugleich die Chancen für jedes einzelne Kind in der individuellen Entfaltung und Ausdifferenzierung seiner Lebenswelt (vgl. Hanke 1997b, 180).

Für die Ausgestaltung der Schulwelt als Lebenswelt in Kontinuität mit dem Elternhaus bieten sich beispielsweise die folgenden Formen einer konstruktiven Zusammenarbeit von Elternhaus und Schule an (vgl. Huppertz 1990, Bartnitzky u. a. 2001, Keck/Kirk 2001, zu weiteren Formen, die insbesondere durch entsprechende Gesetze fixiert sind, siehe Hanke 1997b):

1) Beratung/Beratungsgespräch

Das Gespräch, insbesondere das Beratungsgespräch, erweist sich – so Nickel/Petzold (1997, 122) – als »das wichtigste Medium zwischenmenschlicher Kommunikation und Interaktion«, indem es (nicht nur zwischen Eltern und Lehrer/in sondern auch unter den Eltern) Verstehensprozesse auf der Inhalts- und Beziehungsebene auslöst und die Basis für die Vertrauensentwicklung der Erziehungspartner bildet. Auf diese Weise wird ein gegenseitiges Kennen- und Verstehenlernen der verschiedenen Lebenswelten, in die die des Kindes eingebettet ist, möglich.

Voraussetzung hierfür sind Fähigkeiten der Lehrperson in der Gesprächsführung, die beispielsweise auf Erfahrungen in der personenzentrierten Gesprächsführung (Rogers), der Themenzentrierten Interaktion (Cohn) oder im Neurolinguistischen Programmieren (Bandler, Grinder) basieren (vgl. dazu Heckt/Jürgens 1996).

2) Elternintegration in das Schulleben

Möglichkeiten, die Eltern in das Schulleben aktiv einzubeziehen und darüber einen wechselseitigen Austausch zu pflegen, bieten beispielsweise konkrete schulische Anlässe wie die Beteiligung an der Vorbereitung und Durchführung bestimmter Feste und Feiern, die Teilnahme am Wochenfest (P. Petersen) zum Ende der Woche, zu dem die Schülerinnen und Schüler ihre Lernwege und Lernergebnisse dokumentieren, die Mitwirkung bei der Gestaltung von Arbeitsgemeinschaften (im sportlichen, musischen, künstlerischen, technischen, naturwissenschaftlichen Bereich), bei der Herstellung einer Schülerzeitung oder Schulhomepage. Eltern können sich ferner an der Gestaltung einer Schulbücherei (oder Lesestube) beteiligen, so z. B. mit den Schülerinnen und Schülern, anderen Eltern und Lehrerinnen und Lehrern gemeinsam Lesenächte durchführen. Dadurch kann eine vertraute Atmosphäre entstehen, in der sich alle Beteiligten wohlfühlen. Schule wird auf diese Weise als ein Miteinander er- und gelebt.

Über diese aktiven Mitwirkungsgelegenheiten hinaus sollte die Schule im Rahmen ihrer Möglichkeiten auch am Nachmittag für gemeinsame Treffen, Gespräche, Austausch offen sein – als ein Ort der Begegnung, der Kommunikation, Interaktion und partnerschaftlichen Kooperation, als ein gemeinsamer Erlebnis- und Erfahrungsraum.

3) Elternmitarbeit im Unterricht

Zwei verschiedene Formen der Elternarbeit im Unterricht bieten sich an (vgl. Faust-Siehl u. a. 1996, 206, Hanke 1997b, 186 – 187):

a) Mitarbeit als Experten mit spezifischen (unter Umständen beruflichen) Kompetenzen (z. B. als Töpfer, Tierzüchter, Journalist, Musiker, Computerspezialist, Polizist u. v. m.),
b) Mitarbeit im »normalen« Unterricht nach Absprache mit der Lehrperson (z. B. Betreuung einer Schüler/innengruppe im Rahmen der Wochenplan-, Projekt- oder Freiarbeit). Ohne Vorbereitung und genaue organisatorische und inhaltliche Absprachen besteht hier schnell die Gefahr einer Überforderung der Beteiligten.

Die Schüler/innen, Eltern und Lehrer/in erleben sich hierbei in einem völlig neuen Beziehungsgeflecht:

Die Kinder erleben ihre Eltern in einer Perspektive, in der sie anders als sonst kein Vorrecht auf Zuwendung genießen. Sie müssen lernen, sich in ihren Ansprüchen mit Blick auf die Gesamtgruppe zurückzuhalten. In dieser andersartigen Perspektive entdecken sie vermutlich auch neue Züge an ihren eigenen Eltern. Die Schülerinnen und Schüler der Lerngruppe erhalten dabei schließlich die Gelegenheit, an der familiären Lebenswelt anderer Kinder Anteil zu nehmen, Einblicke in andere Lebenswelten zu gewinnen.

Für die Mütter und Väter ist es neu, ihr Kind als ein Teil einer Lerngruppe zu erleben, sich selbst dem eigenen Kind gegenüber zurückzunehmen, damit es nicht zu einer Situation der Bevorzugung kommt. Darüber hinaus werden sie mit den Lebenswelten der anderen Kinder konfrontiert.

Die Lehrperson gewinnt in dem Zusammenhang u. a. Einsichten über die Eltern-Kind-Beziehung unter den Bedingungen der Klassensituation sowie in die jeweilige familiäre Lebenswelt. Daraus kann sie Ansatzpunkte für die Gestaltung spezifischer Lernumgebungen schöpfen, die dem Kind eine Erweiterung seiner Lebenswelt ermöglichen können.

Jede Schule, jedes Kollegium sowie die einzelnen Familien verfügen über andere Rahmenbedingungen (örtliche, soziale, ethnische, personelle u. a.) und Möglichkeiten zur Realisierung der verschiedenen Formen einer konstruktiven Zusammenarbeit. Sie sind daher stets entsprechend der jeweils konkreten Situation auswähl- und variierbar.

4.7 Zusammenfassung

- Schulleben kennzeichnet ein »pädagogisches Programm« (Wittenbruch 1988), das auf eine pädagogische Ausgestaltung der Schule zu einem sozialen Lern- und Handlungsraum ausgerichtet ist. Der Eintritt in die »Welt der Grundschule« bedeutet für das Kind folglich eine Erweiterung seiner Lebenswelt.
- Das Leben in der Grundschule als ein »arrangierter Lebensraum« konstituiert sich über vielschichtige Beziehungsstrukturen zwischen Lehrer/in (und den zur Institution Schule zuzuordnenden Personen wie Schulleiter/in, Lehrer/innenkollegium etc.), Schüler/innen (einer Klasse, Klassenstufe, der gesamten Schule) und Eltern, in denen zugleich vielfältige Lebensbereiche miteinander verschachtelt sind.
- Schulanfänger können mit ihrem Eintritt in das Schulleben eine pluralistische Schulgemeinschaft als »Lebensgemeinschaft« mit spezifischen Lebens- und Beziehungskulturen, neue Lebensräume, einen rhythmisierten Schulalltag sowie neue soziale, emotionale und kognitive Herausforderungen entdecken, die etwas mit ihrer eigenen Lebenswelt (ihren Interessen, Bedürfnissen, Erfahrungen etc.) zu tun haben.

- Schulanfänger können das Leben in einer fremdbestimmt zugeordneten Lerngruppe/Klasse als ein Leben mit bekannten und unbekannten, ganz verschiedenen Kindern entdecken. Sie gewinnen im gemeinsamen Leben und Lernen Erfahrungen mit unterschiedlichen Formen von Verschiedenheit bzw. Heterogenität: mit Kindern aus verschiedenen sozialen Kontexten, aus verschiedenen Kulturen, mit besonderen Bedürfnissen, Interessen, Vorerfahrungen, sozialen Verhaltensweisen und besonderem Leistungsvermögen sowie mit einem anderen Geschlecht. In der Phase des Schulanfangs stehen sie dabei vor der sozialen Herausforderung, sich als ein gleichberechtigter und gleichwertiger Teil dieser neuen Gemeinschaft zu behaupten und zu empfinden, deren Strukturen, Normen und soziales Klima sie gemeinsam entwickeln und entfalten.
- Schulanfänger können ihre Klassenlehrerin/ihren Klassenlehrer als eine verlässliche und vertrauensvolle Bezugsperson sowie als Gestalterin von Lernumgebungen entdecken, in denen sie den Schülerinnen und Schülern bei der Bewältigung neuer Herausforderungen unterstützend, beratend zur Seite steht. Jedes Schulkind muss sich dabei zugleich als Teil einer Schulklasse in Beziehung zu einer gemeinsamen – erwachsenen – Bezugsperson entdecken lernen.
- Diese vielfältigen Entdeckungsprozesse können durch ein pädagogisch gestaltetes Schulleben in Kontinuität mit dem Elternhaus herausgefordert und unterstützt werden. In den einzelnen Kapiteln wurden dazu verschiedene Möglichkeiten aufgezeigt.

4.8 Empfohlene Literatur

Beck, Gertrud/Scholz, Gerold (1995): Soziales Lernen. Kinder in der Grundschule. Reinbek (auch: Ausgabe Online-Zeitschrift Grundschulforschung. Juni 2000)
Brügelmann, Hans (Hrsg.) (1998a): Kinder lernen anders vor der Schule – in der Schule. Lengwil.
Eberwein, Hans (Hrsg.) (1999): Integrationspädagogik. Kinder mit und ohne Behinderung lernen gemeinsam. Ein Handbuch. Weinheim und Basel. 5. Aufl.
Faust-Siehl, Gabriele/Portmann, Rosemarie (Hrsg.) (1992): Die ersten Wochen in der Schule. Arbeitskreis Grundschule. Frankfurt a. M.
Faust-Siehl, Gabriele/Speck-Hamdan, Angelika (Hrsg.) (2001): Schulanfang ohne Umwege. Mehr Flexibilität im Bildungswesen, Frankfurt a. M.
Hempel, Marlies (Hrsg.) (1996): Grundschulreform und Koedukation. Weinheim und München
Jürgens, Eiko/Hacker, Hartmut/Hanke, Petra/Lersch, Rainer (1997): Die Grundschule. Zeitströmungen und aktuelle Entwicklungen. Baltmannsweiler
Lompscher, Joachim/Schulz, Gudrun/Ries, Gerhild/Nickel, Horst (Hrsg.) (1997): Leben, Lernen und Lehren in der Grundschule. Neuwied, Kriftel, Berlin.
Meissner, Monika/Stadter, Ernst Andreas (1995): Kinder lernen leben. Beziehungslernen in der Grundschule. München
Petillon, Hanns (1993a): Das Sozialleben des Schulanfängers. Die Schule aus der Sicht des Kindes. Weinheim
Schäfer, Gerd E. (Hrsg.) (1994): Soziale Erziehung in der Grundschule. Rahmenbedingungen, soziales Erfahrungsfeld, pädagogische Hilfen. Weinheim und München

Scholz, Gerold (1993): Kinder lernen von Kindern. Baltmannsweiler
Wittenbruch, Wilhelm (1995/2000): Baustein: Schulleben. In: Wittenbruch, W. (Hrsg.): Das pädagogische Profil der Grundschule: Impulse für die Weiterentwicklung der Grundschule. Heinsberg. 3. Aufl. S. 57 – 83

5 Schulanfänger lernen vor, neben und in der Schule – Individuelle Lernvoraussetzungen und Lernprozesse beobachten, deuten und dokumentieren

5.1 Einführung in das Problemfeld

Um das Problemfeld abzustecken werden exemplarisch ausgewählte Aufzeichnungen von Kindern aus dem schriftsprachlichen Anfangsunterricht vorgestellt, die einerseits die ausgeprägte Heterogenität in den Lernvoraussetzungen der Schulanfänger im schriftsprachlichen Bereich verdeutlichen (Diskussionsgrundlage 5.1) und an denen andererseits individuelle Lernprozesse transparent werden (Diskussionsgrundlage 5.2). Diese Schreibbeispiele von Schülerinnen und Schülern stammen aus dem Forschungsprojekt »Schrift-Spracherwerb« (Hanke 1997a).

Diskussionsgrundlage 5.1: Lernvoraussetzungen von Schulanfängern
im schriftsprachlichen Bereich (Abbildungen 7 a – f)

In der Eingangsuntersuchung zum Forschungsprojekt »Schrift-Spracherwerb« wurden die Kinder in den ersten Schulwochen in einer spielerisch angelegten Situation herausgefordert, für ein Buchstabenmonster, das von morgens bis abends am liebsten Buchstaben frisst, alle bekannten Buchstaben aufzuschreiben, die sie schon kennen. Diese Aufgabe wurde der Ideen-Kiste Schrift-Sprache 1 (Brügelmann/Brinkmann 1998) entnommen.

Die Kinder notierten u. a. die folgenden »Buchstaben«:

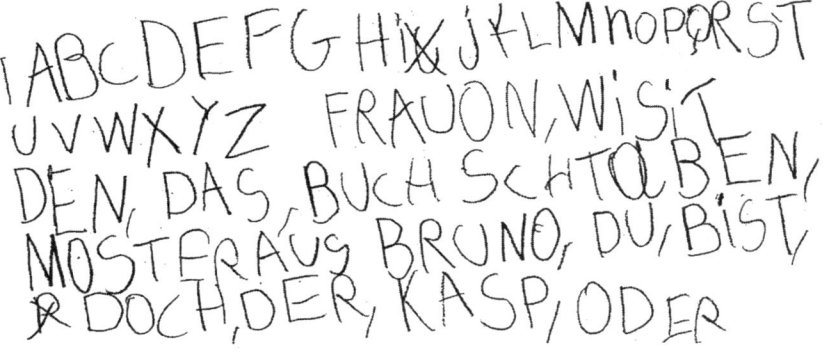

Abbildung 7 a

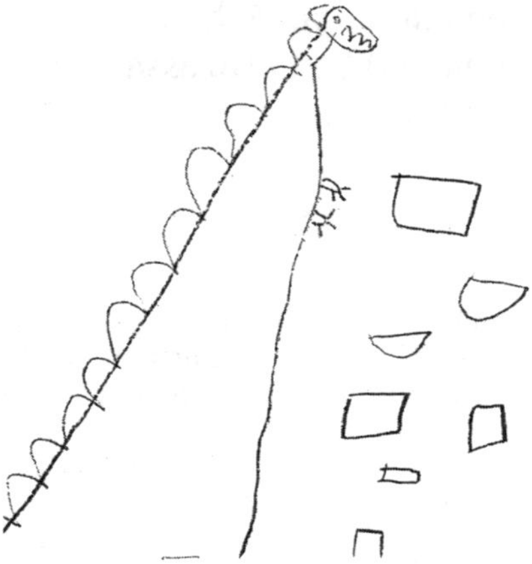

62 | Lernen vor, neben und in der Schule

Abbildung 7 b

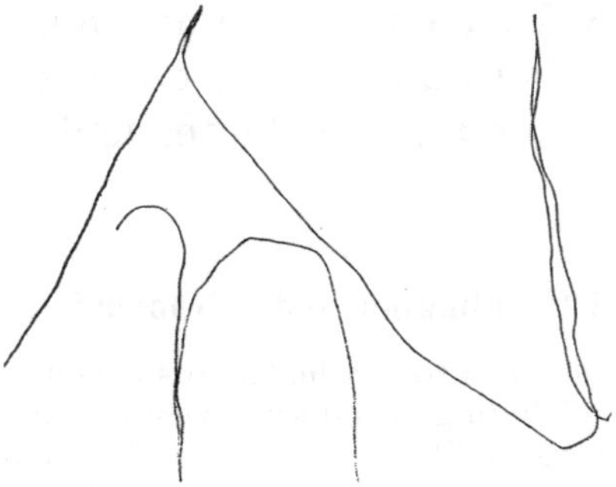

Abbildung 7 d

Abbildung 7 c

Abbildung 7 e

Abbildung 7 f

Diskussionsgrundlage 5. 2: *Lernprozesse von Kindern im schriftsprachlichen Anfangsunterricht*

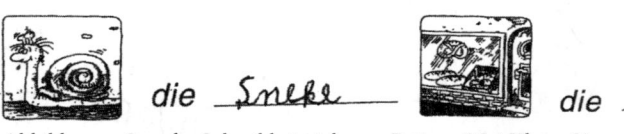

die Snebe   die Bebaray

Abbildungen 8 a – b: Schreibbeispiele von Fatima (Mai Klasse 2)

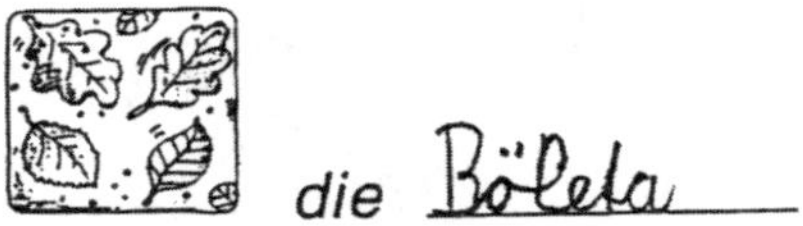

die Böleta

Abbildung 8 c: Schreibbeispiel von Volkan (Mai Klasse 2)

Abbildungen 8 a – c: Schülerbeispiele aus den angeleiteten Schreibproben (HSP)

Im Rahmen von Lehrerfortbildungsveranstaltungen konnte ich verschiedene Deutungsvarianten von Lehrerinnen und Lehrern zum Schreibbeispiel Volkan (vgl. Abb. 8 c) beobachten:

Frau A: Ich könnte mir vorstellen, dass sich das Kind bei dem ersten Konsonantenbuchstaben an der übertriebenen Lautbezeichnung [bö] orientiert hat, die es dann auch aufschrieb. Das <a> am Ende hat es geschrieben wie gesprochen. Und <e> statt <ä> ist doch phonetisch korrekt, das Kind hat nur die Ableitung von »Blatt« noch nicht erkannt, aber das ist zu dem Zeitpunkt sicher noch in Ordnung. Meines Erachtens ist dieses Kind in einer Phase, in der es schreibt, wie es spricht.

Frau B: Für mich ist nur schwer nachvollziehbar, dass dieses Kind mit der Schreibung bereits Einsichten in die Struktur unserer Schrift zeigt. Das Schriftbild wirkt doch chaotisch, ich kann es mir kaum erklären. Vielleicht hat das Kind das Wort nicht richtig abgehört.

Frau C: Möglicherweise aber hatte das Kind Schwierigkeiten mit der Konsonantenhäufung im komplexen Anfangsrand des Wortes. Es hat dann versucht, seinem eigenen Sprechrhythmus folgend, das Wort in Silben aufzugliedern und es ist ein dreisilbiges Wort entstanden. Dabei hat das Kind vielleicht versucht, jede Silbe einzeln und gedehnt zu sprechen und zu analysieren. Es könnte sein, dass es deshalb nicht die reduzierte Silbe erkannt hat, sondern eher an der Lautsprache orientiert am Ende ein <a> verschriftet hat.

Frau D: Meines Erachtens könnte die Schreibung auch mit der Muttersprache des Kindes zusammenhängen. In der türkischen Muttersprache ist nämlich ein regelmäßiger Wechsel von Konsonant und Vokal typisch, komplexe Anfangsränder sind eher untypisch. Und genau das spiegelt sich in der Schreibung des Kindes wider!

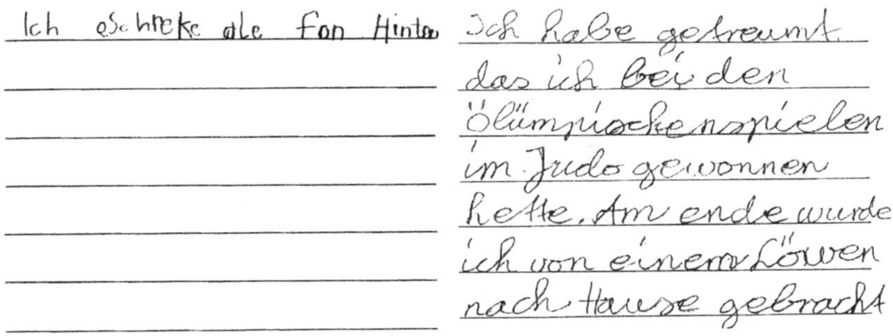

Mai (Klasse 1) *Mai (Klasse 2)*

Abbildungen 9 a – b: Fallbeispiel Sascha – kreative Schreibproben (Traumgeschichten)

Paul (November Klasse 1)
(»Mc Donalds«)

Sofia (Dezember Klasse 1)
(»Der vierte Advent«)

Abbildungen 10 a – b: Tagebuchaufzeichnungen von Kindern

5.2 Begrifflichkeiten: Beobachten – Deuten – Dokumentieren

Inwiefern die Kinder im Anfangsunterricht lernen (z. B. das Lesen und Schreiben), hängt – in der Spur eines kognitionspsychologisch-konstruktivistischen Denkansatzes (vgl. Kapitel 3.2) – davon ab, wie es gelingt, das zu Lernende, den Lerngegenstand (z. B. die Schrift), so in das Blickfeld der Lernenden zu rücken, dass sie ihn – aufbauend auf ihren schon erworbenen Handlungs- und Denkstrukturen – aktiv neu schaffen und strukturieren, (re)konstruieren bzw. für sich »erfinden« können (vgl. Dehn 2000, 73, Hanke i. Dr.). Um entsprechend herausfordernde Lernumgebungen im Anfangsunterricht gestalten zu können, erweist es sich daher als notwendig, die bereits vorhandenen und sich in aktiven Auseinandersetzungen weiter ausdifferenzierenden und verändernden Denk- und Handlungsstrukturen der Lernenden in den Fokus der Aufmerksamkeit zu setzen. Dafür bietet sich den Lehrenden ein Beobachten der Schülerinnen und Schüler in vielfältigen Situation an.

Damit Beobachten wesentliche Aufschlüsse über kindliche Denk- und Handlungsprozesse und -strukturen liefern kann, ist es sinnvoll, sich zugleich über grundlegende Merkmale des Beobachtens, insbesondere über die Rolle des Beobachters/der Beobachterin und den Aussagewert der in Beobachtungen gewinnbaren Einsichten Klarheit zu verschaffen (vgl. dazu auch Beck/Scholz 1995b).

Beobachten:

Als Orientierungsgrundlage für das Beobachten in schulischen Zusammenhängen wird ein von Preuß (1994, 102) entworfenes Beobachtungsmodell aufgegriffen und unter Berücksichtigung neuerer kognitionspsychologischer, erkenntnistheoretischer und neurophysiologischer Einsichten entsprechend modifiziert (siehe Abbildung 11).

Beobachten ist danach stets ein selektiver, individueller – subjekt-/beobachter-abhängiger – (Re)Konstruktionsprozess (vgl. Krüssel 1993). Ein Beobachter kann nur das wahrnehmen, was er auf der Grundlage seiner eigenen Erkenntnisstrukturen bzw. kognitiven Strukturen oder »Schemata« (Neisser 1996) auch kognitiv erkennen bzw. (re)konstruieren kann (Piaget/Inhelder 2000).

Die Lehrperson als Beobachterin kann also die sich z.B. in mündlichen oder schriftlichen Handlungen widerspiegelnden individuellen Denk- und Handlungsstrukturen des Kindes folglich auch nur vor dem eigenen Wissens- und Erfahrungshintergrund (in Bezug auf das Kind und die Sache) unter den Bedingungen jeweils spezifischer Situationen rekonstruieren. Jede Beobachtung erfordert Wahrnehmung, Wahrnehmen ist stets von den Erkenntnisstrukturen des Beobachters, seiner emotionalen Befindlichkeit sowie seinem situativen Erleben (in einer sozialen Gruppe mit dem Beobachteten) abhängig. Insofern ist jeder Wahrnehmungs- und Beobachtungsprozess in gewisser Weise gleichzeitig ein Deutungsprozess. Eine verantwortungsvolle und dem Lernenden »gerecht« werdende Beobachtung/Wahrnehmung/Deutung der kindlichen Denk- und Handlungsstrukturen erfordert neben einer Berücksichtigung der Perspektive des Kindes selbst (z.B. in Form von Gesprächen über das Geschriebene, Gezeichnete, Erlebte – vgl. Hanke/Baumgarten 2000) zugleich Selbstreflexionsprozesse, indem sich die Lehrerin/der Lehrer immer wieder kritisch im Hinblick auf Sympathie- oder Antipathieempfinden und Vorurteile in der Beziehung zum Kind hinterfragt. Hilfreich kann sich in dem Zusammenhang auch die Zusammenarbeit in einem Team (mit Kollegen, Schulpsychologin, Kindergärtner/in, Referendar/in, Student/in) erweisen, wodurch die gemeinsam mit dem Kind gewonnenen eigenen Beobachtungen durch die Beobachtungen, insbesondere die unterschiedlichen Perspektiven und Deutungshorizonte anderer Personen relativiert bzw. erweitert werden können. Auf dieser Basis erhalten die vorgenommenen Rekonstruktionen einen intersubjektiven Charakter.

Je nach Beobachtungsintention (warum) kann eine entsprechende (beobachter-abhängige) Schwerpunktsetzung im Hinblick auf Beobachtungskriterien (was), Beobachtungssituation (wen, wann, wo) und Beobachtungsmodalitäten (wie) vorgenommen werden. Dies ist durchaus auch in einer Klasse mit 30 Schülerinnen und Schülern möglich, indem beispielsweise in Phasen von Tages-/Wochenplan- oder Freiarbeit zeitlich versetzt jeweils gezielte Beobachtungen mit einzelnen ausgewählten Schülerinnen und Schülern erfolgen können.

Deuten:

Während im Prozess des Erkennens in den situativen Beobachtungen gleichzeitig Deutungen von Denk- und Handlungsstrukturen vorgenommen werden, sind über Mikroanalysen von protokollierten Situationen,

Lernen vor, neben und in der Schule

- Vorerfahrungen
- Bedürfnisse
- Interessen
- sozial-emotionales Verhalten
- Aspekte von Lernprozessen
- Aspekte von Lernergebnissen
- persönliche Befindlichkeit (beobachterabhängige Kriterien)

- Schüler/in individuell
- Schüler/in mit einem/r Partner/in
- Schüler/in in einer Gruppe
- Schüler/in in Interaktion mit anderen Bezugspersonen

- in Gesprächssituationen (z. B. Morgenkreis, in Erarbeitungsphasen)
- im Spiel
- in Phasen von Tages- Wochenplan u. Freiarbeit, bei Ausflügen u. Exkursionen
- auf dem Schulhof
- in den Pausen
- bei Festen und Feiern (zu unterschiedlichen Zeiten an verschiedenen Orten)

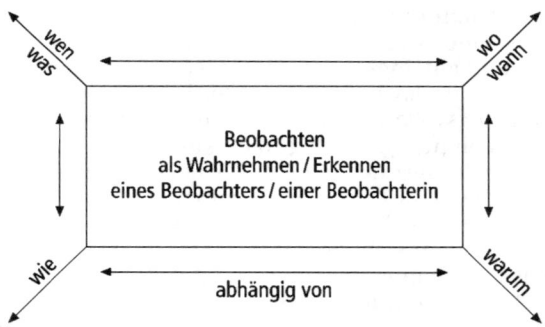

Beobachten
als Wahrnehmen / Erkennen
eines Beobachters / einer Beobachterin

was / wen — wo / wann — wie / warum

abhängig von

- individuell – subjektabhängig
- im Team – intersubjektiv
- situativ oder kontinuierlich
- gezielt nach Kriterien oder informell
- unter Nutzung technischer Hilfsmittel (Video, Kassettenrecorder)
- über Lerntagebücher der Kinder

---

den Dispositionen des Beobachters/der Beobachterin:
- deren/dessen Erfahrungen, Erwartungen
- erinnerten Erlebnissen u. Informationen
- der gegenseitigen Wahrnehmungen in einem sozialen Bezugssystem
- der momentanen Befindlichkeit
- Hintergrundwissen (entwicklungs-, lern-, kognitionspsychologische, antropologische, fachwissenschaftliche Kompetenzen)

---

als Grundlage für:
- Gestaltung von Lernumgebungen, inbes. die Auswahl individueller anschlussfähiger Lernangebote
- individuelles Fördern, Beraten u. Beurteilen
- Feststellen von Lernfortschritten
- Perspektiven u. Erfolgserlebnisse für die Lernenden
- Reflexionen der eigenen Lehrhandlungen

Abbildung 11: Beobachtungsmodell (in Anlehnung an Preuß 1994, 102)

Gesprächen, Geschriebenem, Gezeichnetem präzisierende Deutungen – im Sinne eines verstehenden Nachvollziehens – der kindlichen Denk- und Handlungsstrukturen und deren Erweiterung und Veränderung über einen längeren Zeitraum hinweg möglich. Auf diese Weise können Lernprozesse bzw. individuelle Lernfortschritte innerhalb komplexer Lernprozesse transparent werden.

An den Deutungsversuchen der Lehrerinnen und Lehrer in der Diskussionsgrundlage 5.2 werden unterschiedliche Deutungshorizonte und Perspektiven erkennbar. Es wird offensichtlich, dass eine kind- und sachgerechte Deutung des Geschriebenen vom Wissen (das gleichzeitig Fähigkeiten, Einstellungen etc. umfasst) der Lehrperson abhängt, am Beispiel 5.2 insbesondere von folgenden Wissensaspekten (vgl. Hanke i. Dr.):

- einem sprachwissenschaftlichen Wissen (über Phonetik, Schrift, Schriftlichkeit, Mehrsprachigkeit, Fremdsprachen) sowie einer entsprechenden sachanalytischen – sprachanalytischen – Kompetenz,
- einem psycholinguistischen Wissen über den schriftsprachlichen Handlungsprozess,
- einem entwicklungspsychologischen Wissen über den Schriftspracherwerb,
- einem sprachdidaktischen Wissen über Methoden beim Schriftspracherwerb,
- einem Wissen über einen pädagogischen Umgang mit Fehlern bzw. Lernentwicklungen,
- einem Wissen um die Lernbiographie des Kindes sowie um soziale und kulturelle Hintergründe und besondere Bedingungen, aber auch
- den Erfahrungen der Lehrkraft mit schriftsprachlichem Anfangsunterricht, insbesondere mit zwei- und mehrsprachigen Kindern.

Dokumentieren:

Um Lernprozesse auch längerfristig nachvollziehen und deuten zu können, erweist es sich als sinnvoll, die vorgenommenen Beobachtungen und Deutungen entsprechend zu dokumentieren. Damit wird es möglich, gemeinsam mit dem Kind Lernprozesse zu verfolgen und entsprechend zu honorieren, Erfolgserlebnisse zu schaffen sowie über Beobachtungen auch im Rahmen von Elterngesprächen zu reflektieren. Außerdem liefern derartige Aufzeichnungen eine wichtige Grundlage für das Anfertigen pädagogischer Leistungsbeurteilungen (vgl. Kapitel 7).

Folgende Hilfsmittel bieten sich für das Dokumentieren von Beobachtungen und deren Deutungen u. a. an:

- *Führen eines pädagogischen Tagebuchs* (vgl. Buschbeck 1995, Jürgens 1999)

In einem pädagogischen Tagebuch können die zu einzelnen Kindern jeweils spontan oder systematisch vorgenommenen Beobachtungen im Zusammenhang der jeweiligen Situation beschrieben werden, so dass auch in neuen Kontexten nachträgliche Deutungen möglich sind. Darüber hinaus können Überlegungen im Hinblick auf pädagogisch-didaktische Möglichkeiten für einzelne Kinder gesammelt, zielgerichtet selektiert und nach deren Erprobung reflektiert werden. Dem Beobachter wird es möglich, seine eigene Rolle kritisch zu hinterfragen, insbesondere hinsichtlich der Bedeutung der Beobachtung für das Kind.

Ein pädagogisches Tagebuch kann als ein Heft oder Ordner mit Ringbuchblättern geführt werden. Die Seiten sollten einen breiten Rand für Deutungen und spätere Eintragungen vorweisen. Zur besseren Nachvollziehbarkeit ist es günstig, jede Eintragung mit genauen Zeit- und Ortsangaben zu versehen. Da die Notizen zu einem Kind über das gesamte Tagebuch verstreut sind, schlägt Jürgens (1999, 74 – 78) vor, die verschiedenen Kindernamen farbig zu markieren, die einzelnen Seiten durchzunummerieren und ein Inhaltsverzeichnis anzulegen.

■ *Anlegen einer Schülerkartei, eines Karteikartensystems*

In einer Schülerkartei können die Beobachtungen und Deutungen zu jedem einzelnen Kind auf Karteikarten notiert und kindbezogen geordnet werden. Darüber hinaus besteht die Möglichkeit, in diesem Karteikartensystem auch Geschriebenes, Gezeichnetes etc. mit Kommentaren versehen zu jedem Kind direkt abzuheften und in späteren Deutungen hinzuzuziehen. Diese Art der Dokumentation erleichtert einen Überblick, inwiefern auch tatsächlich zu jedem Kind differenzierte Beobachtungen vorliegen. (Beispiele dafür z. B. Babbe 1993, Wallrabenstein 1993)

Da die individuellen Beobachtungen und Deutungen nicht zu jedem Kind auch längerfristig erinnert werden können, ist es wichtig, dass jede Lehrerin/jeder Lehrer im Laufe ihrer/seiner schulischen Praxis eigene Formen der Dokumentation von Beobachtungen findet, die mit einem leistbaren Aufwand verbunden sind. Die Vorteile einer differenzierten Dokumentation für die Gestaltung anschlussfähiger Lernumgebungen und damit für die Lernentwicklung der Schülerinnen und Schüler sind – zumindest auf theoriegeleiteter Ebene – offensichtlich.

5.3 Beobachten und Deuten von Lernvoraussetzungen in unterschiedlichen Lernbereichen zu Schulbeginn

Wie können Lernvoraussetzungen von Schulanfängern in den unterschiedlichen Lernbereichen (zu den Verhaltensbereichen vgl. Kapitel 4.4) beobachtet und gedeutet werden?

Beispiel 1: Beobachten und Deuten von Lernvoraussetzungen im schriftsprachlichen Bereich

Die schriftsprachlichen Vorerfahrungen der Schulanfänger sind vor allem in schriftsprachlichen Handlungssituationen beobachtbar. Diese Aussage scheint zunächst selbstverständlich und trivial, sichtet man jedoch verbreitete Testverfahren, dann ist es dies bei weitem nicht.

So werden die Kinder im Rahmen der Schuleingangsdiagnostik zur Früherkennung und Frühförderung von Schwierigkeiten beim Lesen- und Schreibenlernen nach Breuer/Weuffen (2000, 72) aufgefordert, zur Überprüfung der optisch-graphomotorischen Differenzierungsfähigkeit verschiedene Zeichen auf einem Blatt Papier abzuzeichnen. Eines dieser Zeichen sieht zum Beispiel folgendermaßen aus:

Schreibt ein Kind für dieses Zeichen den Buchstaben <K>, d. h. ein ihm bereits bekanntes schriftsprachliches Zeichen, dann wird dieses als *falsch* gewertet. Fällt auch nur ein Zeichen innerhalb der optisch-graphomotorischen Differenzierungsprobe falsch aus, lautet das Gesamtergebnis dieser Aufgabe falsch und dem Kind werden Fehlleistungen in der optisch-graphomotorischen Differenzierungsfähigkeit bescheinigt. In den Auswertungen stellen Breuer und Weuffen fest, dass sich gerade dieses Zeichen als das schwierigste deutlich abhebt, weil viele Kinder es mit dem Buchstaben <K> verwechseln.»Das kann mit mangelnder Aufmerksamkeit bei der Instruktion, einem oberflächlichen Hinhören, mit Ablenkbarkeit oder einer tatsächlichen Raum-Lage-Unsicherheit zusammenzuhängen.« (Breuer/Weuffen 2000, 74).

Jede Form der Wahrnehmung – so auch der visuellen – ist ein (kognitiver) Akt des Erkennens und Unterscheidens auf der Grundlage vorhandener kognitiver Schemata (vgl. Neisser 1996). Die Kinder, die den Buchstaben <K> assoziieren, erkennen das konstruierte Zeichen folglich auf der Grundlage eines bereits entworfenen kognitiven Schemas eines Buchstabens, eines schriftsprachlichen Zeichens, mit dem sie schon Erfahrungen sammeln konnten. Eine bereits vorhandene schriftsprachliche Einsicht der Kinder wird auf diese Weise ignoriert. Die Bedeutung der Richtung der »Ecke« ist ihnen hingegen nicht bekannt (und kann ihnen auch nicht bekannt sein). Eine Unterscheidung ist ähnlich wie bei den Buchstaben <b> und <d> nur möglich, wenn deren bedeutungsunterscheidende Funktion (kognitiv) einsehbar und nachvollziehbar wird. Diese Möglichkeit besteht bei dem Zeichen jedoch nicht.

Aus dieser Aufgabe Rückschlüsse auf vorhandene (sachbezogene, d. h. schriftsprachbezogene) Voraussetzungen der Kinder für das Lesen- und Schreibenlernen zu ziehen, scheint daher fragwürdig.

Um einen Einblick in die schriftsprachlichen Vorerfahrungen der Schulanfänger zu gewinnen, schlägt Dehn (1994) den Schreibanlass des »Leeren Blattes« vor. Auf Gruppentischen wird jeweils ein großes weißes Blatt (die Rückseite von Plakaten DIN A 1/2) ausgebreitet. Darauf können die Kinder schreiben, was sie schon können. Die Gespräche beim Schreiben können mit einem Kassettenrekorder aufgezeichnet werden, um nachzuvollziehen, wie die Kinder ihr Geschriebenes kommentieren. Die Gesprächsausschnitte zeigen insbesondere, wie die Kinder miteinander und voneinander lernen und gemeinsam sprachanalytisch tätig werden.

Anschließend wird das beschriebene Blatt ausgehängt und die Kinder lesen sich gegenseitig vor, was geschrieben steht (vgl. Dehn 1994, 87 – 92). Brügelmann entwickelte darüber hinaus zahlreiche Schreib- und Leseaufgaben, in denen der jeweils individuelle Stand der Lese- und Schreibentwicklung innerhalb des komplexen Schriftspracherwerbsprozesses beobachtbar und deutbar wird (vgl. Brügelmann 1988). Es wird damit besser verstehbar, »mit welchen Vorstellungen von Schrift Kinder in die Schule kommen und welche konkreten Umgangsformen mit Schriftsprache sie mitbringen.« (Brinkmann/Brügelmann 1997, 98) Diese Schreib- und Leseaufgaben sind in z. T. weiterentwickelter Form in die empfehlenswerte Ideen-Kiste Schrift-Sprache 1 eingegangen (Brinkmann/Brügelmann 1997, 1998, vgl. dazu auch Brügelmann/Brinkmann 1998).

Ausgewählte Beispiele für Lese- und Schreibaufgaben zu Schulbeginn (Brügelmann/Brinkmann 1998):

Aufgabe	Beobachtbar ist/sind:
»Notizen machen« Die Kinder machen sich in einem Merkheft Notizen über nicht zu vergessende Dinge, Erlebnisse etc.	Vorstellungen von Schrift, insbesondere über die Funktion der Schriftverwendung
»Welches Wort ist länger…« Den Kindern werden Karten mit Schriftwörtern vorgelegt. Dabei handelt es sich um Gegenstände unterschiedlicher Größe (z. B. Zug – Lokomotive). Sie haben herauszufinden, auf welcher Karte welches Wort steht.	die Einsicht, dass Sprache eine Abstraktion vom realen Gegenstand ist und die Bedeutung nicht direkt abbildet, die Einsicht, dass die Länge des geschriebenen Wortes etwas mit der Länge des gesprochenen Wortes zu tun hat
»Embleme und Schrift« Vorgegebene Embleme sind zu identifizieren und aus verschiedenen Schriftwörtern ist das zum Schild oder Werbeetikett passende auszuwählen.	Symbolerfahrungen, die Einsicht, dass Schrift ihre Bedeutung auch außerhalb des üblichen Kontexts und bei Veränderung der Drucktype beibehält, die Einsicht, dass eine spezifische Anordnung von Schriftzeichen eine bestimmte Bedeutung ergibt
»Buchstaben-Monster« Für ein Buchstabenmonster, das von morgens bis abends am liebsten Buchstaben frisst, sind alle Buchstaben, die das Kind schon kennt, aufzuschreiben.	Buchstabenkenntnisse
»Robotersprache« Die Kinder werden gebeten, einzelne Wörter abgehackt (silbisch) wie ein Roboter zu sprechen.	sprachanalytische Fähigkeiten

Tabelle 2: Ausgewählte Lese- und Schreibaufgaben für Schulanfänger

Diese Aufgaben dienen letztlich nicht nur der Beobachtung, über welche Schrifterfahrungen die Schulanfänger verfügen, sondern auch gleichzeitig der Ausdifferenzierung oder Vertiefung schriftsprachlicher Fähigkeiten und Einsichten.

In Diskussionsgrundlage 5.1 wird ein kleiner Ausschnitt wiedergegeben, über welche Buchstabenkenntnisse die Schulanfänger in der Aufgabe »Buchstaben-Monster« im Rahmen des Forschungsprojektes »Schrift-Spracherwerb« verfügten. Die Palette reicht hier von bildhaften Darstellungen (z. B. der eigenen Familie) über Ziffern bis hin zu einzelnen Buchstabenzeichen, dem gesamten Alphabet und ersten (logographisch wiedergegebenen oder phonetisch korrekt konstruierten) Wörtern. Entsprechend dem in Kapitel 3.2.2 dargestellten Entwicklungsmodell zum Schriftspracherwerb befinden sich die Kinder zu Schulbeginn in unterschiedlichen Phasen der Schreibentwicklung. D. h., Schulanfänger verfügen bereits über vielfältige Erfahrungen mit Schrift, wenn auch in unterschiedlich entfalteter Weise.

Brügelmann (1998a) fasst ausgewählte Befunde zu Schrifterfahrungen von Kindern vor der Schule wie folgt zusammen (vgl. Brügelmann/Richter 1994, Rathenow/Vöge 1982):

»Je nach Region kommen 3 – 8 % der Schulanfänger, also ein bis zwei Kinder pro Klasse, als LeserIn in die Schule, weitere 5 – 10 % kennen mehr als 20 Buchstaben und können einzelne Wörter ohne Hilfe erlesen.

Auf der anderen Seite kann fast die Hälfte der Schulanfänger kein Wort erlesen/wiedererkennen und höchstens 5 Buchstaben richtig benennen.

Jeweils ein Viertel der Schulanfänger kann

- mehr als 14 verschiedene Buchstaben aufschreiben
- gar keinen oder höchstens 7 Buchstaben aufschreiben

- mehr als 2 Wörter aus dem Gedächtnis korrekt niederschreiben
- gar kein Wort richtig niederschreiben

- mehr als 9 diktierte Buchstaben korrekt notieren
- gar keinen oder höchstens 4 Buchstaben richtig wiedergeben.

Drei bis vier Jahre betragen solche Entwicklungsunterschiede zwischen Kindern am Schulanfang.« (Brügelmann 1998a, 41)

Insgesamt weisen die im schriftsprachlichen Bereich vorliegenden Befunde darauf hin, dass die Schulanfänger bereits über vielfältige Vorerfahrungen verfügen. Sie befinden sich in unterschiedlichen Phasen des Schriftspracherwerbs.

Beispiel 2: Beobachten und Deuten von Lernvoraussetzungen im mathematischen Bereich

Einen Überblick über verschiedene Verfahren zur Beobachtung und Deutung von Vorkenntnissen im mathematischen Bereich bei Schulanfängern (sog. »Schriftliche Standortbestimmungen am Schulanfang«)

gibt Hans Röthlisberger (1999). Diese Standortbestimmungen haben das Ziel »sich über die mathematischen Fähigkeiten der Kinder einer bestimmten Klasse ins Bild zu setzen, um die Kinder gezielter zu beobachten, ihnen genauer zuzuhören, d. h. ihre Lernwege besser zu verstehen und den Unterricht darauf abzustimmen. Die Entwicklung der Schülerinnen und Schüler zu verstehen versuchen ist dabei viel wichtiger, als den momentanen Leistungsstand zu erfassen.« (Röthlisberger 1999, 23)

Die folgenden »Standortbestimmungen für den Schulanfang« wurden für den mathematischen Bereich konzipiert:

- verschiedene offene Ortungsaufgaben von Wittmann und Müller (1992),
- Aufgaben zu arithmetischen Grundkompetenzen von Schulanfängern (entwickelt im Rahmen des More-Projekts) von Marja van den Heuvel-Panhuizen und Koeno Gravemeijer (van den Heuvel-Panhuizen 1995),
- Bildsachaufgaben zu arithmetischen Vorkenntnissen von Schulanfängern von Kordula Knapstein (Selter/Spiegel 1997).

Um detailliertere Einsichten in die Denk- und Rechenwege der Kinder zu gewinnen, werden für den Anfangsunterricht und darüber hinaus offene Aufgaben, gezielte Erkundungen oder klinische Interviews empfohlen (Hengartner 1999, 15 – 16). In den offenen Aufgaben können die Kinder im Rahmen von Eigenproduktionen selbst entscheiden, »wie sie vorgehen oder wie sie ihr Vorgehen und dessen Ergebnisse darstellen.« (Selter/Sundermann 1999, 60). In gezielten Erkundungen können individuelle Rechenstrategien ermittelt werden, während klinische Interviews der differenzierten Erkundung von Lernwegen dienen und nur bei einzelnen Kindern zum Zwecke einer detaillierteren Information eingesetzt werden (Hengartner 1999, 16).

Wilhelm Schipper (1996, vgl. auch Selter 1998) gibt folgenden zusammenfassenden Überblick über die Befundlage zu mathematischen Vorkenntnissen von Schulanfängern:

(1) »Fast 97 % der Schulanfänger kann die Zahlwortreihe bis mindestens 10 aufsagen, 70 % bis 20, 45 % bis 30 zählen, immerhin noch 15 % bis 100 (Schmidt 1982). Daneben gibt es aber auch immer einige Kinder, die im wahrsten Sinne des Wortes nicht bis 5 zählen können . . .
(2) Drei von vier Schulanfängern können alle Ziffern von 0 bis 9 lesen, aber nur 8,6 % können sie auch richtig schreiben (Schmidt 1982).
(3) 98 % der von Hendrickson (1979) untersuchten Schulanfänger kann die Aufgabe »14 – 6« lösen, wenn sie in Form einer Rechengeschichte (»Du hast 14 Murmeln. Davon gibst du mir 6. Wieviel hast du dann noch?«) gestellt wird und die Kinder die Lösung konkret mit Material ermitteln dürfen. Selbst die in ähnlicher Form gestellte Divisionsaufgabe »12:4« wird von fast 75 % dieser Schulanfänger gelöst.
(4) Jeder zweite Schulanfänger kann in einem schriftlichen Test angeben, wie viel Geld er zurückbekommt, wenn er eine Brille für 8 DM kauft und mit einem 10-DM-Schein bezahlt . . . Überraschend(er) sind

die großen Unterschiede zwischen den Schulklassen. So lösten in einer Schweizer Nachuntersuchung (Hengartner/Röthlisberger 1995) in einer Grundschulklasse vier von fünf Kindern diese Aufgabe richtig, in einer anderen Klasse nur eins von fünf Kindern ...

(5) Nahezu strukturgleiche Aufgaben werden ganz unterschiedlich häufig gelöst, wenn sie sich hinsichtlich der Umsetzungsmöglichkeit in Handlungen unterscheiden. Die Aufgabe »Maria hat 5 Murmeln. Hans hat 8 Murmeln. Wie viele Murmeln muss Maria noch bekommen, damit sie genau so viele Murmeln hat wie Hans?« wird von 96 % der an der Untersuchung beteiligten Schulanfänger gelöst. Die Aufgabe »Maria hat 5 Murmeln. Hans hat 8 Murmeln. Wie viele Murmeln hat Hans mehr als Maria?« wird dagegen nur noch von 28 % der gleichen Kinder bewältigt (Stern 1994)«. (Schipper 1996, 11 – 12, zu weiteren Befunden auch Hengartner /Röthlisberger 1995, Grassmann 1996, Senftleben 1996, Stern 1997)

Die Untersuchungsergebnisse belegen insgesamt, dass die Schulanfänger auch im mathematischen Bereich keine Lernanfänger sind und bereits über vielfältige mathematische Vorkenntnisse verfügen. Deutlich wurde in den Untersuchungen ferner, dass Variationen in der Aufgabenstellung zu ganz unterschiedlichen Ergebnissen bei ein- und demselben Kind führen und dass sowohl große Unterschiede zwischen einzelnen Schülerinnen und Schülern in einer Klasse aber auch zwischen Schulklassen bestehen können (vgl. Selter 1998).

Wie werden diese Unterschiede in den Lernvoraussetzungen in Theorie und Praxis gedeutet?

Die dargestellten Beispiele aus den Lernbereichen verdeutlichen, dass Schulanfänger durchaus keine Lernanfänger mehr sind. Nicht nur die Alltagserfahrungen im Anfangsunterricht, sondern auch die Erkenntnisse der psychologischen, grundschulpädagogischen und fachdidaktischen Forschung belegen, dass die Schulanfänger über ganz unterschiedliche Lernvoraussetzungen (auch als »interindividuelle Unterschiede« bezeichnet) verfügen. Die Vielfalt der Lernvoraussetzungen zu Schulbeginn wird zurückgeführt auf die individuellen Dispositionen des Kindes sowie auf die soziokulturellen Bedingungen, in denen die Schulanfänger aufgewachsen sind (Hany 1997, 391). Dabei werden die Fähigkeiten vieler Schulanfänger – wie insbesondere die Untersuchungen im mathematischen Bereich belegen – häufig unterschätzt (vgl. Hengartner/Röthlisberger 1995, Hengartner 1999).

Darüber hinaus spiegeln sich in Theorie und Praxis recht unterschiedliche Interpretationen der interindividuellen Unterschiede im Vorwissensniveau der Schulneulinge wider. Zwei Auffassungen sollen in dem Zusammenhang kontrastierend gegenüber gestellt werden:

a) defizit-/defektorientierte Interpretation

Nicht nur in der psychologischen Forschung, sondern auch in der grundschulpädagogischen Praxis werden die Unterschiede in den individuellen

Lernvoraussetzungen nicht selten als Abweichungen, als »individuelle Entwicklungsdefizite«, interpretiert. Aufgabe der Grundschule ist es danach, einerseits diese Entwicklungsdefizite mit Hilfe »entwicklungskorrigierender Maßnahmen« auszugleichen und damit Fehlentwicklungen zu korrigieren, d. h. interindividuelle Unterschiede zu verringern, sowie andererseits auch die Stärken der begabteren Schülerinnen und Schüler angemessen zu fördern, d. h., interindividuelle Unterschiede zuzulassen und zu unterstützen (Hany 1997, 391). Eine solche Auffassung unterstellt ein zu Schulbeginn erwartbares normatives Mindestniveau in den Lernvoraussetzungen der Kinder und toleriert ausschließlich eine »Normabweichung nach oben«. Damit wird letztlich die Komplexität der Entwicklungsprozesse ignoriert, innerhalb derer sich die Kinder zu Schulbeginn befinden (vgl. Kapitel 3.2). Häufig werden diese »Defekte« durch Bedingungen des Kindes erklärt. Beliebt ist in dem Zusammenhang die Zuschreibung von sog. »Teilleistungsstörungen« in den Bereichen Wahrnehmung, Sprache oder Motorik, die wiederum Lern- und Verhaltensstörungen (wie Legasthenie, Dyskalkulie, »Konzentrations-Defizit-Syndrom«, Hyperkinese, Aggressivität) nach sich ziehen könnten (vgl. Portmann 1995).

b) entwicklungs-/kompetenzorientierte Interpretation

Nach dieser entwicklungs- und kognitionspsychologisch fundierten Auffassung befinden sich die Kinder zu Schulbeginn in unterschiedlichen Phasen ihres komplexen Entwicklungsprozesses (vgl. Kapitel 3.2). D. h., auch Kinder mit allerersten Vorerfahrungen im schriftsprachlichen und mathematischen Bereich gelten danach nicht als »lese-, schreib- oder rechenschwach«. Es geraten in den Deutungen vielmehr die vorhandenen Fähigkeiten der Lernenden in den Blick. Die Aufgabe der Grundschule wird darin gesehen, »sich pädagogisch und organisatorisch auf die sehr unterschiedlichen Erfahrungen, Voraussetzungen und Erwartungen der Schulneulinge einzustellen« (Portmann 1995, 3), die Kinder in ihrem individuellen Entwicklungsniveau zu stärken, sie auf diesem Hintergrund zu weiteren Lernprozessen herauszufordern, sie dabei zu begleiten und zu unterstützen. Es wird insbesondere auf die Notwendigkeit einer Passung zwischen den Voraussetzungen des Kindes und den Voraussetzungen der Schule verwiesen (Portmann 1995, 2). Ausgehend von der Frage, was das Kind bereits kann, ist zu überlegen, auf welche Weise eine entsprechende Lernumgebung gestaltet werden kann, die ein Weiterlernen ermöglicht. Dabei ist natürlich ebenso zu berücksichtigen, inwiefern sich ein Kind auf Grund körperlicher Besonderheiten (wie Kurzsichtigkeit, eingeschränkte Hörfähigkeit, Asthma, div. Allergien etc.) oder in sozial-emotionaler Hinsicht belastender Lebenssituationen in seinem Wohlbefinden beeinträchtigt fühlt und wie auch diesen Besonderheiten entsprochen werden kann (indem z. B. das kurzsichtige Kind einen Platz möglichst in Tafelnähe einnehmen kann). Ein Ignorieren bzw. Nichternstnehmen der persönlichen Befindlichkeit des Kindes wäre geradezu pädagogisch verantwortungslos.

Dieser Deutungsansatz spiegelt sich in den dargestellten Möglichkeiten zum Beobachten und Deuten von Lernvoraussetzungen im schriftsprachlichen und mathematischen Bereich wider.

Lesenswert ist in dem Zusammenhang die Gegenüberstellung beider Deutungsvarianten zu zwei Test-Protokollen in Dummer und Brügelmann (1987).

Welche Bedeutung können die Lernvoraussetzungen aus der Vorschulzeit für Lernprozesse bzw. Lernerfolge in der Grundschule haben?

In einem Forschungsüberblick über Untersuchungen zum Einfluss der vorschulischen Entwicklung auf die Entwicklung im Grundschulalter gelangt Hany (1997, 402 – 403) zu der Einsicht, dass vorschulische Unterschiede in den individuellen Lernvoraussetzungen (in sog. »kognitiven Personmerkmalen«) maximal 50 % der späteren Leistungsunterschiede erklären. Ein großer Teil der späteren Schulleistungsunterschiede sei demnach *nicht* durch vorschulische Prädiktoren aufzuklären. Auch in der Grundschulstudie des Max-Planck-Instituts für psychologische Forschung (SCHOLASTIK) verlor der Stellenwert des Vorwissens aus der Vorschulzeit für den Lernerfolg in der Grundschule zunehmend an Bedeutung. Unterschiede in der Rechtschreibleistung konnten zu Beginn des zweiten Schuljahres noch zu 26 % und am Ende des vierten Schuljahres nur noch zu 18 % mit Kompetenzen aus der Vorschulzeit (u. a. Buchstabenkenntnis, phonologische Bewusstheit) aufgeklärt werden, in Bezug auf die Leseleistung erwies sich der Anteil als noch geringer (am Ende der Klasse 2 nur noch zu 11 %) (Weinert/Stefanek 1997, 434 – 435).

Auf welche pädagogisch-fachdidaktische Weise im Rahmen des Unterrichts an die individuellen Lernvoraussetzungen aus dem vorschulischen Bereich angeknüpft wurde, wird in den analysierten Studien jedoch nicht deutlich bzw. blieb weitgehend auch gänzlich unberücksichtigt. Konsequenz aus den aufgezeigten Befunden zur Bedeutsamkeit der Lernvoraussetzungen für den Lernerfolg in der Grundschule kann daher nicht sein, in Vorschuleinrichtungen verstärkt Übungssequenzen zur Vorbereitung schulischen Lernens (etwa des Lesens und Schreibens) einzuführen, sondern vielmehr *über die Art der Gestaltung des Unterrichts* nachzudenken, auf welche Weise die individuellen Lernvoraussetzungen der Kinder hier expliziter Berücksichtigung finden können. So gelangt Richter im Rahmen ihrer Untersuchung zur Rechtschreibentwicklung im Anfangsunterricht und zu Möglichkeiten der Vorhersage ihrer Störung zu der Einsicht, dass insbesondere die Art des Unterrichts in einer Klasse darüber entscheidet, in welchem Umfang die Vorkenntnisse die Entwicklung der Rechtschreibfähigkeit bestimmen (Richter 1992, 281).

Eine zentrale Konsequenz der derzeit in einer breiten Öffentlichkeit diskutierten Ergebnisse der PISA-Studie (Baumert 2001) sollte demnach sein, von bildungspolitischer Seite her den Lehrerinnen und Lehrern konstruktive Unterstützungsmöglichkeiten in ihrer alltäglichen unterrichtlichen Arbeit zu gewähren (wie z. B. Möglichkeiten der Supervision, der Teamarbeit, einer qualifizierten verbindlichen Lehrerfortbildung).

Steiner schlussfolgert in dem Zusammenhang beispielsweise für den Mathematikunterricht, dass sich die Lehrer/innen »sorgfältig Klarheit darüber verschaffen müssen, wo jedes einzelne Kind in seiner Entwicklung steht, damit sie von seinem jeweiligen sachstrukturellen Entwicklungsstand aus (d. h. den elementaren Mathematisierungsfähigkeiten aus) die notwendigen Aufbauschritte hinsichtlich des handlungsbezogenen Verstehens einer Situation und deren Mathematisierbarkeit vornehmen, um auch die notwendige positive Einstellung gegenüber diesem Umgang mit Zahlensituationen, die in der Vorschulzeit meist vorhanden ist, in angemessener Weise weiterzuführen. Sie müssen dem Kind, mit anderen Worten, das Gefühl geben, im Umgang mit dieser Art von Problemen erfolgreich zu sein.« (Steiner 1997, 179, vgl. dazu auch die Ausführungen von Kornadt 1997, 492)

Problematisch erweist sich ferner die lineare Kausalität des Schließens von den Lernvoraussetzungen auf spätere schulische Leistungen. So weisen auch Weinert und Stefanek (1997, 439) explizit darauf hin, »dass kognitive Kompetenzen zugleich Voraussetzungen und Folgen schulischen Lernens sind.«

5.4 Beobachten und Deuten von Lernprozessen in unterschiedlichen Lernbereichen im weiteren Verlauf des Anfangsunterrichts

Die Entfaltung und Ausdifferenzierung der Denkwege und Lernprozesse der Schulanfänger in den unterschiedlichen Lernbereichen im weiteren Verlauf des Anfangsunterrichts zu beobachten, zu deuten und zu dokumentieren kann dazu dienen, dem Kind, der Lerngruppe, sich selbst als Lehrer/in sowie den Eltern individuelle Lernfortschritte zu verdeutlichen und zu würdigen sowie gemeinsam Perspektiven für ein Weiterlernen im Anfangsunterricht daraus herzuleiten.

In den verschiedenen Bereichen des Anfangsunterrichts (d. h. im schriftsprachlichen, mathematischen, sachunterrichtlichen, ästhetischen Bereich) können ähnliche Möglichkeiten genutzt werden, um die Denkwege und deren Erweiterung und Veränderung bei den Lernenden im Anfangsunterricht zu rekonstruieren und zu verfolgen. So können im Unterricht jederzeit Beobachtungen zu Lernprozessen der Schülerinnen und Schüler in den unterschiedlichsten Situationen angestellt werden: wenn sie schriftliche Aufgaben lösen, sich am Unterrichtsgeschehen beteiligen, wenn sie sich selbst Ziele setzen, entsprechende Arbeitsmittel auswählen und ihre Ergebnisse und Eigenprodukte kommentieren (vgl. Dehn 1994, 210).

Entsprechende Deutungshilfen bieten die aus der fach- bzw. bereichsspezifischen Forschung vorliegenden Entwicklungsmodelle bzw. Erkenntnisse über Lern- und Denkprozesse der Kinder (vgl. Kapitel 3.2).

In Anlehnung an Hengartner (1999) bieten sich folgende Möglichkeiten zum gezielten Beobachten von Lernprozessen an, die jeweils für die einzelnen Lernbereiche konkretisiert werden können:

1) Schriftliche Standortbestimmung nach vorgegebenen Aufgaben

Beispiel 1: Beobachten und Deuten von Lernprozessen im schriftsprachlichen Bereich im weiteren Verlauf des Anfangsunterrichts

Im schriftsprachlichen Bereich wurden in den letzten Jahren verschiedene Schreib- und Leseproben entwickelt, zu denen nachfolgend ausschnitthaft ein Überblick gegeben wird. Die Fehler der Kinder vermitteln dabei jeweils Einblicke in den Stand der Denkentwicklung, in die Denkwege der Kinder bei ihrem Zugriff auf Schrift.

Die »*Lernbeobachtung – Lesen und Schreiben in Klasse 1*« (Dehn 1994) ermöglicht es, Einblicke in die schriftsprachliche Lernentwicklung insbesondere der Kinder zu nehmen, die zu Schulbeginn über allererste Schrifterfahrungen verfügen oder die im Laufe des Anfangsunterrichts nur unter erheblichen Anstrengungen Fortschritte beim Schrifterwerb erzielen, um damit deren Zugriffsweisen auf Schrift besser zu verstehen, sie so gut wie irgend möglich zur Auseinandersetzung mit Schrift anzuregen und sie bei der Aneignung zu unterstützen (Dehn 1994, 211). Zu verschiedenen Zeitpunkten innerhalb des ersten Schuljahres (November, Januar, Mai) werden den Schülerinnen und Schülern zu einer Bildvorlage ihnen (vom Schriftbild her) zunächst unbekannte Wörter (Sofa, Mund, Limonade, Turm, ab Januar zusätzlich: Reiter, Kinderwagen) diktiert sowie kleinere Texte mit Bildergänzung zum Lesen vorgelegt.

Die von Jessica und Bianca vorliegenden Schreibproben aus der Lernbeobachtung Schreiben (Abbildungen 2 und 3) wurden bereits in Kapitel 3.2 unter dem Aspekt der sich darin widerspiegelnden Denk- und Lernprozesse analysiert.

Das Wortmaterial ist von der Struktur her insgesamt recht einfach (zumeist regelmäßiger Wechsel Konsonant – Vokal), es sind jedoch gerade für Schülerinnen und Schüler mit entfalteten schriftsprachlichen Fähigkeiten (wie im Beispiel Bianca) in der Schreibprobe nur wenige Wörter mit spezifischen schriftstrukturellen Besonderheiten enthalten (außer bei Mund, Turm, Reiter, Kinderwagen).

Für Kinder mit bereits fortgeschritteneren Schrifterfahrungen im Anfangsunterricht sind daher andere Schreibproben zu empfehlen, die darüber hinaus auch Einblicke in spezifischere Zugriffsweisen auf Schrift zulassen.

Dazu bieten sich beispielsweise das »Neun-Wörter-Diktat« (Brügelmann/Brinkmann 1998) oder die »Hamburger Schreibprobe« (May 1994) an.

Zum Beobachten, Deuten und Dokumentieren von Fortschritten, die die Schülerinnen und Schüler beim Schrifterwerb – speziell beim Schreibenlernen – im ersten Schuljahr vollziehen, empfehlen Brügelmann und

Brinkmann (1998, 144), im Rahmen eines »*Neun-Wörter-Diktats*« wiederholt zu vorgegebenen Bildern unbekannte Wörter zu diktieren, die unterschiedliche Anforderungen und auch Rechtschreibbesonderheiten enthalten (z. B. Kanu, S<u>au</u>m, Rosi<u>n</u>e, L<u>ei</u>ter, Wan<u>d</u>, bi<u>ll</u>ig, Schi<u>mm</u>el, Lokomoti<u>v</u>e, S<u>tru</u>mpf).

Die »*Hamburger Schreibprobe*« (HSP, May 1994, ausführlich diskutiert in der Zeitschrift Lernchancen Heft 11/1999) stellt ein Konzept zur Beobachtung, Deutung und Dokumentation von Rechtschreibentwicklungen nicht nur im Anfangsunterricht, sondern bis Ende Klasse 9 dar. Zu vorgegebenem Bildmaterial werden jeweils einzelne Wörter sowie ganze Sätze mit zunehmendem Schwierigkeitsgrad diktiert (z. B. in Klasse 1: B<u>au</u>m, Telefon, Hun<u>d</u>, M<u>äu</u>se, Löwe, Ha<u>mm</u>er, <u>Sp</u>iegel, F<u>ahr</u>rad, Da fli<u>eg</u>t v<u>or</u> Schr<u>eck</u> die Fli<u>e</u>ge weg.).

In allen drei vorgestellten Lernbeobachtungen werden Deutungsmodelle angeboten, die auf Entwicklungsmodellen zum Erwerb der deutschen Schriftsprache (vgl. Kapitel 3.2.2) basieren. Aspekte zweisprachiger Kinder finden dabei kaum Berücksichtigung.

An den Schreibbeispielen von Fatima und Volkan aus der Hamburger Schreibprobe in der Diskussionsgrundlage 5.2 (Abbildungen 8 und 9) wird deutlich, dass beide Kinder Besonderheiten der türkischen Schriftsprache in ihren Schreibungen verwendet haben:

Fatima schreibt den Diphthong <ei> als <ay> und das komplexe Graphem <sch> als <Ş>. Volkan fügt entsprechend des konsequent regelmäßigen Wechsels von Konsonant und Vokal in der türkischen Sprache in dem Wort Blätter ein <ö> ein (*»Böleta«). Insbesondere komplexe konsonantische Anfangsränder bereiten türkischen Kindern häufig Schwierigkeiten, da ihnen diese Besonderheit aus ihrer Muttersprache nicht bekannt ist (zu Besonderheiten der türkischen, italienischen, griechischen, polnischen (Schrift)Sprachen vgl. Röber-Siekmeyer 1997, Eggers 1992, Slembek 1995).

Beispiel 2: Beobachten und Deuten von Lernprozessen im mathematischen Bereich im weiteren Verlauf des Anfangsunterrichts

In Standortbestimmungen im mathematischen Bereich können im weiteren Verlauf des Anfangsunterrichts sowohl die Vorkenntnisse als auch die bereits erworbenen Fähigkeiten der Kinder zu einem bevorstehenden Unterrichtsthema deutlich werden. Wird dies zugleich längerfristig dokumentiert, dann sind entsprechende Lernfortschritte und Veränderungen in den Lernwegen der Kinder daran erkennbar.

Nach Hengartner und Röthlisberger (1999, 36) sollten die in dem Kontext gestellten Aufgaben folgenden Anforderungen genügen: Sie »sollten inhaltlich das Spektrum der Ziele, welche im Unterricht vorgesehen sind, in etwa abdecken und Kontexte enthalten, welche den Kindern aus ihrer Lebenswelt vertraut sind. Und sie sollten so gestaltet sein, dass sie mit Fotos, Zeichnungen oder mit einer Kurzgeschichte die Situation ohne viel Erklärung verständlich machen.« (vielfältige Beispiele dazu befinden sich in Hengartner 1999, Selter/Spiegel 1997).

2) Offene Aufgaben bzw. »Eigenproduktionen«

Beispiel 1: Beobachten und Deuten von Lernprozessen im schriftsprachlichen Bereich im weiteren Verlauf des Anfangsunterrichts

Für das Beobachten und Deuten von Lernprozessen im schriftsprachlichen Bereich im Laufe des Anfangsunterrichts bieten sich ferner die folgenden offenen Aufgaben bzw. Gelegenheiten für Eigenproduktionen an, in denen die Kinder selbst auswählen können, wie sie vorgehen, welches Wortmaterial sie verwenden und sich zutrauen, wie sie eigene Texte gestalten, darin Ideen entwickeln und entfalten, Strukturen finden etc.:

- offene Aufgaben wie das tägliche *5-Minuten-Diktat*, in dem die Schülerinnen und Schüler innerhalb von 5 Minuten möglichst viele Wörter aufschreiben können, die a) bereits (rechtschriftlich) gekonnt sind, die b) über ein bestimmtes orthografisches Phänomen verfügen, die c) zu einem bestimmten Thema einfallen etc. (vgl. Brinkmann/Brügelmann 1998)
- *Schreibanregungen*, die zum Schreiben und Gestalten von Geschichten herausfordern (vgl. Dehn 1999, Rabkin 2000). Die beiden Traumbücher von Sascha aus dem Forschungsprojekt »Schrift-Spracherwerb« (Diskussionsgrundlage 5.2, Abbildung 9) verdeutlichen, wie dieser Schüler im Laufe eines Schuljahres seine schriftsprachlichen Fähigkeiten ausdifferenzieren und erweitern konnte. Dies zeigt sich sowohl in der inhaltlichen Entfaltung der Geschichten, an der Differenziertheit der jeweiligen Wortauswahl, an den entfalteten semantischen und syntaktischen Strukturen, in orthografischer Hinsicht (Übergang von der beginnenden zur entfalteten phonetischen Strategie mit ersten orthografischen Mustern) sowie an der schriftästhetischen Gestaltung des Textes.
- *Tagebücher*, in denen die Kinder Erlebtes, Beobachtetes, Entdecktes, Erforschtes, Empfundenes in sinnstiftenden Kombinationen von Text und Bild darstellen und gestalten (als individuelle Geschichten-/Schreib- oder Lesetagebücher, Klassentagebücher). Die Tagebuchausschnitte von Paul und Sofia in Diskussionsgrundlage 5.2 (Abbildung 10) vermitteln einen Eindruck von den schriftsprachlichen Fähigkeiten beider Kinder, von ihren Schrifterfahrungen in einem schriftgeprägten kulturellen Kontext und ihren spezifischen Zugriffsweisen auf Schrift (vgl. dazu auch Bertschi-Kaufmann 1998, Brinkmann/Brügelmann 1998, Wahl 1997).
- *Schreibkonferenzen* (vgl. Spitta 1985), in denen sich die Kinder mehrmals in kleinen Gruppen zusammenfinden, um gegenseitig ihre Texte zu besprechen, diese auf inhaltliche Verständlichkeit, sprachliche Angemessenheit sowie orthografische Richtigkeit zu diskutieren, Verbesserungsvorschläge zu unterbreiten, die die betreffenden Kinder annehmen können aber nicht müssen, oder *Leseversammlungen*

(vgl. Bambach 1989), in denen die Kinder z. B. ihre Geschichten vorstellen.

Beispiel 2: Beobachten und Deuten von Lernprozessen im mathematischen Bereich im weiteren Verlauf des Anfangsunterrichts

Selter und Sundermann (1999) schlagen folgende Möglichkeiten für Eigenproduktionen im mathematischen Bereich vor, an denen Lernprozesse von Kindern im weiteren Verlauf des Anfangsunterrichts beobachtbar werden:

- *offene Aufgaben*, in denen die Schülerinnen und Schüler selbst entscheiden, wie sie diese lösen, welchen Rechenweg sie wählen, wie sie ihr Vorgehen und dessen Ergebnisse darstellen wollen (Beispiel für eine solche Aufgabe: »In einer Tüte sind 24 Bonbons. Drei Kinder teilen sich die Bonbons.« Die Schülerinnen und Schüler sollen ihre Vorgehensweise bei der Aufgabenlösung schriftlich dokumentieren.),
- *Rechentagebücher* (in Anlehnung an Reisetagebücher von Gallin/Ruf 1998), in denen die Schülerinnen und Schüler festhalten, wie sie z. B. Textaufgaben angehen,
- *Rechenkonferenzen*, in denen die Kinder sich mehrmals in kleinen Gruppen treffen, um einander Texte oder schriftlich fixierte Lösungen vorzustellen, Entwürfe nach inhaltlichen und formalen Aspekten zu diskutieren (Was wurde wie warum gerechnet?), diese anschließend überarbeiten und als gemeinsames Klassentagebuch veröffentlichen können.

Beispiel 3: Beobachten und Deuten von Lernprozessen im sachunterrichtlichen Bereich im weiteren Verlauf des Anfangsunterrichts

In Forschungstagebüchern (in Anlehnung an Reisetagebücher von Gallin/Ruf 1998) können die Schülerinnen und Schüler über Bilder, Skizzen, formulierte Annahmen ihre entworfenen (Alltags-)Theorien und Vorstellungen über Sachzusammenhänge oder Phänomene darstellen und den Prozess deren Veränderung auf Grund vielfältiger Erkundungen, Experimente (z. B. auch über offene Aufgaben) im Rahmen des Unterrichts dokumentieren (vgl. Möller 1998). Auf dieser Grundlage werden sowohl die »Prä-Konzepte« (Möller 1999, 139) als auch die Lernprozesse der Kinder transparent.

Beispiel 4: Beobachten und Deuten von Lernprozessen im ästhetischen Bereich im weiteren Verlauf des Anfangsunterrichts

Uerdingen (2000, 2002) greift die Idee des Reisetagebuches von Gallin/ Ruf (1998) im ästhetischen Lernbereich auf. Sie entwickelte und erprobte den Einsatz eines Lerntagebuches als Medium zur Dokumentation von Geleistetem, als Planungsinstrument, als Medium der Reflexion und Sensibilisierung in einem vierten Schuljahr. Ihr gelingt es dabei, einerseits Einblicke in die ästhetischen Lernprozesse ihrer Schülerinnen und Schülern zu gewinnen und andererseits über Sprache als Medium zugleich ästhetische Lernprozesse anzuregen und zu unterstützen. Anhand von Schreib-Tipps regt sie die Kinder zu entsprechenden Selbstreflexionen und Eintragungen in ihr »Lerntagebuch« an. Die folgenden Impulse stellt sie zur Verfügung:

> Schreibe zuerst das Datum auf.
> - Was hast du heute gemacht? Versuche, dein Vorhaben und deine Entdeckungen zu beschreiben!
> - Was hat dir gefallen und was hat dir nicht gefallen?
> - Hattest du irgendwo Probleme? Wie hast du dir geholfen?
> - Hast du mit anderen Kindern zusammengearbeitet?
> - Was hast du gelernt?
> - Bist du mit dir zufrieden?
> - Hast du Ideen oder Wünsche für die Weiterarbeit?
> Begründe deine Antwort! (Uerdingen 2000, 14)

3) Gespräche und Interviews

Beispiel 1: Beobachten und Deuten von Lernprozessen im schriftsprachlichen Bereich im weiteren Verlauf des Anfangsunterrichts

- In *Gesprächen* über den »harten Brocken des Tages« (Erichson 1999) können die Schülerinnen und Schüler zu gemeinsamen Reflexionen über Schreibweisen herausgefordert werden.
- Im Rahmen von *Einzelinterviews* ist es möglich, z. B. die Schreibung von Wörtern von Kindern erklären zu lassen, ihren Erklärungen aufmerksam zu folgen und durch Nachfragen mehr über ihre Denkwege herauszubekommen (vgl. Hanke/Baumgarten 2000).

Beispiel 2: Beobachten und Deuten von Lernprozessen im mathematischen Bereich im weiteren Verlauf des Anfangsunterrichts

In der Mathematikdidaktik (z. B. Wittmann 1982, Hengartner 1999, Spiegel 1999) werden insbesondere *klinische Interviews* empfohlen, um die individuellen Strategien und Denkwege von Kindern durch gezieltes Zuhören und Nachfragen zu rekonstruieren.

Beispiel 3: Beobachten und Deuten von Lernprozessen im sachunterrichtlichen Bereich im weiteren Verlauf des Anfangsunterrichts

Auf Probleme beim Beobachten und Deuten von »Prä-Konzepten« und Lernprozessen von Kindern in sachunterrichtlichen Bereichen verweisen aktuell insbesondere Beck (2001) und Möller (1999). Möglichkeiten, sich den »Prä-Konzepten« und Lernprozessen der Kinder zu nähern, sehen die Autorinnen darin, diese aus *Beobachtungen im Kontext von sprachlichen Äußerungen und Handlungen* in konkreten Situationen oder über *Interviews* zu Sachzusammenhängen oder Phänomenen zu erschließen.

5.5 Zusammenfassung

- Für die Gestaltung individuell anschlussfähiger und herausfordernder Lernumgebungen im Anfangsunterricht erweist es sich als notwendig, vorhandene Denk- und Handlungsstrukturen der Lernenden zu beobachten, zu deuten und zu dokumentieren. Handlungsleitend können in dem Kontext die folgenden Fragen sein: Was kann das Kind? Was kann das Kind als Nächstes lernen? (vgl. Dehn u. a. 1996)
- *Beobachten* ist stets ein selektiver, individueller Konstruktionsprozess, der von dem Wissens- und Erfahrungshintergrund des Beobachters und den Bedingungen der konkreten Situation abhängt.
- *Deuten* meint ein verstehendes Nachvollziehen der individuellen Denk- und Handlungsstrukturen. Kind- und sachgerechtes Deuten von Gesprochenem, Geschriebenem, Gezeichnetem etc. erfordert vom Beobachter ein spezifisches (fachwissenschaftliches, entwicklungs- und kognitionspsychologisches, fachdidaktisches, pädagogisches, lerner-, lerngruppen- und beobachterbezogenes) Wissen.
- *Dokumentieren* vorgenommener Beobachtungen und Deutungen ermöglicht ein längerfristiges Nachvollziehen und Deuten von Lernprozessen. Dafür bieten sich unterschiedliche Formen der Dokumentation an: z. B. das pädagogisches Tagebuch und die Schülerkartei.
- In den verschiedenen Bereichen des Anfangsunterrichts gibt es vielfältige Möglichkeiten, die Lernvoraussetzungen der Kinder zu Schulbeginn zu beobachten und zu deuten. Diese können auch gleichzeitig die Ausdifferenzierung und Vertiefung vorhandener Fähigkeiten und Einsichten unterstützen.
- Schulanfänger sind keine Lernanfänger. Sie verfügen in den verschiedenen Bereichen des Anfangsunterrichts bereits über vielfältige Vorerfahrungen bzw. Vorkenntnisse. Die Unterschiede in diesen Lernvoraussetzungen der Schulanfänger sind z. T. erheblich (sie betragen bis zu 4 Jahren). Anfangsunterricht ist daher keine »Stunde Null«. Eine einheitliche Vorgehensweise im Unterricht wird der Vielfalt in den bereits vorhandenen Lernvoraussetzungen nicht gerecht. Diese aufzugreifen sowie Möglichkeiten zu deren Erweiterung, Ausdifferenzierung, Entfaltung, Veränderung zu bieten, ist Aufgabe des Anfangsunterrichts.
- Das Beobachten, Deuten und Dokumentieren der Lernprozesse der Kinder im Kontext der bisherigen Entwicklung kann dazu dienen, dem Kind, der Lerngruppe, sich selbst als Lehrer/in sowie den Eltern individuelle Lernfortschritte zu verdeutlichen und zu würdigen sowie gemeinsam Perspektiven für ein Weiterlernen im Anfangsunterricht daraus herzuleiten.
- In den verschiedenen Bereichen des Anfangsunterrichts gibt es ähnliche Möglichkeiten, die Denk- und Lernprozesse der Schülerinnen und Schüler zu beobachten: über schriftliche Standortbestimmungen, offene Aufgaben, Gespräche und Interviews. Insbesondere die Fehler der Kinder vermitteln Einblicke in die individuellen Lernwege und Denkweisen.

5.6 Empfohlene Literatur

Brügelmann, Hans (Hrsg.) (1998): Kinder lernen anders vor der Schule – in der Schule. Lenwil

Brügelmann, Hans/Brinkmann, Erika (1998): Die Schrift erfinden. Lengwil

Dehn, Mechthild (1994): Zeit für die Schrift. Bochum. 4. Aufl.

Fölling-Albers, Maria/Richter, Sigrun/Brügelmann, Hans/Speck-Hamdan, Angelika (Hrsg.) (2001): Jahrbuch Grundschule III. Fragen der Praxis – Befunde der Forschung. Schwerpunkte: Kindheitsforschung, Forschung zum Sachunterricht. Seelze/Velber

Hengartner, Elmar (Hrsg.) (1999): Mit Kindern lernen. Standorte und Denkwege im Mathematikunterricht. Zug

Naegele, Ingrid M./Valtin, Renate (1997): LRS in den Klassen 1 – 10. Handbuch der Lese-Rechtschreib-Schwierigkeiten. Band 1: Grundlagen und Grundsätze der Lese-Rechtschreib-Förderung. Weinheim und Basel. 4. Aufl.

Diess. (2000): LRS in den Klassen 1 – 10. Handbuch der Lese-Rechtschreib-Schwierigkeiten. Band 2: Schulische Förderung und außerschulische Therapie. Weinheim und Basel

Selter, Christoph/Spiegel, Hartmut (1997): Wie Kinder rechnen. Leipzig, Stuttgart, Düsseldorf

Weinert, Franz F./Helmke, Andreas (Hrsg.) (1997): Entwicklung im Grundschulalter. Weinheim und Basel

6 Entwicklungsorientiertes pädagogisch-didaktisches Handeln in heterogenen Lerngruppen im Anfangsunterricht

6.1 Einführung in das Problemfeld

Um das Problemfeld zu umreißen, auf welche Weise ein entwicklungsorientiertes pädagogisch-didaktisches Handeln in heterogenen Lerngruppen im Anfangsunterricht sinnvoll und möglich ist, werden Ausschnitte aus einem Kinderbuch sowie ausgewählte (beobachtete und konstruierte) Beispiele möglicher schulischer Alltagspraxis dargestellt.

Diskussionsgrundlage 6.1: Beispiel für entwicklungsorientiertes pädagogisch-didaktisches Handeln – Ausschnitte aus einem Kinderbuch

> Ausschnitte aus: Frauke Nahrgang, Katja und die Buchstaben. Gulliver Taschenbuch. Weinheim, Basel 1995
>
> »... Im ersten Schuljahr war Katja zuerst sehr neugierig auf die aufregenden Geschichten, die sich sicher hinter den bunten Fibelbildern verstecken würden. Und jeden Abend las sie der Mutter vor:
> Uli saust auf seinem Dreirad los. Er will nach Amerika fahren. Uli fährt über hohe Berge. Da muß er tüchtig strampeln. Ganz rote Backen bekommt er davon, und er schwitzt. Uli fährt bis ans Meer.
> Da bekommt das Dreirad plötzlich einen Propeller. Uli fliegt bis Amerika. In Amerika stehen viele Leute herum. Sie warten auf Uli. Sie winken und rufen: ›Bravo, Uli!‹
> Die Mutter hörte zu und nickte. Aber Frau Braun nickte nicht. Sie wollte von diesem Abenteuer nichts wissen.
> ›Du sollst nicht raten, Katja, du sollst lesen!‹
> ›Aber meine Mama‹, wollte Katja sich verteidigen.
> Doch Frau Braun winkte ab. ›Schieb es nicht auf deine Mutter. Du hast einfach nicht genügend geübt!‹
> Dann kam Jürgen an die Reihe, und er las:
> Uli sei leise
> So nun los
> Nadine las dasselbe. Alle Kinder lasen:
> Uli sei leise
> so nun los
> Und Frau Braun war einverstanden.
> Solche seltsamen Dinge passierten immer wieder. Katja las der Mutter von Uli, dem Schatzsucher, vor. Aber in der Schule wollte Frau Braun hören:
> Uli und Waldi
> wollen in den Wald
> wau wau
> Und von den aufregenden Geschichten von Uli und dem Geisterbahnmonster blieb nichts übrig als:
> Uli und Susi sausen

hei das ist fein
tut tut
Katja war sehr verwirrt. Zu Hause konnte sie die spannendsten Geschichten aus der Fibel vorlesen. Aber in der Schule standen dort nur noch erbärmlich langweilige Geschichten, und Katja konnte gar nichts mehr davon lesen. Als Frau Braun wieder einmal schimpfte: ›Du rätst nur, Katja. Du liest überhaupt nicht! So geht das nicht weiter!‹, da fand Katja das auch.
...
Der neue Lehrer heißt Herr Hellmann ...
Herr Hellmann verteilt verschiedene Arbeitsaufträge. Auf Katjas Tisch legt er ein leeres Blatt. ›Frau Braun hat gesagt, daß du gerne malst. Wie wär's mit einem schönen Bild?‹ Ehe Katja abweisend mit den Schultern zucken kann, geht er schon weiter. Er erklärt ein paar Kindern, wie sie mit Wortkarten arbeiten sollen, und kümmert sich nicht mehr um Katja.
Nun gut, warum eigentlich nicht. Malen ist bestimmt besser, als mühsam Wörter von der Tafel abzumalen oder Buchstaben herzusagen. Katja holt die Filzstifte aus dem Ranzen und beginnt zu arbeiten. Sie ist so beschäftigt, daß sie Herrn Hellmann darüber vergißt. So ist sie ganz überrascht, als er sich neben sie setzt.
›Ein Engel?‹ fragt er und zeigt auf das Blatt.
Katja schüttelt den Kopf. ›Das ist doch die Prinzessin!‹
›Ich hab nur gedacht wegen der Flügel.‹
›Die Flügel gehören dem Schmetterling. Die Prinzessin fliegt so gerne. Da ruft sie den Schmetterling. Der nimmt sie mit.‹
Katja macht eine Pause und schaut Herrn Hellmann fragend an.
›Ja, und‹, drängt der, ›wo fliegen sie hin? Weißt du es nicht?‹
›Doch‹, sagt Katja leise.
›Vielleicht zum Schloß?‹
›Zum Schloß doch nicht! Die Prinzessin möchte zu der Wolke fliegen. Aber die Wolke jagt sie weg. Da fliegt die Prinzessin zur Sonne. Aber die Sonne jagt sie auch weg. Da fliegt die Prinzessin zum Mond.‹
›Ja, und was tut der?‹
Katja zuckt mit den Schultern.
›Schenkst du mir das Bild?‹ fragt Herr Hellmann.
Es schellt. Katja packt ihre Stifte ein. Sie läßt das Bild auf dem Tisch liegen und läuft hinaus.
...
Auf Katjas Platz im Übungsraum liegt ein Heft.
KATJA steht auf dem Deckel. Noch mehr, aber das kann Katja nicht lesen. Sie schaut sich nach Herrn Hellmann um. Der erklärt gerade zwei Kindern ein Buchstabenspiel und beachtet sie gar nicht. Zögernd schlägt Katja das Heft auf. Ein Bild ist eingeklebt. Das Bild von der fliegenden Prinzessin. Daneben hat jemand etwas geschrieben, Wörter, Sätze. Was mögen sie bedeuten? Katja wirft Herrn Hellmann einen hilfesuchenden Blick zu. Der liest mit einem Mädchen in einem Buch und schaut nicht hoch.
Katja starrt die Buchstaben an. In der letzten Reihe kennt sie einen.
›Mmmmmmm‹, probiert Katja. ›Mmmmoooo, Mond.‹
Mond, tatsächlich! Wenn es einen Mond gibt, dann gibt es vielleicht auch ...
Katja fährt mit ihrem Finger von Reihe zu Reihe. ›Sonne‹, flüstert sie und horcht auf den Klang. ›Ssssoooo ...‹ Da steht etwas, das so anfängt.
›Ssssooooo‹, das muß einfach Sonne heißen. Wenn jetzt auch noch eine Wolke vorkommt ... Aufgeregt sucht Katja die Reihen ab.
›Wwwwwoooo ...‹

›Na, Katja, schon was rausbekommen?‹ fragt Herr Hellmann und setzt sich neben sie.
Katja nickt eifrig. ›Da steht Mond! Das heißt Sonne und das hier Wwwwwwooooolkeee, Wolke.‹
›Donnerwetter! Das ist doch eine ganze Menge für jemanden, der angeblich gar nicht lesen kann. Bald wirst du deine Geschichten ganz alleine lesen.‹
›Meine Geschichten?‹
›Ja! Ich hoffe, daß du mir noch viele Geschichten erzählen wirst. Die schreibe ich alle auf. Natürlich nur so lange, bis du selber schreiben kannst. Das wird ein feines Buch werden. Sieh mal, was hier steht!‹ Herr Hellmann zeigt auf den Heftdeckel. ›Geschichten von ...‹ ›Katja‹, flüstert Katja andächtig.
Die Klingel zeigt das Schulende an. ›Feierabend, Leute!‹ ruft Herr Hellmann in die Klasse. Katja hält er zurück. ›Weißt du jetzt, was der Mond tut?‹
›Ja, der Mond strahlt und sagt: Ich hab schon so auf dich gewartet!‹
Herr Hellmann zieht einen Stift aus Katjas Mäppchen und schreibt. Katja schaut gebannt auf die Heftseite und flüstert die Worte mit. Herr Hellmann hält ihr das Heft hin.
›Mal ein neues Bild hinein, wenn du Zeit hast! Für die nächste Geschichte!‹
...«

Diskussionsgrundlage 6.2: Unterrichtsformen in der schulischen Alltagspraxis

Beispiel 1 (November 1. Schuljahr):
Den Morgen beginnen die Schülerinnen und Schüler mit einer Freiarbeitsphase, in die sie bereits ab 7.30 Uhr eintreten können. Alle zwei Wochen stellt die Lehrerin neue Materialien aus dem Freiarbeitsregal vor. Im Freiarbeitsregal befinden sich in dieser Woche u. a. Rechenpyramiden mit unterschiedlichen Schwierigkeitsgraden (Additions- und Subtraktions- sowie Multiplikations- und Divisionsaufgaben). Matthias wählt sich eine Rechenpyramide mit Aufgaben zur Multiplikation mit 7 aus. Er setzt sich an seinen Platz, löst Aufgabe für Aufgabe, ohne dabei Hilfsmittel zu nutzen, spricht die jeweilige Lösung leise vor sich hin und legt das entsprechende Lösungskärtchen an.

Beispiel 2 (Dezember 1. Schuljahr):
Die Kinder haben einen Tagesplan bekommen, der für alle gleichermaßen zwei Aufgaben vorgibt, die innerhalb der ersten zwei Stunden zu erledigen sind:
1. Auf einem Mathearbeitsblatt sind Additionsaufgaben zu lösen. Der Lösungsweg ist an einem Beispiel bildlich dargestellt.
2. Die Wörter einer Fibelseite sind in das Schreibheft abzuschreiben.
Wer mit beiden Aufgaben fertig ist, kann zu den Fibelwörtern ein Bild malen.

Beispiel 3 (Januar 1. Schuljahr):
Im Wochenplan haben Jessica und Bianca (Diskussionsgrundlage 3.3) unterschiedliche Aufgaben zu bearbeiten, die die Lehrerin für sie ausgewählt hat: Jessica soll in einer Aufgabe mit dem Lesekrokodil Übungen zum Wortaufbau und Wortabbau durchführen. Ihrer Lesepartnerin Ina soll sie diese Übung abschließend vorstellen.
Bianca hat unter anderem 10 Wörter aus ihren letzten Geschichten im Wochenplan stehen, die die Lehrerin daraus ausgewählt hat. Bianca soll diese Wörter in ihre Wörterkartei eintragen und anschließend im Hinblick auf Rechtschreib-

besonderheiten untersuchen, dabei eigene Ordnungsmuster bzw. Strukturen finden und versuchen, diese zu beschreiben.

Beispiel 4 (Mai 1. Schuljahr):
Nach dem gemeinsamen Morgenkreis treten die Kinder bis zur Frühstückspause in eine Freiarbeitsphase ein. Im Freiarbeitsregal steht den Schülerinnen und Schülern seit längerer Zeit u. a. ein Ordner mit ganz unterschiedlichen Bildern (z. B. Fotografien, Zeichnungen, Kunstdrucken mit verschiedensten Motiven aus Natur, Fantasie- und Medienwelt) und Bildgeschichten zur Verfügung. Die Kinder können daraus ein Bild oder eine Bildgeschichte auswählen und dazu Texte schreiben (z. B. Geschichten, Beschreibungen). Es besteht in der Freiarbeitsphase auch die Möglichkeit, zu selbst mitgebrachten Bildern etwas zu schreiben.
Jessica (vgl. Diskussionsgrundlage 3.3) wählt aus dem Ordner ein Bild mit einem Hund aus. Sie zeichnet in ihr Geschichtenheft einen Hund und schreibt darunter den Namen ihres Hundes. Bianca (vgl. Diskussionsgrundlage 3.3) hat sich eine Postkarte mitgebracht, die sie in ihr Geschichtenheft klebt und zu der sie auf 2 Seiten (DIN A 5) eine lange Geschichte schreibt.

Beispiel 5 (Mai 2. Schuljahr):
Im gemeinsamen Morgenkreis bespricht die Lehrerin mit den Schülerinnen und Schülern das Thema für die neue Werkstatt. Sie hat das Thema »Tiere« vorgeschlagen und fragt die Kinder, was zu diesem Thema geforscht werden könnte. Es werden viele Ideen genannt: die Herkunft, Lebensweise, Ernährung, Fortpflanzung, das Aussehen, den Körperbau einzelner Tiere genauer zu erforschen, ein Wörterbuch anzufertigen mit den Tiernamen in verschiedenen Sprachen und dazu die Tiere mit unterschiedlichen Techniken zu malen oder zu zeichnen, Tiergeschichten zu schreiben u. a. Die Lehrerin bittet die Kinder, in den nächsten Tagen entsprechende Materialien zum Thema mitzubringen. Diese Ideen und Materialien greift sie auf und entwickelt gemeinsam mit einzelnen Kindergruppen verschiedene Lernangebote für die neue Werkstatt zum Thema »Tiere«.

Diskussionsgrundlage 6.3: Aufgabenstellungen aus offenen Lernsituationen im ersten Schuljahr

Beispiel 1:
Eine Gruppe von Kindern hat zu Schulbeginn eher bildhaft geprägte Vorstellungen von Schrift. Sie malen Bilder für Gegenstände und Personen, um sich etwas zu merken oder eine Information weiterzugeben. Beim Erarbeiten der Struktur der Schrift in den ersten Schulwochen sollen die Kinder u. a. ein Buchstaben-/Graphemkonzept allmählich aufbauen, entwickeln und entfalten. Im Rahmen eines individuell angelegten Tagesplanes hat diese spezielle Lerngruppe daher die Aufgabe, aus vorbereiteter Teigmasse den Buchstaben »M« nach einer vorgegebenen Vorlage zu formen, zu backen und anschließend mit den anderen Kindern zu essen.

Beispiel 2:
Marc hat Schwierigkeiten, in Wörtern die Grapheme <b> und <d> zu unterscheiden. Er verwechselt sie sehr häufig und schreibt beispielsweise »*Munb« für »Mund« oder »*dunt« für »bunt«. Marc erhält daher im individuellen

Wochenplan ein Arbeitsblatt mit einem Fisch, in dem die »b-Schuppen« grün und die »d-Schuppen« blau auszumalen sind.

Beispiel 3:
Die Lehrerin arbeitet im Erstlese- und -schreibunterricht mit einer Anlauttabelle. Eigene (gesprochene) Wörter der Kinder werden »auflautiert« und mit Hilfe der den Anlauten zugeordneten Buchstaben verschriftet. Lena hat auch am Ende des ersten Schuljahres noch große Schwierigkeiten, gesprochene Wörter in eine »Lautfolge zu zerlegen« bzw. »einzelne Laute zu hören«. Sie hat daher im Wochenplan eine individuelle Pflichtaufgabe, in der sie mit Hilfe von Geräuschdosen verschiedene Geräusche hören und identifizieren soll.

Beispiel 4:
Im Rahmen einer Pflichtaufgabe des Wochenplans sollen alle Kinder Multiplikationsaufgaben üben. Eine solche Pflichtaufgabe, die in Partnerarbeit erfüllt werden soll, ist die folgende:
»Einem Kind mit verbundenen Augen werden nacheinander zwei Fühlkärtchen in die Hand gegeben. Die gefühlten Anzahlen ergeben die Faktoren einer Malaufgabe, die dann berechnet werden soll.«
(aus Bauer 1997, 9, zit. nach Sundermann/Selter 2000, 111)

Beispiel 5:
Im Rahmen einer Pflichtaufgabe des Wochenplans sollen alle Kinder Multiplikationsaufgaben üben. Eine solche Pflichtaufgabe, die in Partnerarbeit erfüllt werden soll, ist die folgende:
»Zwei Schüler stellen sich im Gang einige Meter voneinander entfernt auf. Das eine Kind blinkt mit einer Taschenlampe einige Male und signalisiert so dem Partner den ersten Faktor. Ein längeres Lichtzeichen repräsentiert das ›mal‹. Dann wird die zweite Zahl geblinkt. Der Partner muss darauf hin das Ergebnis der Malaufgabe sagen.«
(aus Bauer 1997, 9, zit. nach Sundermann/Selter 2000, 111)

6.2 Gestalten eines lernförderlichen Anfangsunterrichts: Offener Unterricht – Differenzieren – Beraten

Aufgabe des Anfangsunterrichts ist es (vgl. Kapitel 2), die individuellen Lernvoraussetzungen und Lernprozesse der Schülerinnen und Schüler in einer spezifisch gestalteten Lernumgebung und einer entsprechenden Lernatmosphäre herauszufordern und zu unterstützen – zu *fördern*. *Fördern* meint in dem Kontext ein »Weiter-nach-vorn-Bringen« bzw. die Hilfestellung, mit der die Kinder ihre eigenen Lernprozesse voranbringen und entfalten können (vgl. Einsiedler 1994, 55), aber zugleich auch, den Schulneulingen Mut zu machen sowie ihr Selbstwertgefühl und ihr Selbstvertrauen zu stärken, um sich den Herausforderungen des Lernens zu stellen (vgl. Burk 1993, 9).

Auf der Grundlage der vorangegangenen Betrachtungen lassen sich insbesondere die folgenden allgemeinen Rahmenbedingungen eines lernförderlichen Anfangsunterrichts in einer heterogenen Lerngruppe/ Schulklasse ableiten bzw. zusammenfassen:

- *eine Lernatmosphäre, in der*
  - jedes Kind als eigenständiges Individuum ernst genommen und in seiner Einzigartigkeit geachtet und akzeptiert wird (vgl. Kapitel 3.2),
  - auf die Lernfähigkeit und Lernwilligkeit jedes Kindes (auch eines Kindes mit einer »schwierigen« Lernbiographie zu Schulbeginn) vertraut wird (vgl. Kapitel 3.2),
  - jedem Kind Erfolgserlebnisse möglich sind, die eine entsprechende Würdigung in der Lerngruppe erfahren (vgl. Kapitel 3.2),
  - sich die Schulneulinge als gleichberechtigte und gleichwertige »Teile« einer Lerngemeinschaft empfinden und behaupten können, deren Strukturen, Normen und soziales Klima sie gemeinsam entwickeln und entfalten (vgl. Kapitel 4),
  - die Schulanfänger eine/n Lehrer/in als eine verlässliche und vertrauensvolle Bezugsperson erleben können (vgl. Kapitel 4),
  - Fehler und Lernumwege möglich und erlaubt sind, die auch in der Lerngruppe beraten und im Hinblick auf alternative Lernwege untersucht und reflektiert werden können (vgl. Kapitel 5).

- *eine Lernumgebung, in der*
  - den Schulanfängern die Erfahrung möglich wird, dass Lernen unter schulischen Bedingungen eine soziale, emotionale und kognitive Herausforderung bedeutet, die etwas mit ihrer eigenen Lebenswelt (ihren Interessen, Bedürfnissen, Erfahrungen, Fähigkeiten, ihrem Vorwissen) zu tun hat (vgl. Kapitel 3 – 5),
  - den Schulneulingen genügend Freiraum für eigenständige Auseinandersetzungen gelassen wird (zum Ausprobieren, Entdecken, Experimentieren, Untersuchen, Beobachten etc.) (vgl. Kapitel 3.2),
  - der Blick der Lernenden auf den Lerngegenstand so ausgerichtet wird, dass individuelle Konstruktionen, eigene Lernwege und deren Reflexion vor dem jeweils eigenen Erfahrungs- und Wissenshorizont möglich werden (vgl. Kapitel 3.2 und 5),
  - ein interaktives Aushandeln von Deutungen und Argumenten in der Lerngruppe möglich ist (vgl. Kapitel 4),
  - die Lernenden die Lehrperson als Lernberater/in, als Helfer/in erleben können, der/die geeignete Strukturierungshilfen oder Impulse anbietet, die eigenständige Denkprozesse provoziert bzw. kognitiv anspruchsvolle Lernprozesse anregen (vgl. Kapitel 3.2 und 4.5),
  - die Lernprozesse in sinnvolle, möglichst authentische Kontexte eingebettet sind (bedeutungsvolles, situiertes Lernen) (vgl. Kapitel 3.2 und 5),
  - zunehmend Möglichkeiten zur Selbst- und Mitbestimmung (in inhaltlicher, methodischer, organisatorischer Hinsicht) bestehen (vgl. Kapitel 3.2 und 4).

(vgl. dazu auch Möller 1999, 132 – 134, Hanke 2001a)

Mit diesen allgemeinen Rahmenbedingungen eines lernförderlichen Anfangsunterrichts sind gewissermaßen grundlegende theoretische Bestimmungsstücke einer pädagogisch-didaktischen Rahmenkonzeption eines Unterrichts skizziert, der in der Grundschulpädagogik und -didaktik als »*Offener Unterricht*« bezeichnet wird.

»*Offener Unterricht*« steht für eine Lehr- und Lernkultur, in der – in der reformpädagogischen Tradition eines »Denkens vom Kinde aus« (z. B. bei Key, Montessori, Parkhurst, Freinet, Dewey) – insbesondere die individuellen Denk- und Lernprozesse der Schülerinnen und Schüler im Mittelpunkt stehen (zur Geschichte des Offenen Unterrichts vgl. Göhlich 1997, auch Hanke 2001a, b). Dieser pädagogisch-didaktische Ansatz wird daher häufig auch als »schülerorientiert bzw. -zentriert« oder »subjektorientiert« bezeichnet (vgl. Jürgens 1998a) und ist seit den 70er Jahren zu einem wesentlichen Element der inneren Reform der Grundschule geworden.

Auf Grund unterschiedlicher Herangehens- und Verstehensweisen ist der Begriff des »Offenen Unterrichts« in der pädagogischen Praxis und Theorie häufig fehlgedeutet worden im Sinne einer Beliebigkeit der Lernziele, einer Strukturlosigkeit des Unterrichts, von Spaß am Lernen in »Kuschelecken« zu Lasten von Leistung, eines Vertrauens auf »natürliche« Entwicklung unter Ausschluss jeglicher Form von Instruktion u. a. (vgl. Rekus 1998). Dabei gibt es in den letzten Jahren durchaus vielfältige Versuche, grundlegende Kennzeichen einer theoretischen Rahmenkonzeption »Offenen Unterrichts« bzw. einer »Öffnung des Unterrichts« herauszuarbeiten.

»Öffnung« des Unterrichts ist konzeptionell mehrperspektivisch angelegt. Es lassen sich insbesondere die folgenden Öffnungsdimensionen zu einer Übersicht zusammenfassen (vgl. dazu auch Benner 1989, Ramseger 1992, Brügelmann 1997, 1998b, Wallrabenstein 1991, Jürgens 1998a, 2000, Schorch 1998, Hanke 2001b):

- *Persönliche Öffnung* gegenüber den in der Schule Lebenden und Lernenden
  - Entfalten einer Beziehungskultur zwischen den Schülerinnen und Schülern, Lehrerinnen und Lehrern und Eltern, die durch Akzeptanz, Achtung, Verständnis und Vertrauen geprägt ist,
  - Akzeptieren und Respektieren der Schüler/innen als lernfähige und lernwillige Individuen, die mit ihrer je individuellen Lernbiographie ernst genommen werden

- *Institutionelle Öffnung* der Schule für die Lebenswelt der Kinder
  - Respektieren der Vielfalt der kindlichen Lebenswelten (ohne stigmatisierende, voreingenommene kulturpessimistische oder -optimistische Deutungen),
  - Eröffnen von Zugängen zu außerschulischen Lebenswelten – zum alltäglichen Leben, zur Natur, zum Leben in der Gemeinde und zum Stadtteil

- *Politisch-pädagogische Öffnung* der Entscheidungsverfahren in Schule und Unterricht
  - Ermöglichen von Selbst- und Mitbestimmung in der Schule als Raum demokratischen Lernens z. B. durch Beteiligen der Schüler/innen an schulischen und unterrichtlichen (inhaltlichen, methodisch-organisatorischen) Planungs-, Gestaltungs- und Reflexionsprozessen
- *Methodisch-organisatorische Öffnung* des Unterrichts
  - Berücksichtigen der heterogenen Lernvoraussetzungen in individuell anschlussfähigen Lernumgebungen, in denen individuelle Lernzeiten und -orte, individuell wählbare Sozialformen und Lernmethoden im Rahmen eines binnendifferenzierten Unterrichts eingeräumt sowie individuelle Strukturierungshilfen angeboten werden
- *Inhaltliche Öffnung* des Unterrichts
  - Gewähren eines zieldifferenten Lernens entsprechend der individuellen Lernmöglichkeiten, Interessen, Bedürfnisse und Ansprüche (unter Berücksichtigung einer grundlegenden Befähigung zu einer selbstbestimmten und eigenständigen Inanspruchnahme des Grundrechts auf eine gleichberechtigte Teilhabe am gesellschaftlichen Leben als Minimalkonsens im Sinne eines »Fundamentums«)
  - Zulassen alternativer Zugänge und Denkstrukturen
  - Akzeptanz von Fehlern als Entwicklungsschritte.

Als ein konstitutives Moment offenen Unterrichts erweist sich die *innere Differenzierung*, d. h. innere Differenzierung ist gewissermaßen in der Rahmenkonzeption offenen Unterrichts angelegt.

Innere Differenzierung ist insbesondere darauf ausgerichtet, den Unterricht, die Lernumgebung, an den heterogenen Lernvoraussetzungen und Lernprozessen der Schülerinnen und Schüler zu orientieren, um auf diese Weise optimale Lernmöglichkeiten für *alle* Kinder zu schaffen und Chancengerechtigkeit zu gewährleisten (vgl. Klafki 1996, 175). Das aus dem Lateinischen stammende Wort »*differenzieren*« meint in dem Zusammenhang, Lernumgebungen »ungleich«, »verschieden«, den individuellen Lernvoraussetzungen, -besonderheiten und -bedürfnissen entsprechend zu gestalten. »*Innere*« Differenzierung bezieht sich wiederum auf ein »ungleiches«, »verschiedenes« Gestalten von Lernumgebungen *innerhalb* einer Lerngruppe/Schulklasse. Es handelt sich dabei also um eine *lerngruppeninterne* Differenzierungsform (vgl. Klafki 1985/1996, Bönsch 1995) und damit letztlich um eine Forderung, die ebenso wie der offene Unterricht in einer reformpädagogischen Tradition steht.

Eine lerngruppeninterne Differenzierungsform, die die individuellen Lernvoraussetzungen und -prozesse der Schülerinnen und Schüler in den Blick rückt, differenziert insbesondere nach folgenden Kriterien:

- *den Lernzielen* (homogene vs. heterogene Lernziele mit unterschiedlichem Schwierigkeitsniveau und unterschiedlicher Komplexität)
- *den Lerninhalten* (homogene vs. heterogene Lerninhalte mit unterschiedlichem Schwierigkeitsniveau und unterschiedlicher Komplexität)

- *den Lernmethoden* (unterschiedliche Zugangsweisen, Handlungsformen und Strategien, unterschiedliche Aufgabenbearbeitungsarten, unterschiedliche Sozialformen, unterschiedliche Formen der Lernkontrolle und -reflexion)
- *den Lernmedien* (unterschiedliche Repräsentationshilfen mit unterschiedlichen Abstraktionsgraden, unterschiedliche Lernmaterialien mit unterschiedlichen Anforderungsniveaus)
- *nach Lernzeit und Lernort* (unterschiedliche Lernzeiträume und Lernorte).

Innere Differenzierung kann somit eine weitgehende Individualisierung der Lernanforderungen ermöglichen, ohne dabei jedoch das soziale Lernen aus dem Blickfeld zu verlieren (vgl. Eberwein 1998, 49). Die Heterogenität in den individuellen Lernvoraussetzungen und Lernprozessen wird vielmehr zugleich genutzt, um gemeinsames Lernen und damit soziale Lernprozesse zu initiieren.

In der didaktischen Literatur liegen zum Teil recht unterschiedliche Systematisierungsversuche zu inneren Differenzierungsformen vor (z. B. Lichtenstein-Rother/Röbe 1984, Klafki/Stöcker 1985/1996, Einsiedler 1989, 1994, Preuß 1994, Krichbaum 1995, Bönsch 1995, 2000, Eberwein 1998), die sich als abhängig von dem jeweiligen Bezugssystem erweisen, von dem her die Orientierung und das Handeln bestimmt und strukturiert werden (Lichtenstein-Rother/Röbe 1984, 103).

Der folgenden Systematisierung innerer Differenzierungsformen werden entsprechend der dargestellten Rahmenkonzeption offenen Unterrichts zwei – miteinander vernetzte – Bezugssysteme zu Grunde gelegt:

- das Lernzielniveau: *Lernzielhomogenität* oder *Lernzielheterogenität*
- das Niveau der Selbstbestimmung bezüglich des Differenzierungskriteriums, d. h. bezüglich der *individuellen Lernziel-, Lerninhalts-, Lernmethoden-, Lernmedien-, Lernort- und Lernzeitwahl*:
  - *selbstbestimmte Differenzierung:* Lernziele, -inhalte, -methoden, -medien, -orte, -zeiten können die Schüler/innen jeweils selbst bestimmen,
  - *mitbestimmte Differenzierung:* Lernziele, -inhalte, -methoden, -medien, -orte, -zeiten können die Schüler/innen gemeinsam mit anderen Schülerinnen und Schülern oder der Lehrperson bestimmen bzw. abstimmen,
  - *fremdbestimmte Differenzierung:* Lernziele, -inhalte, -methoden, -medien, -orte, -zeiten werden von der Lehrperson jeweils individuell bestimmt.

Die selbst- und mitbestimmten Differenzierungsformen erweisen sich als die konsequentesten und für die Schülerinnen und Schüler anspruchsvollsten Formen innerer Differenzierung im Rahmen eines offenen Unterrichts.

Unter Berücksichtigung dieser Bezugssysteme können in Anlehnung an Klafki/Stöcker (1996, 182 – 183) zwei verschiedene Grundformen der inneren Differenzierung unterschieden werden:

a) *(zumeist fremdbestimmte, seltener mitbestimmte) gleiche Lernziele und gleiche Lerninhalte für alle Schülerinnen und Schüler einer Lerngruppe (Lernzielhomogenität) bei (selbst-, mit- oder fremdbestimmter) Differenzierung von Methoden, Medien, Lernzeit und Lernort.* Gerade für den Anfangsunterricht ist die Ziel- und Inhaltsperspektive für alle Schülerinnen und Schüler gleich: Es geht um den Erwerb grundlegender Fähigkeiten im schriftsprachlichen, mathematischen, ästhetischen und sozialen Handeln. Klafki und Stöcker bezeichnen die für alle verbindliche Basis auch als das »Fundamentum«. Dabei eignen sich die Schülerinnen und Schüler dieses »Fundamentum« auf unterschiedlichen Lernwegen, mit unterschiedlichen Lernmitteln, in unterschiedlichen sozialen Situationen und unterschiedlichen Lernzeiten an. Es müssen oder können jedoch – in Anbetracht der Heterogenität der Lernvoraussetzungen und Lernprozesse, der Lernbesonderheiten und -bedürfnisse – nicht alle Lernziele und nicht alle Lerninhalte in gleicher Weise für alle Schülerinnen und Schüler verbindlich gemacht werden, um Über- oder Unterforderung und damit einhergehende Versagenssituationen zu vermeiden, die sich nachteilig auf die Entwicklung und Entfaltung eines Selbstkonzepts auswirken können. Deshalb:

b) *(selbst-, mit- oder fremdbestimmte) Differenzierung im Bereich der Lernziele und Lerninhalte (Lernzielheterogenität) bei gleichzeitiger (selbst-, mit- oder fremdbestimmter) Differenzierung von Methoden, Medien, Lernzeit und Lernort.* Eine solche Differenzierung setzt nach Klafki voraus, »dass der Gesamtkomplex von Zielen und Inhalten für ein Fach oder ein ganzes Curriculum mindestens zweifach aufgegliedert wird: In eine für alle verbindliche Basis, ein Fundamentum einerseits und zusätzliche Ziele bzw. Inhalte andererseits, das so genannte Additum ...« (Klafki/Stöcker 1996, 183)

Die beiden Grundformen schließen sich letztlich nicht aus. Es kommt im Anfangsunterricht – unter Berücksichtigung der je individuellen Lernvoraussetzungen und Lernprozesse der Schulanfänger – vielmehr auf eine sinnvolle Ergänzung an.

In den Beispielen aus Diskussionsgrundlage 6.1 und 6.2 werden insbesondere die folgenden Differenzierungsformen deutlich:

Diskussionsgrundlage 6.1 (Katja):

Im Unterricht der Lehrerin sind die Lernziele, -inhalte, -methoden, -medien, -zeiten und -orte für alle Kinder gleich (Lernzielhomogenität). Katja entspricht dieser »Homogenität« nicht und wird daher auffällig und hat Misserfolgserlebnisse.

Im Unterricht des neuen Lehrers sind die situativen Lernziele, -inhalte, -methoden, -medien und -zeit auf die individuellen Lernmöglichkeiten und -bedürfnisse von Katja ausgerichtet. Sie bestimmt das Wortmaterial zu ihrem selbstgemalten Bild selbst, das zunächst der Lehrer für sie notiert.

Diskussionsgrundlage 6.2

Beispiel 1:

Die Lernziele, -inhalte und -medien sind zunächst durch die Lehrerin fremdbestimmt vorausgewählt. Matthias wählt daraus entsprechend seiner – selbst eingeschätzten – Lernmöglichkeiten individuell und selbstbestimmt aus. Individuell und selbstbestimmt erweisen sich ebenso die Lernmethoden, -zeiten und -orte, mit denen Matthias die ausgewählte Aufgabe bearbeitet.

Beispiel 2:

Lernziele, -inhalte, -methoden, -medien und -zeit sind für alle Kinder in gleicher Weise vorgegeben (Lernzielhomogenität). Lediglich die Reihenfolge der Bearbeitung der beiden Aufgaben ist individuell und selbstbestimmt wählbar. Die individuellen Lernvoraussetzungen der Schülerinnen und Schüler finden dabei insgesamt jedoch keine Berücksichtigung.

Beispiel 3:

Die situativen Lernziele, -inhalte, -methoden und -medien sind individuell fremdbestimmt ausgewählt (Lernzielheterogenität). Hingegen sind Lernzeit und -ort sowie die Reihenfolge der Bearbeitung individuell und selbstbestimmt wählbar.

Beispiel 4:

Die situativen Lernziele und -inhalte sind hier grundsätzlich gleich (Schreiben einer Geschichte mit dem Ziel der Entfaltung schriftsprachlicher Fähigkeiten), das individuell wählbare Anspruchsniveau dabei jedoch durchaus unterschiedlich. Lernmethoden, -zeit und -ort sind für beide Kinder individuell und selbstbestimmt wählbar. Während das Medium von Bianca ebenso individuell und selbstbestimmt gewählt wurde, erwies sich die individuelle Auswahl von Jessica in dem Zusammenhang als fremdbestimmt vorausgewählt.

Beispiel 5:

Lernziele, -inhalte, -methoden und -medien werden von den Schülerinnen und Schülern jeweils individuell mitbestimmt.

Außer in der Lernsituation Katja – Lehrerin (Diskussionsgrundlage 6.1) und im Beispiel 2 (Diskussionsgrundlage 6.2) handelt es sich in allen anderen Beispielen um ausgewählte Formen innerer Differenzierung im Rahmen eines offenen Unterrichts, da in allen diesen Beispielen jeweils die individuellen Lernvoraussetzungen, insbesondere die Lernmöglichkeiten und -bedürfnisse der Schülerinnen und Schüler, Berücksichtigung finden können.

Aufgabe der Lehrperson im Rahmen eines offenen Unterrichtes ist es ferner, neben dem Beobachten und Deuten der individuellen Lernvoraussetzungen und Lernprozesse der Kinder, dem Gestalten entsprechend förderlicher Lernumgebungen, die über lehrerbestimmte Differenzierungsformen hinaus zunehmend auch selbst- und mitbestimmte Differenzierungsformen zulassen, dabei zugleich *beratend* tätig zu werden.

In Lernsituationen *beratend* tätig zu werden bedeutet, mit pädagogischem Takt und Einfühlungsvermögen den Schüler/die Schülerin zunächst bei der Auswahl von Lernmethoden und Lernmedien, zunehmend auch bei der Auswahl von Lernzielen und Lerninhalten zu unterstützen, ihr/ihm Hilfen zu geben z.B. durch Bereitstellung geeigneter Materialien, durch Hinweise auf Erkundungsmöglichkeiten, durch Tipps auf Vorgehensweisen, ohne diese direkt vorzugeben, durch Anregungen, wo entsprechende Informationen etc. eingeholt werden können (vgl. Gudjons 1998, 192 – 193, auch Preuß 1994, 118 – 126). Impulse wie »Du musst dir mehr Mühe geben!«, »Streng dich mehr an!« oder »Du musst mehr üben!« helfen dabei wenig weiter. Beraten erfordert vielmehr Fähigkeiten in der Gesprächsführung, um eine entsprechende Situationsanalyse vornehmen und entsprechend konstruktive Hilfen anbieten zu können. Gesprächstechniken und -methoden wie beispielsweise Gordons »Lehrer-Schüler-Konferenz«, personenzentrierte Ansätze der Gesprächsführung (Rogers), Themenzentrierte Interaktion (TZI – R. C. Cohn) oder Neurolinguistisches Programmieren (NLP – R. Bandler, J. Grinder) können sich in dem Zusammenhang als konstruktiv erweisen (dazu Heckt/Jürgens 1996).

6.3 Offene Unterrichtsformen im Anfangsunterricht

In der pädagogisch-didaktischen Theorie und Praxis werden verschiedene *Formen offenen Unterrichts* unterschieden, die auf vielfältige Weise Möglichkeiten bieten, die individuellen Lernvoraussetzungen und Lernprozesse der Schülerinnen und Schüler herauszufordern:

Dazu gehören *Tagesplan- und Wochenplanarbeit* (vgl. z.B. Scheel 1978, Strote 1999, Huschke/Mangelsdorf 1988, Schloms 1993, Claussen u.a. 1993, Fischer 1995, Claussen 1997, Morawietz 1997, Peschel 1997, Jürgens 1994, 1998a, 2000, Knauf 2001), *Freiarbeit* (vgl. z.B. Wenzel 1983, Röbe 1986, Hegele 1988, Potthoff 1995, Reiß/Eberle 1992, Claussen 1995, Ludwig 1997, Morawietz 1997, Peschel 1997, Jürgens 1994, 1998a, 2000, Ladenthin 1998, Gervé 1998), *Werkstattunterricht* (vgl. z.B. Pallasch/Reimers 1990/1997, Reichen 1998, Peschel 1997, Weber 1998, Mangelsdorf 1998, Knauf 2001), *Stationsarbeit* (vgl. z.B. Faust-Siehl u.a. 1989, Wrede 1996, Hegele 1997, Peschel 1997) und *Projekt-*

arbeit (vgl. z. B. Hänsel 1995, 1997, Gudjons 1997, Frey 1998, Jürgens 1998a, Knauf 2001).

Diese verschiedenen offenen Unterrichtsformen sind nicht mit offenem Unterricht selbst gleichzusetzen, da dieser – wie in Kapitel 6.2 aufgezeigt werden konnte – viel mehr und umfassender, eher konzeptioneller Art ist. Sie sind vielmehr in die Gesamtkonzeption offenen Unterrichts einzuordnen.

In den folgenden Kapiteln werden einzelne offene Unterrichtsformen exemplarisch im Hinblick auf grundlegende Kennzeichen, Realisierungsformen, organisatorische Strukturen und Realisierungsvoraussetzungen vorgestellt. Es erfolgt dabei eine Auswahl der in der Grundschulpraxis, insbesondere im Anfangsunterricht, geläufigsten Formen.

6.3.1 Tages- und Wochenplanarbeit

In Anlehnung an Claussen (1997) und Jürgens (2000, 13) lassen sich die folgenden *Kennzeichen von Tages- und Wochenplanarbeit* zusammenfassen:

- Tages- und Wochenplanarbeit, deren Wurzeln bereits in der Reformpädagogik liegen (z. B. Parkhurst, Petersen, Freinet, vgl. dazu Claussen 1997), ist eine flexibel handhabbare offene Unterrichtsform. Sie ist dem Selbstaktivitätsparadigma als didaktisches Prinzip in zunehmendem Maße verpflichtet. Sind zunächst organisatorische Freiheiten dominant, erweitern sich zunehmend auch die inhaltlich-sachlichen Selbstbestimmungsmöglichkeiten der Schülerinnen und Schüler.
- Tages- und Wochenplanarbeit erstreckt sich über einen gewissen Zeitraum (zu Beginn des Anfangsunterrichts zunächst auf einen Tag, dann auf zwei oder drei Tage, allmählich über eine ganze Woche; Hieronimus 1996) und ist an einen schriftlichen Arbeitsplan gebunden.
- Der Tages- oder Wochenplan kann für die ganze Klasse, einzelne Gruppen innerhalb der Klasse oder für einzelne Schülerinnen und Schüler entsprechend deren individuellen Lernausgangslagen und Lernbedürfnissen durch die Lehrperson unter zunehmender Mit- und Selbstbestimmung der Lernenden erstellt werden.
- Er kann Pflicht-, Wahlpflicht- und Zusatzaufgaben enthalten, die fachspezifisch oder fächerübergreifend ausgerichtet sind. Während die Pflichtaufgaben jeweils verbindlich zu erfüllen sind, gibt es bei den Wahlpflicht- und Zusatzaufgaben Entscheidungsmöglichkeiten.
- Die Schülerinnen und Schüler bestimmen zunächst vorwiegend über die Reihenfolge der Aufgabenbearbeitung, das Arbeitstempo und die Arbeits- und Sozialformen (Einzel-, Partner- und Gruppenarbeit), zunehmend auch über Inhalte, Aufgaben- und Medienauswahl.
- Darüber hinaus kann die Rhythmisierung des Lernens durch Abwechslung von Konzentrations- und Entspannungsphasen von den Schülerinnen und Schülern selbst bestimmt werden.

- Über verschiedene Formen der Selbst- und Partnerkontrolle sowie über Auswertungsgespräche zum erfüllten Tages- oder Wochenplan können die Schülerinnen und Schüler zunehmend Selbstverantwortung für ihr Lernen übernehmen.

Dabei können in Anlehnung an Brügelmann und Brinkmann (1998, 57 – 62) und Knauf (2001, 138) je nach Grad der Selbst- und Mitbestimmung oder nach der Bezugnahme auf die individuellen Lernvoraussetzungen der Schülerinnen und Schüler die folgenden *Formen oder Typen von Tages- und Wochenplänen* unterschieden werden:

1. *ein geschlossener Tages-/Wochenplan* (vgl. Abbildung 12a) gibt ausschließlich Pflichtaufgaben vor, die von den Schülerinnen und Schülern in einer selbst gewählten Reihenfolge und einem eigenen Lerntempo bearbeitet werden können. Eine Passung des Unterrichts auf die individuellen Lernvoraussetzungen des einzelnen Kindes wird damit nicht erreicht.
2. *ein differenzierter Tages-/Wochenplan* (vgl. Abbildung 12b) stellt den Kindern neben Pflichtaufgaben auch Wahlpflicht- und Wahl- oder Zusatzaufgaben zur Verfügung. Die Schülerinnen und Schüler haben hier die Möglichkeit, selbst zwischen Aufgaben verschiedenen Inhalts oder unterschiedlicher Schwierigkeit zu wählen. Der Tages-/Wochenplan orientiert sich auf diese Weise stärker an den individuellen Lernvoraussetzungen und Interessen des einzelnen Kindes.
3. *ein individueller Tages-/Wochenplan* (vgl. Beispiel 3 aus Diskussionsgrundlage 6.2) gibt einzelnen Kindern oder Kindergruppen abgestimmt auf deren individuellen Lernvoraussetzungen, -möglichkeiten und -bedürfnisse ein spezifisches Pensum mit Pflicht-, Wahlpflicht- und Wahlaufgaben vor.
4. *ein offener Tages-/Wochenplan* eröffnet den Schülerinnen und Schülern in einem verabredeten Rahmen Möglichkeiten der Mit- oder Selbstgestaltung, z. B. über einen Plan mit Aufgaben, die verschiedene Lösungswege, möglicherweise gar unterschiedliche Lösungen zulassen (vgl. Abbildung 12c) oder über einen Tages-/Wochenplan, der gemeinsam mit der Lehrperson oder Lerngruppe geplant, individuell abgesprochen, selbst kontrolliert und über den vor der Lerngruppe Rechenschaft abgelegt wird (vgl. Abbildung 12d).

Eine Zunahme an Möglichkeiten der Mit- und Selbstbestimmung sowie der Berücksichtigung der individuellen Lernvoraussetzungen wird an diesen vier Tages-/Wochenplanformen offensichtlich.

Um entsprechende Lernprozesse im Rahmen von Tages- oder Wochenplanarbeit anzuregen, zu organisieren und zu reflektieren, erweist sich eine *Strukturierung der Arbeit mit einem Tages- oder Wochenplan* als angebracht. Folgende Strukturierung bietet sich in dem Zusammenhang an (vgl. Knauf 2001, 139 unter Bezugnahme auf Schloms 1993, 6):

1) *Erarbeitung eines Tages- oder Wochenplans* zunächst durch die Lehrperson unter zunehmender Beteiligung der Schülerinnen und Schüler (ggf. parallel zur Bearbeitung eines Tages-/Wochenplans),

Entwicklungsorientiertes Handeln

Wochenplan von bis		Name		A
			fertig	kontrolliert
Schreiben:	Sprachbuch S.24: Schreibe die Geschichte ab, beantworte die Fragen.			
Lesen:	Lesebuch S. 37, Lies die Geschichte mehrmals, bis Du es gut kannst!			
Rechnen:	Mathematikbuch S. 26, Aufgabe 5 a-d, 6b und c, 7a-e. Denke bei den Textaufgaben an *Frage, Rechnung, Antwort!*			
Rechtschreibung:	Übe die Diktatwörter mit Deiner Nachbarin als Partnerdiktat.			
Sachunterricht:	Lies Dir die Geschichte vom Besuch bei der Post auf S. 33 durch und male einen Briefkasten. *Denke an die richtige Beschriftung!*			
Montag	Dienstag	Mittwoch	Donnerstag	Freitag

Hausaufgaben
Schreibe eine Geschichte zum Thema: »Ein Brief geht auf die Reise«.
Überprüfe mit unserer Liste, ob Du an alle wichtigen Punkte gedacht hast!
Wiederhole das 1x1 der 5 und der 6! Laß Dich von Deinen Eltern abfragen!
Alles, was Du am Freitag noch nicht geschafft hast!

Abbildung 12 a: geschlossener Wochenplan (Brügelmann/Brinkmann 1998, 57)

Wochenplan von bis		Name		B
			fertig	kontrolliert
Schreiben:	Schreibe einen Bericht über unseren Besuch beim Tierarzt in der letzten Woche!			
Lesen:	Partnerlesen: Übe mit einem anderen Kind das Stück im Lesebuch auf S. 25 mit verteilten Rollen zu lesen.			
Rechtschreiben:	*Nächste Woche schreiben wir das Diktat:* Übe den Text als Dosen-Diktat, Schleich-Diktat, Dreh-Diktat oder Hör-Diktat. (Für das Hör-Diktat mußt Du Dich rechtzeitig in die Liste für den Walkman eintragen!)			
Rechnen:	1. Stelle Dir ein Blatt mit dem Einmaleins der 7 und ein Blatt mit dem Einmaleins der 9 her. Lerne Sie auswendig und laß Dich von einem anderen Kind abfragen. 2. Mathebuch S. 27, Aufgabe 5 a-d *Zusatzaufgabe für Spezialisten S. 28, Nr.7*			
Sachunterricht:	Male ein Kaninchen und einen Hasen und schreibe auf, worin sie sich im Aussehen und ihrer Lebensweise unterscheiden. > Informationen dazu findest du im Sachbuch S. 33 - Du kannst aber auch andere Bücher aus der Klassenbücherei benutzen			
Montag	Dienstag	Mittwoch	Donnerstag	Freitag

Abbildung 12 b: differenzierter Wochenplan (Brügelmann/Brinkmann 1998, 58)

Wochenplan von bis		Name		C
				fertig
Freies Schreiben:			Schreib-konferenz	
Am Freitag wird vorgelesen:				
Lesen:	Wähle Dir in der Leseecke ein Buch zum Lesen aus. Male ein Bild dazu!			
Rechnen:	1. Übe mit einer Partnerin die Einmaleins-Reihen, die Dir noch schwer fallen: 2. Am Brett hängen die Rätselaufgaben von den anderen Kindern. Such Dir aus, welche Du bearbeiten möchtest. 3. Denk Dir auch eine Rätselaufgabe aus.		Vergleiche Deine Lösung mit anderen Kindern!	
Rechtschreibung:	1. Arbeite an der Rechtschreibung von Wörtern 2. Sammle Wörter, in denen das <a> lang klingt wie in Ameise. Ordne sie!			
Projekt Mittelalter:				
Montag	Dienstag	Mittwoch	Donnerstag	Freitag

Abbildung 12 c: offener Wochenplan (Brügelmann/Brinkmann 1998, 59)

Abbildung 12 d: offener Wochenplan (Brügelmann/Brinkmann 1998, 61)

2) *Besprechung des Tages- oder Wochenplans* zu Beginn des Tages/der Woche im Morgenkreis, im Kreis einzelner Lerngruppen oder zeitlich versetzt auch individuell im Hinblick auf die zu bearbeitenden Aufgaben, notwendige Materialien, mögliche Schwierigkeiten, benötigte Unterstützung etc.
3) *Selbstständige Arbeit* zu fest angesetzten Zeiten innerhalb eines Tages/einer Woche. Dabei sind jeweils Entscheidungen zu fällen bezüglich der Reihenfolge der Aufgabenbearbeitung, der Zeiteinteilung, der möglichen Wahl einer Sozialform, der Inanspruchnahme von Hilfestellungen. Nach Bearbeitung einer Aufgabe ist diese (selbst oder durch einen Partner) zu kontrollieren und die erfolgte Kontrolle auf dem Tages-/Wochenplan zu vermerken.
4) *Zwischen- und Abschlussreflexionen* jeweils am Ende einer Arbeitsphase/eines Tages, um über Schwierigkeiten und Probleme, aber auch Erfolgserlebnisse zu berichten sowie den eigenen Lernprozess beschreiben und einschätzen zu lernen. Danach sammelt die Lehrperson die Tages-/Wochenpläne ein, sieht sie ebenfalls durch, gibt individuelle Rückmeldungen und leitet daraus möglicherweise Schlussfolgerungen für folgende individuelle Tages-/Wochenpläne ab.

Die Einführung und Realisierung von Tages-/Wochenplanarbeit im Anfangsunterricht erfordert zugleich spezifische Voraussetzungen, die vorab zu schaffen bzw. im Prozess der Realisierung zu entwickeln und entfalten sind. Dazu gehören in Anlehnung an Jürgens (1998a, 107 – 109) insbesondere folgende Aspekte:

(1) eine spezifische *materielle Ausstattung* wie: ein substanzieller (übersichtlich gegliederter) Fundus an – unterschiedlich strukturierten – didaktischen Arbeitsmaterialien (nicht Umfang und Vielfalt sind entscheidend, sondern vielmehr die Qualität! vgl. Kapitel 6.4) und brauchbaren Natur- bzw. Alltagsmaterialien, eine Medienecke mit vielfältigen Lesestoffen (z. B. Sachbüchern, Bilderbüchern, Märchen, Erzählungen, Gedichten etc.) und Computer(n) mit Drucker, Scanner und einem Textverarbeitungs- und Malprogramm sowie geeigneter Lernsoftware (vgl. dazu Arenhövel 1994, Mitzlaff 1996, Mitzlaff u. a. 1998, Huber u. a. 1999, Büttner/Schwichtenberg 2001) etc.

(2) bestimmte *räumliche Bedingungen* wie: eine Aufteilung des Klassenzimmers in Funktionsbereiche (im Sinne eines Ateliers nach Freinet), z. B. eine Leseecke, Experimentier-/Forscherecke, Computerecke, einen gemeinsamen Sitzkreis, eine flexible Tischanordnung, Möglichkeiten zum Ausstellen, Aufhängen der Werke der Kinder etc.

(3) *kommunikative und interaktionale Vorbedingungen* wie das gemeinsame Vereinbaren einer »Geschäftsordnung«, eines »Regelwerkes«, z. B. Gesprächsregeln, Regeln für Verhaltensweisen bei Konflikten, bei einem störenden Geräuschpegel, bei benötigter Hilfe, im Umgang mit Material etc.

(4) spezifische *Lern- und Arbeitstechniken und -methoden der Schülerinnen und Schüler* wie:
- Arbeitsanweisungen selbstständig zu lesen, zu verstehen und auszuführen (zu Beginn können für die Arbeitsanweisungen auch Symbole genutzt werden, z. B. Bairlein 1993, 77, Hieronimus 1996),
- die Arbeit für einen bestimmten Zeitraum zu planen,
- sich die zur Verfügung stehende Zeit selbst einzuteilen,
- aus mehreren Aufgaben auszuwählen, dabei die eigene Leistungsfähigkeit selbst einzuschätzen und auf dieser Basis angemessene Entscheidungen zu treffen,
- zunehmend eigene Lösungswege zu entwerfen und zu erproben,
- sich auf verschiedenen Wegen selbst Informationen zu beschaffen,
- allein eine Aufgabe zu bearbeiten bzw. mit einem oder mehreren Partner(n) zu kooperieren, sich gegenseitig zu helfen,
- konzentriert eine Aufgabe zu Ende zu erledigen,
- den Arbeitsplatz selbstständig zu organisieren,
- bearbeitetes Material abzuheften, zu ordnen, aufzubewahren (und wiederzufinden), sich in Ordnungssystemen zurechtzufinden,
- sich Hilfe und Unterstützung bei der Lehrperson oder anderen Kindern einzuholen, dabei vorhandene Schwierigkeiten zu erkennen und zu artikulieren,
- Arbeitsprozesse und Ergebnisse selbstständig zu kontrollieren, darüber in der Lerngruppe zu reflektieren

(vgl. dazu auch Bambach u. a. 1989, 9, Krichbaum 1995, 134 – 136). Diese Fähigkeiten können bei den Schulanfängern jedoch *nicht* vorausgesetzt werden, sie sind vielmehr im Anfangsunterricht bei der Einführung und Realisierung von Tages-/Wochenplanarbeit systematisch zu entwickeln und zu entfalten. Probleme können sich insbesondere dann ergeben, wenn diese Fähigkeiten vorausgesetzt werden.

(5) ein spezifisches Lehrer/innenverhalten bzw. eine *besondere Lehrer/innenrolle* wie beispielsweise:
- materielle und räumliche Bedingungen (auch im Team mit Kolleginnen und Kollegen oder Eltern) zu organisieren,
- den Schülerinnen und Schülern Hilfen zur Orientierung in einer neuen Lernumgebung, insbesondere den Lernangeboten, Materialien und Methoden, Lernzeiten und Lernorten zu geben,
- die Schülerinnen und Schüler zunehmend in Planungs- und Reflexionsprozesse einzubeziehen, sich allmählich zurückzuziehen, das »Planungsmonopol« (Jürgens 1998a) aufzugeben,
- in der durch die selbstständige Arbeit der Schülerinnen und Schüler frei werdenden Zeit die Lernvoraussetzungen und Lernprozesse zu beobachten, zu deuten, zu dokumentieren und entsprechend anschlussfähige individuelle Lernangebote auszuwählen (vgl. Kapitel 5),

- die Schülerinnen und Schüler bei der Aufgabenauswahl oder -bearbeitung zu beraten, variable Strukturierungshilfen anzubieten, eigene Lösungswege der Kinder zuzulassen,
- den Kindern konstruktive Rückmeldungen zu ihren Lernprozessen zu geben, sie mit Einfühlungsvermögen in ihren Lernprozessen zu bestärken, Mut zuzusprechen, ihnen Erfolgserlebnisse und Anerkennung zu ermöglichen,
- das Finden gemeinsamer Regeln und Rituale in der Lerngruppe zu unterstützen sowie Gruppenprozesse zu initiieren.

Diese Kompetenzen der Lehrperson setzen einen spezifischen Wissens- und Erfahrungshintergrund voraus (vgl. Kapitel 5), der ebenso im Rahmen des Anfangsunterrichtes (auf der Grundlage konkreter herausfordernder Situationen) entwickelt und entfaltet werden kann.

6.3.2 Freiarbeit

Unter Bezugnahme auf Mayer-Behrens (1983, 11), Jürgens (2000, 11 – 12) und Knauf (2001, 131 – 136) lassen sich die folgenden *Kennzeichen von Freiarbeit* zusammenfassen:

- »Freiarbeit«, »Freie Arbeit«, »freies Lernen«, »freie Aktivität« hat ebenso wie die Tages-/Wochenplanarbeit ihre Wurzeln in der Reformpädagogik, wobei in der reformpädagogischen Epoche ganz unterschiedliche Konzepte damit verbunden werden (z. B. von Gaudig, Parkhurst, Petersen, Montessori, Freinet – vgl. z. B. Jürgens 1994, Claussen 1995).
- Der Begriff »frei« bedeutet dabei nicht »Beliebigkeit« des Unterrichts bzw. der Arbeit, sondern bezieht sich vielmehr auf die »Wahlfreiheit« des Menschen, der Begriff »Arbeit« umschreibt in dem Kontext eine zielgerichtete und zweckbestimmte Auseinandersetzung.
- Freiarbeit ist dem Selbstaktivitätsparadigma als didaktisches Prinzip von Anfang an verpflichtet.
- Sie lässt Wahlmöglichkeiten zu, und zwar hinsichtlich:
  - der Lerngegenstände (Themen, die in Bezug zu Lehrplanthemen stehen, Aufgabenstellungen oder Fragen), der Lernziele, Lern- und Arbeitsmethoden und der Materialien (von der Auswahl aus vorhandenen, von der Lehrperson zur Verfügung gestellten bis hin zum Einbringen eigener Materialien),
  - der Auswahl von Aktivitäten bzw. Tätigkeitsbereichen (z. B. ein Experiment durchführen, eine Geschichte schreiben, eine Wörterkartei anlegen) einschließlich der Zeiteinteilung,
  - der emotionell-sozialen Beziehungen, Interaktions- und Kooperationformen,
  - der Entscheidung, (so weit möglich) den Arbeitsplatzort und die Arbeitsplatzgestaltung selbst zu bestimmen,
  - der Planung, Durchführung und Auswertung (Rechenschaftslegung) des eigenen Lern-, Arbeits- und Handlungsvollzugs,

- Freiarbeit findet zumeist in einem abgesteckten zeitlichen Rahmen statt (z. B. im Rahmen eines offenen Schulbeginns, einer Phase zwischen Morgenkreis und Frühstückspause vgl. Beispiele 1 und 4 aus Diskussionsgrundlage 6.2).

Im Hinblick auf die situative Einbettung und die Organisationsstruktur werden dabei häufig insbesondere folgende *Formen von Freiarbeit* unterschieden (Knauf 2001, 133):

1. Freiarbeit als *eigenständige Unterrichtsstunden*, die fest im Stundenplan verankert sind (zu Beginn 1 – 2 Stunden pro Woche, später 1 – 2 Stunden täglich),
2. Freiarbeit als *Bestandteil der Tages-/Wochenplanarbeit*, die insbesondere im Bereich der Wahlaufgaben eines Tages-/Wochenplanes angesiedelt ist,
3. Freiarbeit als *methodisch-didaktisches Prinzip* im gesamten Unterricht bzw. in einem bestimmten Unterrichtsfach.

Auch für die Einführung und Realisierung von Freiarbeit im Rahmen des Anfangsunterrichts erweist sich eine Strukturierung des Freiarbeitsprozesses im Sinne einer Phasengliederung als sinnvoll. Jürgens (1998a, 113 – 114) und Knauf (2001, 134) schlagen insbesondere die folgende *Phasengliederung von Freiarbeit* vor:

1) In einer *Initiationsphase* wird gemeinsam besprochen, was jedes Kind für die Freiarbeit vorhat, ihm werden dafür Hinweise und Tipps gegeben, unentschlossene Kinder werden beraten. Es können sich in dieser Phase bereits erste Arbeits- und Interessengruppen zusammenfinden.
2) Eine *Explorationsphase* dient dazu, notwendige Informationen und Arbeitsmaterialien (aus den Freiarbeitsregalen im Klassenraum, aus dem Schulgebäude, ggf. auch außerhalb der Schule) zu beschaffen und den Arbeitsplatz entsprechend vorzubereiten.
3) In der *Produktionsphase* arbeiten die Schülerinnen und Schüler selbstständig an den selbst ausgewählten Aufgaben und zumeist ebenso selbst gewählten Sozialformen am Arbeitsplatz oder in entsprechenden Funktionsbereichen.
4) In regelmäßigen *Demonstrations- und (Zwischen-)Auswertungsphasen* werden die Arbeitsprozesse und -ergebnisse der Lerngruppe vorgestellt, besprochen, diskutiert und eingeschätzt.
5) In der abschließenden *Integrations- oder Dokumentationsphase* werden die Arbeitsergebnisse in persönlichen Sammelordnern abgeheftet oder in Form regelmäßig wechselnder Klassenausstellungen präsentiert oder auf der Klassen-Homepage »publiziert«.

Eine Einführung und Realisierung von Freiarbeit im Anfangsunterricht erfordert ähnliche materielle, räumliche sowie kommunikative und interaktionale Vorbedingungen und Lehrer/innenkompetenzen wie die Tages- und Wochenplanarbeit. Neben den bereits genannten Lern- und Arbeitstechniken und -methoden der Schülerinnen und Schüler erweist sich im Rahmen von Freiarbeit darüber hinaus die Fähigkeit als notwendig, Lerngegenstände, Lernziele, -methoden und -materialien auf der Basis von Vorlagen aus der unmittelbaren Lernumgebung oder auf der Grundlage eigener Überlegungen und Recherchen selbst auszuwählen. Auch diese Fähigkeit kann sich erst im Laufe des Freiarbeitsprozesses entwickeln und entfalten.

6.3.3 Werkstattunterricht

Zum *Werkstattunterricht* lassen sich nach Reichen (1998), Peschel (1997), Knauf (2001) und Weber (1998) die folgenden *Kennzeichen* zusammenfassen:

- Werkstattunterricht erweist sich als eine junge Form offenen Unterrichts. Er geht zurück auf ein in der Schweiz von Käthi Zürcher, Franz Schär (1983) und Jürgen Reichen (1984) Ende der siebziger Jahre entwickeltes Konzept.
- Werkstattunterricht, Werkstattarbeit, Werkstattlernen meint nicht in wörtlichem Sinne Unterricht an einer Werkbank mit Hammer und Hobel, sondern »Unterricht in der Art einer Werkstatt«. Nach Reichen (1998, 61, erweitert Peschel 1997, 247) bedeutet dies für den Werkstattunterricht in der Grundschule:
  - Die Schüler arbeiten vorwiegend selbstständig
  - an verschiedenen Aufträgen,
  - allein oder in Gruppen,
  - mit bereitgestelltem oder selbst zu besorgendem Material,
  - mit oder ohne Hilfe kompetenter Ansprechpartner (Lehrer/in, Mitschüler/innen).
- Werkstattunterricht ist dem Selbstaktivitätsparadigma als didaktisches Prinzip in zunehmendem Maße verpflichtet. Sind zunächst ähnlich wie in der Tages-/Wochenplanarbeit organisatorische Freiheiten dominant (Die Schüler/innen bestimmen *weitgehend* selbstständig über Zeitpunkt, Tempo und Rhythmus der Arbeit, über deren Sozialform und über die Wahl von Lernangeboten. vgl. Reichen 1998, 62), erweitern sich zunehmend auch die inhaltlich-sachlichen Selbstbestimmungsmöglichkeiten der Schülerinnen und Schüler (vgl. Beispiel 5 aus Diskussionsgrundlage 6.2).
- Im Werkstattunterricht steht zumeist jeweils zu einem fächerübergreifenden Thema ein vielfältiges Angebot an Lernsituationen und Lernmaterialien für Einzel-, Partner- und Gruppenarbeit zur Verfügung, das zunächst von der Lehrperson, zunehmend auch unter Beteiligung der Schüler/innen arrangiert wird. Es werden verschiedene Aufgabenangebote in unterschiedlichen Funktionsecken der Klasse räumlich und inhaltlich gegliedert. Dabei besteht insgesamt ein Überangebot an Werkstattaufträgen.
- Ein »Werkstattausweis« gibt einen Überblick über Pflicht-, Wahlpflicht- und Wahlaufgaben und enthält ebenso offene Anregungen. Für jede Pflichtaufgabe gibt es im Sinne eines Experten- oder Helfer-

systems einen »Chef«, der entweder von der Lehrperson bestimmt oder von den Schülerinnen und Schülern selbst gewählt wurde. Der Chef berät bei Fragen und Schwierigkeiten zum Werkstattangebot, kontrolliert die Aufgabenerfüllung, gibt Überarbeitungshinweise, bewertet ggf. und unterzeichnet auf dem Werkstattausweis (»Unterschriftsberechtigung«).

Reichen (1998, 64) unterscheidet nach den Kriterien Inhalt, Form, Dauer und Selbstständigkeitsgrad verschiedene *Formen des Werkstattunterrichts:*

a) *nach dem Inhalt:*
 - thematisch gebundener Werkstattunterricht (alle Lernangebote ordnen sich in das gleiche Thema ein),
 - thematisch ungebundener Werkstattunterricht (die einzelnen Werkstattaufträge sind thematisch nicht zusammenhängend)

b) *nach der Form:*
 - reiner Werkstattunterricht,
 - vermischter Werkstattunterricht (mit anderen Unterrichtsformen vermischt),
 - programmierter Werkstattunterricht,
 - begleitender Werkstattunterricht (als freiwilliges Ergänzungs-Lernangebot)

c) *nach der Zeitdauer:*
 - täglich eine Stunde,
 - pro Woche ein Tag,
 - hintereinander zwei Tage,
 - durchgehend ein bis zwei Wochen

d) *nach dem Selbstständigkeitsgrad:*
 - Angebotsunterricht zur Auswahl,
 - freie Schülerarbeit.

Für die Einführung und Realisierung von Werkstattunterricht im Anfangsunterricht bietet sich insbesondere die folgende *Strukturierung bzw. Phasengliederung* an (vgl. Reichen 1998, Weber 1998):

1) *Vorbereitung einer Werkstatt:* Ideensammlung (unter Berücksichtigung des Lehrplans), Erarbeiten der Werkstattaufträge, Besorgen benötigter Materialien, Organisieren der räumlichen Bedingungen zunächst durch die Lehrperson unter zunehmender Beteiligung der Schülerinnen und Schüler.

2) *Präsentation und Besprechung der Werkstattangebote:* Vorstellen und Erläutern der einzelnen Werkstattaufträge, gemeinsames Bestimmen von Chefs für die verschiedenen Werkstattaufträge, aufeinander abgestimmtes Entscheiden für die einzelnen Werkstattangebote.

3) *Selbstständige Arbeit an den Werkstattangeboten* zu fest angesetzten Zeiten innerhalb eines Tages/einer oder mehrerer Woche/n. Dabei sind jeweils Entscheidungen zu fällen bezüglich der Auswahl der Lernangebote, der Reihenfolge der Bearbeitung der Pflicht- und Wahl-

pflichtaufgaben, der Zeiteinteilung, der möglichen Wahl einer Sozialform, der Inanspruchnahme von Hilfestellungen des verantwortlichen »Chefs«. Nach Bearbeitung eines Werkstattangebots ist dieses dem »Chef« vorzulegen, von jenem zu kontrollieren (ggf. zu bewerten) und zu unterzeichnen.

4) *Zwischen- und Abschlussreflexionen* jeweils am Ende einer Arbeitsphase/eines Tages, in denen die Arbeitsprozesse und -ergebnisse der Lerngruppe vorgestellt, besprochen, diskutiert werden. In diesen Phasen bestehen insbesondere Möglichkeiten über Schwierigkeiten und Probleme, aber auch Erfolgserlebnisse zu berichten sowie den eigenen Lernprozess beschreiben und einschätzen zu lernen.

5) *Dokumentation:* Abheften der Arbeitsergebnisse in persönlichen Werkstattmappen oder deren Präsentation in Form regelmäßig wechselnder Klassenausstellungen oder einer Dokumentation auf der Klassen-Homepage. Die Lehrperson schaut abschließend die Werkstattmappen durch und gibt individuelle Rückmeldungen.

Über die zur Tages-/Wochenplanarbeit und Freiarbeit bereits genannten materiellen, räumlichen, kommunikativen und interaktionalen Vorbedingungen und Lehrer/innenkompetenzen hinaus sind für die Realisierung von Werkstattunterricht ferner solche Fähigkeiten der Schülerinnen und Schüler erforderlich wie: für einen Werkstattauftrag Verantwortung zu übernehmen, die anderen Schülerinnen und Schüler in dem Zusammenhang kompetent und zuverlässig zu beraten, zu kontrollieren und einzuschätzen. Auch diese Fähigkeiten können erst im Prozess des Werkstattunterrichts entwickelt und entfaltet werden.

6.4 Zur Qualität der Lernangebote in offenen Unterrichtsformen – Sinn und Un-Sinn beim Lernen mit allen Sinnen

Die exemplarisch dargestellten offenen Unterrichtsformen (vgl. Kapitel 6.3), die ein zunehmend selbstbestimmtes Handeln in einer auf innere Differenzierung ausgerichteten Lernumgebung ermöglichen können, sind ebenso wie das Beobachten, Deuten und Dokumentieren von Lernvoraussetzungen und Lernprozessen (vgl. Kapitel 5) notwendige, aber allein keineswegs hinreichende Bedingungen für die Realisierung eines »offenen Unterrichts«, der die individuellen Lern- und Denkprozesse der Schülerinnen und Schüler ins Blickfeld rückt. Auch die in den verschiedenen offenen Unterrichtsformen wie Tages-/Wochenplan-, Frei- oder Werkstattarbeit ausgewählten Lernangebote müssen sich im Hinblick auf die Lernvoraussetzungen und Lernprozesse der Schülerinnen und Schüler als herausfordernd und individuell anschlussfähig erweisen. Sie müssen insbesondere ein Erweitern, Ausdifferenzieren, Modifizieren individuell vorhandener Denkstrukturen ermöglichen und unterstützen. Ist diese individuelle Anschlussfähigkeit der Lernangebote in den offenen Unterrichtsformen in methodischer und sachstruktureller Hinsicht nicht gewährleistet, dann können die Kinder zwar durchaus Spaß und Freude an dem jeweiligen Lernangebot haben (was hiermit keineswegs abgewertet werden soll), aber ihr Lernen können sie nur im Rahmen ihrer je eigenen Möglichkeiten voranbringen, d. h. durch das, was sie aus der wenig passungsfähigen Lernumgebung für ihr Lernen herausziehen können. Auf diese Weise können wesentliche Chancen einer anregenden, individuell provozierenden Lernumgebung und damit bedeutsame Lernzeit für das Lernen der Kinder verschenkt werden. Wichtig ist daher, auch und insbesondere über die Qualität der Lernangebote aus (fach)didaktischer Perspektive nachzudenken.

In den folgenden Betrachtungen wird in dem Zusammenhang ein didaktisches Prinzip für die Gestaltung von Lernangeboten ausgewählt: »Lernen mit allen Sinnen«, ein Prinzip, das in der Tradition des bereits von Pestalozzi formulierten Grundsatzes »Lernen mit Kopf, Herz und Hand« steht. Dieses didaktische Prinzip wurde ausgewählt, weil es in der grundschulpädagogischen Theorie und Praxis seit den 80er Jahren einen beachtlichen Zuspruch gefunden hat. Legitimiert wird dies insbesondere mit kulturpessimistischen Argumenten der sozialwissenschaftlichen Kindheitsforschung (vgl. Kapitel 3.1), die u. a. einen Verlust an Primärerfahrungen durch Mediatisierung und Verinselung von Kindheit beklagen, durch Argumente gegen eine Verwissenschaftlichung des Unterrichts, die tendenziell in den 70er Jahren vorherrschend war, sowie durch Argumente der Hirnforschung (vgl. Kritik dazu Brügelmann 2000b, 51).

Welchen Sinn hat das didaktische Prinzip des »Lernens mit allen Sinnen« für das Lernen der Kinder im Anfangsunterricht?

Wie bereits mehrfach hervorgehoben wurde, ist es Aufgabe (nicht nur) des Anfangsunterrichts, die Kinder darin zu unterstützen, ihre Lebenswelt zu erschließen, zu verstehen und aktiv zu gestalten. »Lernen mit allen Sinnen« kann in dem Zusammenhang eine sensible Aufmerksamkeit für die natürliche Lebenswelt wecken, indem es eine ganzheitlich komplexe – »multisensorische« – Sachbegegnung ermöglicht und damit der Erkenntnisbildung eine konkrete Ausgangsbasis verschafft (vgl. Götz 2000b, 208 – 209).

Problematisch ist es jedoch anzunehmen, dass die Kinder über eine reine Sinnesschulung (im Sehen, Hören, Tasten, Riechen, Schmecken und Fühlen) zugleich Sacherfahrung bzw. Sachwissen erwerben könnten. Dies entspricht einem naiven Verständnis von sinnlicher Wahrnehmung. Denn: Nach den Erkenntnissen der kognitionswissenschaftlichen, insbesondere der neurobiologischen Forschung ist jeder Wahrnehmungsprozess ein konstruktiver Prozess, der sich als von den kognitiven Strukturen des Wahrnehmenden abhängig erweist. Es kann folglich nur das (visuell, auditiv, ...) wahrgenommen werden, was auch erkannt werden kann, wofür auch entsprechende sachbezogene Interpretationsmuster zur Verfügung stehen. Das bedeutet, so Schäfer, »daß Wahrnehmung nicht die wahrgenommene Wirklichkeit widerspiegelt, sondern, daß sie mit den Mitteln der ›Sprache‹ des Gehirns und der vergangener Erfahrungen, die im Gedächtnis gespeichert sind, konstruiert und entworfen wird. Dabei spielen auch alle Wahrnehmungsmodi (Sehen, Hören, Tasten, Riechen, aber auch körperliche und emotionale Wahrnehmung) zusammen: Lücken in einem Wahrnehmungsbereich werden durch Informationen aus anderen Wahrnehmungsbereichen ergänzt. Je vielfältiger etwas wahrgenommen [d. h. erkannt – P. H.] wird, desto informativer ist das Wahrnehmungsbild [die konstruierte Wirklichkeit – P. H.].« (Schäfer 1995, 240) In einem solchen Verständnis hat ein Lernen mit *verschiedenen* (mit allen ist in Abhängigkeit vom Sachgegenstand wohl in den seltensten Fällen möglich) Sinnen seine Berechtigung.

Wichtig erscheint daher, sich stets darüber Klarheit zu verschaffen, inwiefern die mit einem Lernangebot intendierte – sachbezogene – Zielstellung auch tatsächlich in der nach dem Prinzip des »Lernens mit allen Sinnen« konzipierten Form realisierbar ist. Gerät die Zielstellung aus dem Blick und erfolgt ein Lernen mit allen Sinnen zu einem Selbstzweck, dann ist eher von einem Un-Sinn beim »Lernen mit allen Sinnen« die Rede.

Eine Analyse der in Diskussionsgrundlage 6.3 dargestellten Beispiele soll die Ausführungen näher verdeutlichen:

Sinn oder Un-Sinn beim »Lernen mit allen Sinnen« im Anfangsunterricht?

Beispiel 1:

Das Kneten und Formen von Buchstaben hat ebenso wie das in der Alltagspraxis verbreitete Erhüpfen, Erlaufen oder Aufkleben und Gestalten von Buchstaben mit Naturmaterialien (wie Erbsen, Linsen oder Stöckchen) die Funktion, die typografische Form des Buchstabens körperlich zu erleben, nachzuspuren, zu erkunden. Die Auseinandersetzung mit der Buchstabenform ist durchaus ein nicht zu vernachlässigender Aspekt beim Lesen- und Schreibenlernen, nur lernt das Kind dabei eben *nichts* über Funktion und Bedeutung des Buchstabens bzw. Graphems (nämlich im Wortkontext Bedeutung zu *unterscheiden*), was für die Entfaltung eines Buchstaben- bzw. Graphemkonzepts wesentlich wäre (es könnte stattdessen z. B. nach dem <M> in den Namenskarten der Kinder, in Wörtern aus Zeitungen und Zeitschriften geforscht werden). Das Schmecken des Buchstabens hat in dem Zusammenhang überhaupt keine Bedeutung. Würde ein solcher Aufwand für jeden Buchstaben betrieben, ginge damit wertvolle Lernzeit für das Erkennen der bedeutungsunterscheidenden Funktion von Graphemen verloren. Nicht selten sind die Lehrer/innen dann enttäuscht, wenn die Kinder trotz des erheblichen Aufwandes zu jedem Buchstaben diese dennoch verwechseln. Häufig werden die Ursachen dafür dann beim Kind selbst gesucht (z. B. mit Schlagworten wie »visuelle Wahrnehmungsstörung«, »auditive Wahrnehmungsschwäche«, »Legasthenie« etc.). Übersehen wird dabei, dass im Grunde etwas gefordert wird, wozu die Kinder weder ausreichend Zeit noch Gelegenheit hatten, es auch zu erlernen bzw. sich damit hinlänglich auseinanderzusetzen.

Beispiel 2:

Auch das Grün- und Blaumalen der »b«- und »d«-Schuppen dient nicht dem Aufbau und der Entfaltung eines Buchstaben- bzw. Graphemkonzeptes, die Kinder haben keine Möglichkeit, sich mit der bedeutungsunterscheidenden Funktion der Grapheme auseinanderzusetzen (sinnvoller wären hier wohl eher Übungen im Wortaufbau und -abbau, mit Minimalpaarvergleichen, Wanderbuchstaben etc.). Das Kind hat in diesem Lernangebot lediglich die Gelegenheit, die jeweiligen *Buchstabenformen* als gleich zu identifizieren bzw. wiederzuerkennen. Nicht mehr und nicht weniger.

Beispiel 3:

In diesem Beispiel zeigt sich ein grundsätzliches Problem – das Ausgehen von der gesprochenen Sprache bei der Gewinnung von Einsichten in die Struktur der Schrift (vgl. dazu auch Kapitel 6.5.2). Gesprochene Sprache ist auf Grund der Koartikulation (Beeinflussung der benachbarten »Laute« im Artikulationsfluss) nicht in »Einzellaute« analysierbar. Es sind somit auch keine »Einzellaute« hörbar. Um gesprochene Sprache segmentieren zu können, müssen die Lernenden über die Strukturen von Sprache kognitiv verfügen. Es werden somit sprachanalytische Fähigkeiten sowie kognitive Strukturen bei den Lernenden vorausgesetzt, die erst in Auseinandersetzung *mit Schrift* gewonnen werden können (vgl. Hanke 2002). Das Erlauschen von beliebigen Geräuschen aus Geräuschdosen kann somit dem Kind keinesfalls zu einer »Lautunterscheidungsfähigkeit« verhelfen.

Beispiele 4 und 5:

Das Fühlen und Sehen der Faktoren von Multiplikationsaufgaben unterstützt in beiden Aufgaben nicht die Übung der Multiplikation. Beide Lernangebote dienen eher der Übung der Anzahlerfassung mit verschiedenen Sinnen. Die Multiplikation selbst – die eigentlich geübt werden sollte – müssen die Kinder im Kopf vollziehen (anders ist es wohl auch kaum möglich) (vgl. Sundermann/Selter 2000, 111).

Zusammengefasst:

Die analysierten Lernangebote entsprechen (mit partieller Ausnahme von Beispiel 1) *nicht* der jeweils intendierten Zielstellung (inwiefern diese sich jeweils als sachangemessen erwies, ist ein anderes Problem). Die Analysen machen darüber hinaus deutlich, dass eine Anschlussfähigkeit der Lernangebote an die individuellen Lernvoraussetzungen der ausgewählten Schülerinnen und Schüler aus sachstruktureller Perspektive *nicht* gewährleistet sein kann. Ein Erweitern, Ausdifferenzieren und Modifizieren vorhandener Denkstrukturen ist auf der Grundlage dieser Lernangebote eher nicht »provozierbar«.

Anregungen für geeignete substanzielle (sachangemessene) Lernangebote sind für den mathematischen Bereich u. a. bei Wittmann/Müller 1990/92, Sundermann/Selter (2000) und Hengartner (1999), für den schriftsprachlichen Bereich u. a. bei Bergk (1996), Röber-Siekmeyer 1997, Brinkmann/Brügelmann (1998) sowie Balhorn/Osburg (2000) zu finden. Es besteht in dem Zusammenhang jedoch nach wie vor erheblicher Forschungsbedarf, insbesondere was die Analyse vorhandener Lernmaterialien, von denen der Markt geradezu überschwemmt ist, als auch die Neukonzeption sachangemessener Lernangebote bzw. von Kriterien für sachangemessene Lernangebote auf der Grundlage von Erkenntnissen der fachdidaktischen Forschung anbelangt.

6.5 Entwicklungsorientiertes pädagogisch-fachdidaktisches Handeln im Anfangsunterricht – Ausgewählte Beispiele zum Schriftspracherwerb

Für die verschiedenen Lernbereiche (nicht nur) des Anfangsunterrichts wurden in den letzten Jahren vielfältige entwicklungsorientierte pädagogisch-fachdidaktische Konzeptionen entworfen wie z. B.:

- das Konzept »mathe 2000« (Wittmann/Müller 1990/1992) für den mathematischen Bereich,
- »Conceptual-Change-Konzepte« (Duit 1997, Möller 1999, 2000) für den Bereich des Sachunterrichts,
- Konzepte des »Spracherfahrungsansatzes« (Brügelmann 1983, Scheerer-Neumann 1985) sowie das Konzept »Lesen durch Schreiben« (Reichen 1982) für den schriftsprachlichen Bereich.

Sie alle haben (mehr oder weniger theoretisch ausgearbeitet) einen gemeinsamen konzeptionellen Rahmen, der durch ein konstruktivistisches Lernverständnis gekennzeichnet ist. Es wird nahezu übereinstimmend im Sinne einer entwicklungs- bzw. kompetenzorientierten Sichtweise davon ausgegangen, dass die Lernenden ihr Wissen auf der Basis von Vorerfahrungen aktiv und eigenständig konstruieren, wozu Lernumgebungen nötig sind, die ein konstruktives, aktives, situatives, soziales und kooperatives sowie selbstbestimmtes Lernen ermöglichen (vgl. Möller 2001). Damit ergibt sich zugleich ein gemeinsamer Bezug der fachdidaktischen Ansätze zu der in Kapitel 6.2 dargestellten Rahmenkonzeption offenen Unterrichts.

Nachfolgend werden exemplarisch zwei pädagogisch-fachdidaktische Ansätze aus dem schriftsprachlichen Bereich in einem Überblick vorgestellt.

6.5.1 Spracherfahrungsansatz

Es gibt nicht *ein* Konzept zum Spracherfahrungsansatz. Es wurden vielmehr seit Anfang der 80er Jahre von verschiedenen Schriftspracherwerbsdidaktikern (Brügelmann 1983, Scheerer-Neumann 1985, Dehn 1988 u. a.) Konzeptentwürfe eines Spracherfahrungsansatzes entwickelt, die seitdem auf Grund neuer Erkenntnisse und Einsichten der interdisziplinären Forschung weiter ausdifferenziert und modifiziert worden sind (z. B. in Brügelmann/Brinkmann 1998, Dehn u. a. 1996). Unterschiedlich sind daher auch die Darstellungen dieses vielfältigen Ansatzes in der Fachliteratur (vgl. z. B. in Sassenroth 1995, Meiers 1998, Topsch 2000, Valtin i. Dr.).

Weitgehend übereinstimmend stützen sich die Konzepte zum Spracherfahrungsansatz in ihrer Legitimation auf Erkenntnisse der interdisziplinären Schriftspracherwerbsforschung wie:

1. der *kognitionspsychologischen und konstruktivistischen Forschung*, dass Lernen (sowohl mit gesprochener als auch geschriebener Sprache zu handeln) ein individueller aktiver (und sozialer) Konstruktionsprozess ist (Piaget, Neisser), den die Kinder nicht gleichmäßig und stetig vollziehen (Brügelmann).
2. der *anthropologischen Forschung*, dass Lernen ein »ursprüngliches Phänomen« menschlichen Lebens ist, jeder Mensch/jedes Kind daher grundsätzlich lernfähig und lernwillig ist sowie über eine individuelle Lernbiographie verfügt (z. B. Maurer).
3. der *entwicklungspsychologisch-konstruktivistischen Forschung*, aus der Entwicklungsmodelle hervorgegangen sind, die die schriftsprachliche Entwicklung von Kindern im zeitlichen Verlauf beschreiben (z. B. von Mason/McCormick, Brügelmann, Frith, K. B. Günther, Scheerer-Neumann, Spitta, Valtin), Fehler der Kinder beim Lesen- und Schreibenlernen werden daher nicht als Defizite oder Defekte, sondern als »Entwicklungsschritte« bzw. eigenständige Konstruktionsversuche im Umgang mit Schrift interpretiert.
4. der *(sozio-)psycholinguistischen Forschung*, dass Lesen und (Recht)-Schreiben komplexe Handlungsprozesse sind, in denen verschiedene Elemente zusammenwirken (z. B. Humphreys & Evett, Coltheart, Ellis, Scheerer-Neumann) und die sich stets in einem kulturellen Kontext (als soziale Handlungen) vollziehen (z. B. Scheerer-Neumann, Giese, Dehn, Richter).
5. der *sprachwissenschaftlichen Forschung*, dass geschriebene Sprache nicht aus der gesprochenen Sprache ableitbar ist (im Sinne einer »abhängigkeitstheoretischen Position«), sondern (im Sinne einer »relativierenden Position«) beides vielmehr gleichberechtigte Sprachformen sind, die sowohl in Verbindung zueinander stehen als auch über eine relative Eigenständigkeit verfügen (z. B. H. Günther, Nerius).
6. darüber hinaus ebenso auf *Einsichten der Reformpädagogik* über das Lernen von Kindern (z. B. Freinet, Montessori, Summerhill) sowie auf die durch Tendenzen der englischen Primarschulreform zur Neugestaltung des Unterrichts Anfang der 70er Jahre beeinflusste *pädagogische Bewegung zur Öffnung von Schule und Unterricht* (z. B. Brügelmann, Ramseger, Benner, Wallrabenstein).

Die Entwürfe eines Spracherfahrungsansatzes sind ferner aus der Kritik an einheitlichen und engführenden Fibellehrgängen zu Beginn der 80er Jahre hervorgegangen (vgl. z. B. Brügelmann 1983).

Kernelemente zum Spracherfahrungsansatz sind insbesondere die folgenden Aspekte:

- Entsprechend der Bezeichnung des Ansatzes bildet das Ausgehen von den (unterschiedlichen) Spracherfahrungen der Kinder im schriftsprachlichen Anfangsunterricht einen wesentlichen Grundsatz. Dies meint ein Berücksichtigen der (schrift)sprachlichen Vorerfahrungen der Schulanfänger allgemein sowie ein Ausgehen von einem an den Bedürfnissen und Interessen der Kinder orientierten Wortschatz (im Sinne einer »inhaltlichen Freiheit« Scheerer-Neumann 1985, 181) beim Lesen- und Schreibenlernen im Anfangsunterricht insbesondere (wie im Beispiel Katja in der Diskussionsgrundlage 6.1).
- Anfangsunterricht nach dem Spracherfahrungsansatz soll den Kindern Möglichkeiten bieten, durch eigene Tätigkeit und im handelnden Umgang mit den (Sach)Gegenständen (vgl. Brügelmann 1983, 168) ihre individuellen Zugänge zur Schrift aufzunehmen, zu erweitern und zu differenzieren (Brügelmann/Brinkmann 1998, 91).
- Dafür kann den Kindern in der Schule insbesondere unter Berücksichtigung der folgenden Bedingungen – im Rahmen eines offenen Unterrichts – eine bestmögliche Unterstützung gegeben werden (Brügelmann/Brinkmann 1998, 55, 93, 100 – 101):
  – mit einem Klassenraum, der zum Lesen und Schreiben einlädt, in dem eine »Kultur« des Füreinander-Schreibens und Vorlesens entwickelt wird,
  – mit der Gestaltung von Situationen, die zum Lesen- und Schreibenlernen herausfordern,
  – mit Materialien und Aufgaben, die Einsichten in Regelungen und Prinzipien unseres orthografischen Systems provozieren, dabei sind Wörter in der Normschrift von Anfang an anzubieten,
  – mit unterschiedlichen Aufgaben bzw. Aufgaben mit unterschiedlichen Niveaus, an denen die Kinder entsprechend ihren Erfahrungen und Möglichkeiten arbeiten können,
  – mit Arbeitstechniken und Hilfsmitteln, die das Lesen- und Schreibenlernen der Kinder unterstützen,
  – mit einem veränderten Blick auf Fehler: Fehler als Annäherungsversuche der Kinder an die orthografische Norm und
  – mit einer Lehrerin, die ihre Erfahrung nutzt und die Kinder fordert, aber keine verbindlichen Vorgaben macht. Sie »... unterstellt z. B. nicht, dass sie dank ihrer Fach- bzw. institutionellen Autorität den Kindern bei der Deutung von Lernschwierigkeiten oder bei der Auswahl von Aufgaben überlegen ist.« (Brügelmann/Brinkmann 1998, 100 – 101). Diese Aussage scheint missverständlich, hat die Lehrerin doch entsprechend ihres Professionalitätsanspruchs die Aufgabe, gerade die Lernprozesse von Kindern mit Lernschwierigkeiten gezielt zu beobachten und auf der Grundlage ihrer sachana-

Entwicklungsorientiertes Handeln | 113

Projekt, Schrift im Alltag etc. ... + Rahmen-Geschichten, z. B.

Gemeinsamer Erlebnisrahmen: + Projekte zu bestimmten Themen, z. B. Ich/Du – ... + Aufgreifen spezieller Kinderinteressen

»Geschichten von der kleinen weißen Ente« + Gemeinsame Erlebnisse, z. B. Ausflug, Kindertheater ...

Freies Schreiben eigener Texte
- Lust und Zutrauen zum Verfassen eigener Texte gewinnen (z. B.: Kinder diktieren Erwachsenen eigene Texte.);
- Hilfsmittel benutzen (z.B.: Anlauttabelle, Wort-Bild-Lexikon);
- Verschiedene Verwendungsformen der Schrift erproben (Briefe, Merkzettel, Einkaufszettel schreiben, Bilder beschriften);
- Austesten von orthografischen Hypothesen und Schreibstrategien durch lauttreues Verschriften.

Gemeinsames (Vor-)Lesen von Kinderliteratur
- Lust auf Bücher und auf's Lesen bekommen;
- Entdecken, dass Schriftzeichen Bedeutung tragen;
- Baumuster und Sprachformen von Texten kennen lernen als Modelle für eigene Texte;
- Auseinandersetzen mit verschiedenen Selbst- und Weltsichten;
- Informationen gewinnen.

Systematische Einführung von Schriftelementen und Leseverfahren
- Arbeiten am »Buchstaben der Woche«: nach und nach die Form- und Lautvarianten einzelner Buchstaben kennen lernen;
- Minimalpaare vergleichen, um Einsichten in die Struktur der Buchstabenschrift zu gewinnen (gezinktes Memory);
- Auf- und Abbauübungen zur Festigung der Synthese und des »Sprungs zum Wort« (Lesekrokodil);
- Aufbau der Sinnerwartung beim Lesen durch Nutzung des Kontextes, z. B. in Lückentexten, zerschnittenen Geschichten oder Sätzen.

Aufbau und Sicherung eines Grundwortschatzes
- »Eigene« und »wichtige« Wörter sammeln (z. B. in einem Schatzkästchen);
- Die Schreibweise häufig gebrauchter Wörter automatisieren;
- Modellwörter für unterschiedliche Rechtschreibmuster kennen lernen und schreiben lernen (Analogiebildung);
- Alphabetisches Prinzip als Ordnungs- und Suchhilfe kennen lernen.

Abbildung 13: 4-Säulen-Modell zum Spracherfahrungsansatz (Brinkmann/Brügelmann 1998, 27)

lytischen Kompetenzen zu deuten und sachangemessene – individuell anschlussfähige – Lernangebote für das Kind durchaus auch verbindlich auszuwählen. Diese Kompetenz kann für das Lernen des Kindes eine Chance sein. Dabei muss es die (verbindliche) Hilfestellung auch nicht zwangsläufig als Überlegenheit der Lehrerin erleben und interpretieren.

- Brügelmann und Brinkmann (1998, 99) veranschaulichen ihr methodisches Konzept des Spracherfahrungsansatzes in einem 4-Säulen-Modell (vgl. Abbildung 13). Dieses 4-Säulen-Modell soll der Lehrerin/ dem Lehrer als eine Planungshilfe im schriftsprachlichen Anfangsunterricht dienen. In einer didaktischen Landkarte (Brügelmann/ Brinkmann 1998, 107), der ebenso lernpsychologische und linguistische Überlegungen zum Lesen- und Schreibenlernen zu Grunde liegen, werden acht Lernfelder präzisiert, die wesentliche Aspekte des Handelns mit Schrift beschreiben und konkrete, sachstrukturell ausgerichtete Aktivitäten, die innere Differenzierung ermöglichen, für den Unterricht anbieten.

Zahlreiche Aspekte, die zum Spracherfahrungsansatz aufgeführt wurden, finden sich heute auch in Fibelkonzeptionen wieder.
Inwiefern mit diesen auf eine Öffnung schriftsprachlichen Anfangsunterrichts ausgerichteten Konzeptionen jedoch ein entwicklungsorientiertes pädagogisch-fachdidaktisches Handeln gelingt, liegt entscheidend in der Beobachtungs-, Deutungs-, Differenzierungs- und Beratungskompetenz des Lehrers/der Lehrerin.

6.5.2 »Lesen durch Schreiben«

In der Konzeption »Lesen durch Schreiben« geht der Schweizer Pädagoge Jürgen Reichen (1988) insbesondere in anthropologischer, kognitions- und entwicklungspsychologischer sowie pädagogischer Hinsicht von ähnlichen Prämissen wie die Konzepte zum Spracherfahrungsansatz aus (vgl. die Punkte 1., 2., 3. und 6. zum Spracherfahrungsansatz). Unterschiede bestehen – wie aufzuzeigen sein wird – vor allem in der sprachwissenschaftlichen und sprachdidaktischen Fundierung und Konzeptualisierung.

»Lesen durch Schreiben« knüpft ebenso wie der Spracherfahrungsansatz an die sprachlichen Erfahrungen der Schulanfänger an, konzentriert sich dabei jedoch insbesondere auf deren Erfahrungen mit *gesprochener* Sprache. So werden im Anfangsunterricht zunächst bevorzugt »lautgetreue« eigene (gesprochene) Wörter der Kinder zum Gegenstand (»laut-«)sprachlicher Analysen gemacht, indem diese in eine sog. »L-Au-T-F-O-L-G-E« zerlegt werden sollen. Die isolierten »Einzellaute« werden schließlich mit »Buchstaben« in Verbindung gebracht. Orientierungshilfe bietet dafür eine Buchstabentabelle (»Buchstabentor«), in der Buchstaben über Bildsymbole »Anlauten« zugeordnet sind. D. h., über vielfältige (»laut-«)sprachliche Analysen des (nicht nur) eigenen Wortschatzes der Kinder und entsprechende »Buchstabenzuordnungen« sollen die Schulanfänger zunächst ausschließlich das Schreiben (im Sinne von »Verschriften«) erlernen. Häufiges Verschriften führt – so Reichen (1994, 71) – als »automatisches Begleitprodukt« allmählich zu einer Lesekompetenz. Die Kinder sollen grundsätzlich nicht zum Lesen aufgefordert werden.

Ein wesentlicher Vorteil des Ansatzes liegt darin, dass die Schülerinnen und Schüler von Anbeginn an die Möglichkeit haben, Schrift in einem kulturellen Kontext aktiv zu gebrauchen, indem sie eigene Wörter und Texte schreiben können.

Problematisch erweist sich jedoch aus sprachwissenschaftlicher und sprachdidaktischer Perspektive insbesondere die an der Mündlichkeit ausgerichtete – einheitliche – methodische Vorgehensweise. Gesprochene Sprache ist auf Grund der Koartikulation nicht in »Einzellaute« analysierbar. Bedingt durch ihr Rhythmus- und Taktgefühl gliedern die Kinder gesprochene Sprache zunächst silbisch (vgl. Andresen 1985). Ein Segmentieren des Artikulationsstromes eines gesprochenen Wortes in abstrakte »Phoneme«, die Bedeutungen unterscheiden, erfordert ein (kognitives) Erkennen. Dafür müssen die Lernenden jedoch auch entsprechend über die Strukturen von Sprache kognitiv verfügen. Es werden somit sprachanalytische Fähigkeiten sowie kognitive Strukturen bei den Lernenden vorausgesetzt, die – wie im Spracherfahrungsansatz – nur in vielfältigen Auseinandersetzungen *mit Schrift* gewonnen werden können (vgl. Hanke 2002). Darüber hinaus entspricht die angenommene Laut-Buchstaben-Beziehung einer abhängigkeitstheoretischen Position (zu einer kritischen Auseinandersetzung mit der Buchstabentabelle vgl. Thomé 2000, als Alternative ist in dem Zusammenhang der »Graphembaum« von Bergk 1996 zu empfehlen).

Es ist vor diesem Hintergrund fraglich, inwiefern die (schrift-)sprachlichen Lernvoraussetzungen der Schulanfänger, insbesondere derjenigen mit allerersten Erfahrungen im Umgang mit Schrift, in einer solchen Vorgehensweise, in der dem Kind die Auseinandersetzung mit dem geschriebenen Wort vorenthalten wird, tatsächlich Berücksichtigung finden können bzw. inwiefern eine Anschlussfähigkeit des unterrichtlichen Angebots an die kognitiven Strukturen der Lernenden auf diese Weise gewährleistet sein kann. Ähnlich wie beim »Lernen mit allen Sinnen« ist zu fragen, ob sich die verschiedenen Lernsituationen und Lernangebote in der Weise als substanziell sachangemessen erweisen, dass die Kinder ihre individuellen Zugänge zur Schrift aufnehmen, erweitern und ausdifferenzieren können.

Die von Reichen aus der Reformpädagogik aufgegriffene und weiterentwickelte offene Unterrichtsform des Werkstattunterrichts (vgl. Kapitel 6.3.3), der den pädagogisch-didaktischen Rahmen in der Konzeption »Lesen durch Schreiben« bildet, bietet den Schülerinnen und Schülern durchaus geeignete Bedingungen und Gelegenheiten dafür, in selbst gestellten Lernaufgaben (sog. »freie Schülerarbeit« Reichen u. a. 1988, 21) individuelle Anschlussfähigkeit herzustellen. Dies setzt jedoch entsprechende Fähigkeiten bei den Lernenden voraus, wie z. B. die eigenen Lernvoraussetzungen und Lernmöglichkeiten »realistisch« einzuschätzen, Probleme im Lernprozess zu erkennen und selbstständig nach eigenen Lösungsstrategien zu suchen, Fähigkeiten, die sich im Anfangsunterricht anbahnen und im weiteren Grundschulverlauf entfalten können, wenn sie im Unterricht auch gezielt thematisiert und reflektiert werden.

Dass die Schülerinnen und Schüler in einem Anfangsunterricht nach »Lesen durch Schreiben« trotz der aufgezeigten sachbezogenen Unkorrektheiten erfolgreich beim Schriftspracherwerb sind, wie die in dem Zusammenhang vorliegenden Untersuchungen belegen (vgl. Hanke 1998, i. V.), könnte – so vermutet Ossner (2001, 143) – darauf hinweisen, »dass im didaktischen Geschäft Strategien, die das Subjekt unterstützen, häufig erfolgreicher sind als objektbezogene.«

6.6 Zusammenfassung

- Anfangsunterricht kann sich als *lernförderlich* erweisen, wenn die Bedingungen dafür geschaffen sind, dass die Schülerinnen und Schüler ihre Lernvoraussetzungen und Lernprozesse aufgreifen, weiter voran – zur Entfaltung – bringen können. Kennzeichnend dafür sind eine besondere Lernatmosphäre und eine nach spezifischen Kriterien gestaltete Lernumgebung – eine Lehr- und Lernkultur –, wie sie in der Rahmenkonzeption eines *offenen Unterrichts* theoretisch begründet und konzeptionell verankert sind bzw. ist.
- *Öffnung des Unterrichts* ist konzeptionell mehrperspektivisch angelegt: in persönlicher, institutioneller, politisch-pädagogischer, methodisch-organisatorischer sowie inhaltlicher Hinsicht.
- Als ein konstitutives Moment offenen Unterrichts erweist sich die *innere Differenzierung*, die auf eine lerngruppeninterne individuelle Förderung der Schülerinnen und Schüler ausgerichtet ist. Eine auf Individualisierung ausgerichtete Differenzierung kann in lernzielbezogener und/oder inhaltlicher und/oder methodischer und/oder medialer und zeitlicher bzw. örtlicher Hinsicht erfolgen sowie fremd-, mit- oder selbstbestimmt sein.
- Neben dem Beobachten, Deuten, Dokumentieren, Fördern durch Individualisieren und Differenzieren im Rahmen eines offenen Unterrichts erweist sich das *Beraten* als eine Grundkompetenz der Lehrperson.
- In der pädagogisch-didaktischen Theorie werden verschiedene *Formen offenen Unterrichts* unterschieden: Tages-/Wochenplanarbeit, Freiarbeit, Werkstattunterricht, Stationsarbeit, Projektarbeit. Diese offenen Unterrichtsformen bieten auf vielfältige Weise Möglichkeiten, die individuellen Lernvoraussetzungen und Lernprozesse der Schülerinnen und Schüler herauszufordern. Am Beispiel von Tages-/Wochenplanarbeit, Freiarbeit und Werkstattunterricht wurde verdeutlicht, dass sich die verschiedenen offenen Unterrichtsformen

insbesondere in Bezug auf die Organisationsform sowie den Grad der Selbstbestimmung in zielbezogener, inhaltlicher, methodischer und medialer Hinsicht unterscheiden.
- Für die Realisierung eines offenen Unterrichts, der die individuellen Lern- und Denkprozesse der Lernenden ins Blickfeld rückt, erweist sich darüber hinaus eine sachangemessene Qualität der in den offenen Unterrichtsformen angebotenen Lernaufträge als wesentlich. Im Zusammenhang mit dem in der Grundschulpraxis verbreiteten Prinzip des »Lernens mit allen Sinnen« scheint daher dringend geraten, jeweils zu prüfen, inwiefern die danach konzipierten Lernangebote den intendierten Zielen auch in substanzieller Hinsicht entsprechen.
- Für die verschiedenen Lernbereiche (nicht nur) des Anfangsunterrichts sind in den letzten Jahren (z. T. Jahrzehnten) vielfältige entwicklungsorientierte pädagogisch-fachdidaktische Konzeptionen entworfen worden, die in einem engen Bezug zur dargestellten Rahmenkonzeption offenen Unterrichts stehen.
- Die wenigen der inzwischen zur Realisierung offenen Unterrichts in der Grundschulpraxis vorliegenden empirischen Befunde belegen (vgl. neben Brügelmann 1998b; 2000a auch Richter 1993; Gervé 1997; Jürgens 1998a; Drews u. a. 2000; Hanke 2001a, c), – dass die dargestellten Identifikationsmerkmale offenen Unterrichts – auch wenn diese von den Lehrerinnen und Lehrern als pädagogisch sinn- und wertvolle Elemente einer innovativen Lehr- und Lernkultur erachtet werden – gegen Ende der 90er Jahre in der Grundschulpraxis noch immer erst zögerlich Verbreitung gefunden haben. Tendenziell am häufigsten sind die offenen Unterrichtsformen Wochenplan- und Freiarbeit (zumeist in fremdbestimmter Form) wiederzufinden.
- Die Befunde der auf nationaler und internationaler Ebene durchgeführten Untersuchungen zu Lernerfolgen und Entwicklungen im Persönlichkeitsbereich von Schülerinnen und Schülern unter den Bedingungen offenen Unterrichts (vgl. Forschungsüberblicke in Einsiedler 1997a, b, i. Dr., Jürgens 1998a, Brügelmann 1998b, Hanke 2001a, c, i. V.) verweisen insgesamt auf die Tendenz, dass unter den Bedingungen offenen Unterrichts eher Vorteile im Persönlichkeitsbereich (z. B. Selbstständigkeit, positives Selbstkonzept) festzustellen sind als unter den Bedingungen lehrgangsgebunden bzw. frontal (lehrergesteuert) geführten Unterrichts (vgl. Giaconia/Hedges 1982). Bessere Leistungen in einzelnen Lernbereichen (Lesen und Schreiben, Mathematik) wurden bislang unter den untersuchten Verhältnissen pädagogischer Praxis mit dem verwendeten forschungsmethodischen Design eher unter den Bedingungen eines lernzielorientierten bzw. lehrgangsgebundenen Unterrichts deutlich (vgl. z. B. Bennett 1979; Giaconia/Hedges 1982; Herff 1993; May 1995; Hüttis-Graff 1997, Einsiedler u. a. 2000). Unberücksichtigt blieb dabei oftmals eine Untersuchung der Qualität der Lernangebote im Hinblick auf deren (individuelle) Sachangemessenheit. In dem konkreten Zusammenhang scheinen weiterführende Untersuchungen angebracht zu sein.

6.7 Empfohlene Literatur

Bönsch, Manfred (1995): Innere Differenzierung in Schule und Unterricht. Ansprüche – Formen – Strategien. München

Brügelmann, Hans (1998b): Öffnung des Unterrichts. Befunde und Probleme der empirischen Forschung. In: Jahrbuch Grundschule 1998. Hrsg. v. H. Brügelmann; M. Fölling-Albers; S. Richter. Seelze. S. 8 – 42

Claussen, Claus (Hrsg.) (1995): Handbuch Freie Arbeit. Konzepte und Erfahrungen. Weinheim und Basel

Claussen, Claus (1997): Unterrichten mit Wochenplänen. Kinder zur Selbstständigkeit begleiten. Weinheim und Basel

Einsiedler, Wolfgang (i. Dr.): Neuere Entwicklungen und Forschungsergebnisse im Grundschulbereich. Erscheint in: Schnabel, K./Baumert, J./Leschinsky, A./Mayer, K. U. (Hrsg.): Das Bildungswesen in der Bundesrepublik Deutschland. Ein Projekt des Max-Planck-Instituts für Bildungsforschung. Reinbek

Hanke, Petra (2001c): Öffnung des Unterrichts. In: Einsiedler, W./Götz, M./Hacker, H./Kahlert, J./Keck, R.W./Sandfuchs, U. (Hrsg.): Handbuch Grundschulpädagogik und Grundschuldidaktik. Bad Heilbrunn/Obb. S. 376 – 385

Jürgens, Eiko (1998a): Die ›neue‹ Reformpädagogik und die Bewegung Offener Unterricht. Sankt Augustin. 4. Aufl.

Jürgens, Eiko (2000): Von der Praxis lernen – für die Praxis lernen. Wochenplan- und Freiarbeit aus dem Deutsch- und Fremdsprachenunterricht für die Sekundarstufe I. Baltmannsweiler

Klafki, Wolfgang (1996): Neue Studien zur Bildungstheorie und Didaktik. Zeitgemäße Allgemeinbildung und kritisch-konstruktive Didaktik. Weinheim und Basel. 5. Aufl.

Knauf, Tassilo (2001): Einführung in die Grundschuldidaktik. Lernen, Entwicklungsförderung und Erfahrungswelten in der Primarstufe. Stuttgart, Berlin, Köln

Peschel, Falko (1997): Offen bis geschlossen – Formen und Chancen offenen Unterrichts. In: Gesing, H. (Hrsg.): Pädagogik und Didaktik der Grundschule. Neuwied, Kriftel, Berlin. S. 229 – 268

Reichen, Jürgen (1998): Sachunterricht und Sachbegegnung. Zürich. 2. Aufl.

Roth, Gerhard (1997): Das Gehirn und seine Wirklichkeit. Kognitive Neurobiologie und ihre philosophischen Konsequenzen. Frankfurt a. M.

Wallrabenstein, Wulf (1991): Offene Schule – Offener Unterricht. Ratgeber für Lehrer und Eltern. Reinbek

7 Lernleistungen im Anfangsunterricht beschreiben und beurteilen

7.1 Einführung in das Problemfeld

Als Diskussionsgrundlage zum Einstieg in das Problemfeld »Leistung und Leistungsbeurteilung« im Anfangsunterricht werden Zeugnisse von zwei Kindern aus dem ersten und zweiten Schuljahr aus unterschiedlichen Phasen der Schulgeschichte dargestellt.

Diskussionsgrundlage 7.1: Zeugnis Ende erstes Schuljahr 1953 – NRW

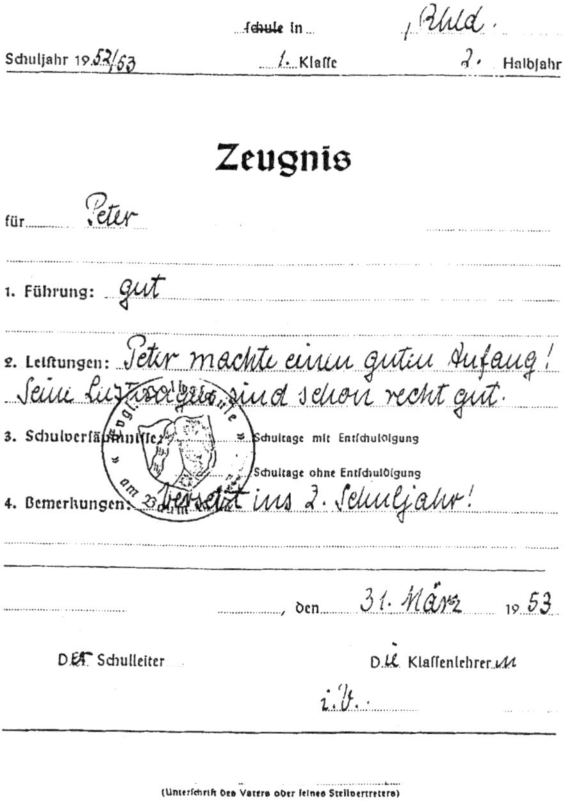

Schule in ...., Bild.
Schuljahr 19 52/53 ....1... Klasse 2. Halbjahr

Zeugnis

für .... Peter

1. Führung: gut

2. Leistungen: Peter machte einen guten Anfang! Seine Leistungen sind schon recht gut.

3. Schulversäumnisse: .... Schultage mit Entschuldigung
   .... Schultage ohne Entschuldigung

4. Bemerkungen: Versetzt ins 2. Schuljahr!

........., den 31. März 19 53

D.... Schulleiter   D.... Klassenlehrer...
                       i.V.

(Unterschrift des Vaters oder seines Stellvertreters)

Abbildung 14

| 120 | Lernleistungen beschreiben und beurteilen |

Diskussionsgrundlage 7.2: Zeugnisse eines Kindes jeweils zum Schulhalbjahr und Schuljahresende des ersten/zweiten Schuljahres 1996 – 98 – Thür.

Thüringen

Name und Ort der Schule

ZEUGNIS
der Grundschule

Klasse: __1b__   Schuljahr: 19 _96_ / _97_   1. Halbjahr / ~~Schuljahr~~

Name: Vorname: __Rico__

geb.:

Hinweise zu den Lernbereichen / Fächern: Rico hat sich gut in die Klassengemeinschaft eingefügt. Er ist ein freudig lernender, aufgeschlossener und interessierter Schüler. Da er über die bisher nötige Buchstabensicherheit verfügt, kann er angemessene Texte schon sinnerfassend lesen. Dabei erfasst er häufig vorkommende Wörter schnell, neue und schwierige etwas langsamer und bedächtiger. Auf der Grundlage fester Zahlvorstellungen im Bereich bis 10 löst er die Aufgaben zügig und sicher. Er bemüht sich auch um ein sauberes Schriftbild und schreibt Buchstaben und Ziffern klar und deutlich. Sein Allgemeinwissen ist schon recht groß und vielseitig. Bei zusammenhängenden sprachlichen Äußerungen im Unterricht beweist er oft überzeugend seine Redegewandtheit. Seine

Bemerkungen: Zeichnungen sind reich an Details und lassen viel Phantasie erkennen. Rico ist sehr temperamentvoll, manchmal etwas impulsiv und nicht immer verträglich. Er urteilt schon recht kritisch, ist manchmal leicht gekränkt, andererseits aber meist fröhlich und humorvoll. Seinen Lehrern begegnet er freundlich und höflich.

Versäumnisse: __/__ Tage (davon __/__ Tage unentschuldigt)

_____ den __7.2.1997__

Schulleiter/in   Siegel   Klassenlehrer/in

Kenntnis genommen: _____
Erziehungsberechtigte

Abbildung 15 a

Thüringen

ZEUGNIS
der Grundschule

Name und Ort der Schule

Klasse: __1b__   Schuljahr: 19 __96/97__   1. Halbjahr/Schuljahr*
Name: _____ Vorname: __Rico__
geb.: _____

Hinweise zu den Lernbereichen/Fächern: Rico erreichte im Anfangsunterricht gute Lernergebnisse. Er beteiligt sich meist aufmerksam, aufgeschlossen und interessiert am Unterrichtsgeschehen, in das er auch sein breites Allgemeinwissen und spezielle naturkundliche Kenntnisse einbringt. Dabei kann er sich zusammenhängend und treffend ausdrücken und Begriffe sehr anschaulich erklären. Er erliest kleine Texte zunehmend fließender, teilweise noch etwas mühsam, aber mit guten Ansätzen zur Sinnerfassung. Die Grundaufgaben löst er meist fehlerfrei und zügig und besitzt klare Zahlvorstellungen bis 100. Rico schreibt die Druckschrift exakt und sauber, ebenso auch die Schreibschrift, wobei er anfängliche Probleme gut überwinden konnte. Bei Schwierigkeiten

Bemerkungen: braucht er viel Lob und guten Zuspruch, da er ansonsten total resigniert und Aufgaben völlig ablehnt. Er malt sehr gern und immer mit ausdrucksstarken und originellen Ergebnissen. Rico ist lebhaft und manchmal etwas eigensinnig. Auf Kritik reagiert er oft uneinsichtig. Wiederum kann er schon sehr vernünftig, empfindsam und umsichtig sein.

Versäumnisse: __2__ Tage (davon __2__ Tage unentschuldigt)

_____, den __16.7.1997__

Schulleiter/in   Klassenlehrer/in

Kenntnis genommen: _____
                        Erziehungsberechtigte

*Nichtzutreffendes streichen

Abbildung 15 b

Lernleistungen beschreiben und beurteilen

Name und Ort der Schule

ZEUGNIS
der Grundschule

Thüringen

Klasse: 2b   Schuljahr 19 97 / 98   1. Halbjahr/Schuljahr*

Name _____ Vorname Rico

geb.

Hinweise zu den Lernbereichen/Fächern: Rico erreichte bisher in Klasse 2 gute Lernergebnisse, die aus seiner Aufmerksamkeit und aktiven Mitarbeit im Unterricht resultieren. Er liest inzwischen zügig und erfasst voll den Sinn des Gelesenen. In den Pausen hat er ständig ein Buch zur Hand, in dessen Inhalt er sich sehr vertieft. Das Schreiben geübter Wörter nach Diktat gelingt ihm noch nicht fehlerfrei, obwohl er in grammatischer Hinsicht sehr gute Kenntnisse beweist. Lobenswert sind erneut sein Allgemeinwissen, seine Freude am Malen und seine ausdrucksvollen Darstellungen.

Bemerkungen: In Mathematik rechnet Rico sicher und sucht bei Sachaufgaben eigene Lösungswege. Manchmal ist erfolgreiches Rechnen bei ihm von Lust und Laune abhängig.
Ricos Verhalten gibt keinen Anlass zu tadeln.

Versäumnisse: ___ Tage (davon ___ Tage unentschuldigt)

Ort, Datum: 6.2.1998

Siegel

Schulleiter/in _____   Klassenlehrer/in _____

Kenntnis genommen: _____
Erziehungsberechtigte

* Nichtzutreffendes streichen

Abbildung 15 c

Lernleistungen beschreiben und beurteilen | 123

ZEUGNIS
der Grundschule

Thüringen

Klasse 2b   Schuljahr 19 97 / 98   1. Halbjahr/Schuljahr*

Name _____ Vorname Rico

geb.

Die Leistungen sind wie folgt beurteilt worden:

Deutsch	1	Kunsterziehung	1
Heimat- und Sachkunde	1	Musik	2
Mathematik	2	~~Ev./Kath.*~~ ~~Religionslehre~~/Ethik*	folgendermen
Werken	2	Sport	1
Schulgarten	2		

Bemerkungen:

Rico ist ein vielseitig interessierter und sehr aufmerksamer Schüler. Er kann gut denken und seine Gedanken zusammenhängend und sehr anschaulich ausdrücken. Sein hohes Allgemeinwissen bringt er gut in den Unterricht ein. Zunehmend mehr nutzt er das Lesen als Wissenserwerb. Besonders kreative Fähigkeiten beweist er im Fach Zeichnen. Ebenso war er wieder in der Leichtathletik sehr erfolgreich und vertrat die Schule im Kreis. Rico ist kritisch, manchmal etwas eigenwillig, höflich und sehr humorvoll.

Versäumnisse: 11 Tage (davon ___ Tage unentschuldigt)

Auf Beschluß der Klassenkonferenz vom 6. 7. 1998   versetzt/~~nicht versetzt~~*

22. 7. 1998

Schulleiter/in

Kenntnis genommen:
                                    Erziehungsberechtigte

Abbildung 15 d

7.2 Begrifflichkeiten: »Lernleistung«, »Leistungserziehung«, »Leistungsbeurteilung« im Anfangsunterricht aus pädagogischer Perspektive

Lernleistung im Anfangsunterricht ist in einem pädagogischen Verständnis in Anlehnung an Klafki (1996, 1999) und Jürgens (1999):

- bezogen auf »den *Vollzug* und das *Ergebnis* von Tätigkeiten (i. w. S. d. W.)« (Klafki 1999, 48), d. h. auf den *Lernvorgang* und das *Lernresultat* (Jürgens 1999, 22 – 23) in einer jeweils »*aufforderungsstarken Lernsituation*« (Jürgens 1999, 24) im *sozialen Kontext* einer heterogenen Lerngruppe vor dem Hintergrund *individueller* (schulischer, vor- und außerschulischer) *Leistungserfahrungen und -bedingungen* (wie Befindlichkeit, Interessen, Bedürfnisse),
- »mit irgendeinem Grad von *Anstrengung*, ggf. auch mit *Selbstüberwindung* verbunden« (Klafki 1999, 48),
- *vielfältig* und *auf das Kind ganzheitlich bezogen* (emotional, sozial, kognitiv). Dabei ist die Bestimmung dessen, was als eine emotionale, soziale oder kognitive Leistung des Schülers/der Schülerin anerkannt werden kann, stets *normativ*. »Leistung per se gibt es nicht.« (Jürgens 1999, 21)
- im Anfangsunterricht insbesondere an eine *individuelle Bezugsnorm* gebunden (Jürgens 1999, 32), d. h. die jeweils an eine Leistung angelegten Gütemaßstäbe (eines »intraindividuellen Maßstabs«) sind auf denjenigen bezogen, der eine bestimmte Lernleistung zustande bringt (Klafki 1999, 48). Es geht dabei um dessen *persönlichen Lernfortschritt* bzw. *Lernprozess*, also darum, was das einzelne Kind – bezogen auf seine Ausgangsleistung – in einem bestimmten Zeitraum dazugelernt hat (Jürgens 1999, 30).
- Ferner kann der *Sinn der Leistung* nie vollständig in ihr selbst liegen (»Zweckbezogenheit der Leistung« Jürgens 1999, 21). »Leistung muß als ein dialektischer Begriff verstanden und praktiziert werden. Leistung erfährt ihren Sinn von ihren dialektischen Gegenpolen her – von ihrem Beitrag zur Erhöhung der Qualität des Lebens, von der Erfahrung des Glücks, der Freude des Könnens, der erfüllten Gegenwart und vom Spiel her.« (Klafki 1996, 245 – 246)

Eine wichtige Aufgabe der Grundschule – so auch des Anfangsunterrichtes – ist die Leistungserziehung. *Leistungserziehung* im Anfangsunterricht meint in Anlehnung an Lichtenstein-Rother/Röbe (1984, 106 – 107) und Jürgens (1997, 100) insbesondere:

- auf vielfältige Weise individuelle Herausforderungen anzubieten bzw. individuell angemessene Leistungsanforderungen und -ansprüche zu stellen, die in einer angstfreien Atmosphäre Gelegenheiten zur Selbsterprobung und Selbstbeanspruchung und damit Könnens- und Selbstwirksamkeitserfahrungen (positive und negative) ermöglichen,
- darüber eine behutsame Reflexion der eigenen Lernprozesse in Interaktion mit der Lehrperson und der Lerngruppe anzuregen,

- die kleinsten Lernfortschritte dem Kind bewusst zu machen (vgl. Schorch 1998, 112), ihm darüber Anerkennung und Erfolgserlebnisse zu ermöglichen
- mit dem Ziel, das Kind dabei zu unterstützen,
  - Leistungsbereitschaft und Leistungsfähigkeit, d. h. u. a. Anstrengungsbereitschaft, Selbstdisziplin, Durchhaltekraft, Frustrationstoleranz, Teamfähigkeit zu entwickeln,
  - Selbstwertgefühl, Selbstachtung, emotionale Stabilität und Selbstbewusstsein aufzubauen und zu entfalten,
  - die eigenen Fähigkeiten einschätzen zu lernen, ein Selbstkonzept zu entwerfen,
  - zunehmend selbst Verantwortung für die eigene Leistungsentwicklung zu übernehmen.

Eine *pädagogische Leistungsbeurteilung* als Form der (Selbst- oder Fremd-)Reflexion einer Lernleistung, d. h. eines Lernvorgangs, Lernresultats, Lernprozesses, wird – neben dem Leistungsanspruch (s. o.) – als *Hilfe im Lernprozess* verstanden insofern, als sie Lernresultat und Lernprozesse beschreibt, Stärken und Schwierigkeiten sowie individuelle Besonderheiten herausstellt (*Diagnosefunktion*) und Perspektiven für den weiteren Lernprozess daraus ableitet bzw. weiterführend daraus schließbar sind (*Lernberatung und Lernförderung auf einer affektiven, inhaltlichen und strategisch-methodischen Ebene*) (vgl. Knauf 2001, 245 – 257). Leistungsbeurteilung erweist sich damit als ein wesentlicher *Bestandteil von Leistungserziehung* (vgl. Klafki 1996, 234).

Neben dieser differenzierten Rückmelde-, Beratungs- und Förderfunktion *für das Kind* wird mit der pädagogischen Leistungsbeurteilung zugleich die Intention verbunden, die *Eltern* über die Lernleistung ihres Kindes zu informieren sowie auf dieser Grundlage gemeinsam über mögliche Lernhilfen zu beraten (vgl. Wiemer 1999, 61, Knauf 2001, 246). Darüber hinaus bietet sie den *Lehrkräften* Möglichkeiten, »sich selber und den in der Klasse tätigen oder tätigwerdenden Kolleginnen ... Zeugnis über ihre Arbeit ab[zulegen], und zwar in folgender Hinsicht:

- Differenziertheit, Regelmäßigkeit der Kinderbeobachtung und ihrer Dokumentation
- Angemessenheit der eingesetzten (vor allem schriftlichen) Lerndokumente sowie Sorgfalt ihrer Auswertung
- Ganzheitlichkeit und Einfühlungsvermögen bei der Interpretation von Beobachtungen und Lerndokumenten
- Selbstkritik bei der Anwendung von Qualitäts- und Vergleichsstandards
- Sorgfalt und Vielfalt bei der Entwicklung pädagogischer Konsequenzen (insbesondere Fördermaßnahmen, besondere Hilfen, Platzierung in der Klasse, Heranziehen von Expertenrat und -unterstützung)
- Reflexion des Adressatenbezugs, der Verständlichkeit und ggf. auch möglicher Folgen bei der Formulierung der Leistungsbeurteilung.« (Knauf 2001, 246)

7.3 Verbalbeurteilung als Form einer pädagogischen Leistungsbeurteilung

Welche Formen der Leistungsbeurteilung werden unterschieden und in den verschiedenen Bundesländern praktiziert?

Neben der herkömmlichen Form der Leistungsbeurteilung, der *Zensurengebung* im Rahmen eines *Ziffernzeugnisses*, hat sich insbesondere im Grundschulbereich in den letzten Jahren zunehmend die *Verbalbeurteilung* im Rahmen eines *zensurenfreien Berichtszeugnisses* etabliert. Mit Ausnahme weniger Bundesländer (z. B. Thüringen, Mecklenburg-Vorpommern), in denen am Ende des zweiten Schuljahres zusätzlich ein Ziffernzeugnis erteilt wird (siehe Diskussionsgrundlage 2, Abb. 15 d), hat sich in den meisten Bundesländern im Anfangsunterricht die *ziffernfreie Beurteilung* in Form eines Berichtszeugnisses durchgesetzt.

Unter den in der Grundschulpraxis verwendeten Formen der Verbalbeurteilung (vgl. Bartnitzky 1999, 24, Jürgens 1999, 93), wie das Rasterzeugnis, das Bausteinzeugnis, in denen die Lernleistung des Kindes nach vorgegebenen Urteilen eingeschätzt und angekreuzt bzw. mit Hilfe standardisierter und stereotyper Formulierungen (z. B. aus diversen Computeranwendungsprogrammen) beschrieben werden, können eher das Berichtszeugnis (siehe Diskussionsgrundlage 2, Abb. 15 a – c), das Briefzeugnis, der Lernbericht und Zeugnisbrief den o. g. Kriterien für eine pädagogische Leistungsbeurteilung entsprechen, da diese insbesondere den Lernstand und den Lernprozess des Kindes u. a. als Rückmeldung für das Kind selbst und/oder die Eltern (zumindest in der Theorie) berücksichtigen.

Als konsequenteste Form einer Verbalbeurteilung erweist sich der *Lernentwicklungsbericht*, der seit Mitte der 70er Jahre an der Laborschule Bielefeld für jede Schülerin/jeden Schüler am Ende eines Schuljahres verfasst wird. Dieser enthält sehr ausführliche und umfangreiche Berichte über die Entwicklung der jeweiligen Stammgruppen, Unterrichtsbeschreibungen zu Zielen, Inhalten und Projekten in den verschiedenen »Erfahrungsbereichen«, über die individuelle Entwicklung des Kindes sowie über weitere Perspektiven, Ziele und Vorhaben für jedes Kind (vgl. Knauf 2001, 260, Bambach 1994, lesenswert sind insbesondere die in Bambach dargestellten Lernentwicklungsberichte).

In Anlehnung an die Form des Lernentwicklungsberichts schlägt Bartnitzky (1999, 28 – 29) die Form lernfördernder Zeugnisse als Lern-Reflexion vor. Ausgehend von einer Beschreibung der Lernsachen wird in einem »Lehrer-Zeugnis« sowohl die Lernentwicklung des Einzelnen in Bezug auf die Lernsachen als auch die gemeinsame Arbeit in der Lerngruppe, in einem »Selbst-Zeugnis« die eigene Lernentwicklung in Bezug auf diese Lernsachen und in einem »gemeinsam erstellten Zeugnis« die gemeinsame Arbeit in der Klasse bewertet. Daraus werden wiederum Perspektiven für die weitere Arbeit, für weitere Lernsachen abgeleitet (vgl. dazu auch Knauf 2001).

Erste (noch recht bescheidene) Schritte zu einer verbalen Form der Leistungsmitteilung waren in den alten Bundesländern bereits in den 50er und 60er Jahren zu verzeichnen (vgl. Beispiel in Diskussionsgrundlage 1, Abb. 14; zur Einbettung in den schulgeschichtlichen Hintergrund siehe Wittenbruch u. a. 2000). Die verbale Leistungsmitteilung im Beispiel Peter in Abbildung 14 sagt über die Lernleistung des Kindes im oben dargestellten Sinne jedoch *nichts* aus.

Mit dieser veränderten Form der Leistungsbeurteilung, die schließlich von der Kultusministerkonferenz 1970 auch empfohlen worden ist, wird – so Jürgens – »gleichermaßen die Hoffnung und Erwartung verbunden, dem Kind in seinem Anspruch nach differenzierten und begründeten Rückmeldungen über Lernprozesse und Lernresultate wie auch nach beratenden Orientierungen für weiteres Lernen [im Sinne einer pädagogischen Leistungsbeurteilung s. o. – P. H.] entschieden besser gerecht werden zu können, als dies jemals mit Hilfe der Notengebung der Fall sein könnte.« (Jürgens 1998b, 321, zur Kontroverse Zensurengebung und Verbalbeurteilung vgl. Die Grundschulzeitschrift Hefte 4/1993 und 6 – 7/2000, Böttcher u. a. 1999, 106 – 119) Inwiefern sich diese Hoffnung und Erwartung erfüllt, kann sich nur in der pädagogischen Alltagspraxis erweisen. Die »normativ-pädagogische Gesamtargumentation« (Schorch 1998, 125) erweist sich in dem Zusammenhang zumindest als plausibel (ebenso wie die zum offenen Unterricht).

Die Beispiele für die im Laufe der ersten zwei Schuljahre eher *über* als für das Kind Rico verfassten Verbalbeurteilungen in Abbildung 15 a – c verdeutlichen die Problematik:

Die Lehrerin beurteilt jeweils am Ende eines Schulhalbjahres primär den Lernstand des Kindes im Hinblick auf die jeweilige sachliche Bezugsnorm (Lesen, Schreiben, Rechnen) sowie in Bezug auf die soziale Leistungsfähigkeit. Sie trifft darüber hinaus Aussagen über besondere Stärken und individuelle Besonderheiten des Kindes (wie ein großes und vielseitiges Allgemeinwissen, Redegewandtheit, viel Fantasie beim Zeichnen). Die Schwächen des Kindes werden eher im Sinne von Eigenschaftszuschreibungen dargestellt (z. B. »Rico ... ist nicht immer verträglich ... manchmal etwas eigensinnig.«, zum ersten Halbjahr des zweiten Schuljahres gibt hingegen Ricos Verhalten »keinen Anlass (mehr) zu tadeln«), die sich ohne eine Einbettung in einen situativen sozialen Kontext als recht aussagenlos erweisen und dem Kind auch keine Vorschläge für Handlungsalternativen und Perspektiven anbieten (wenn die Lehrerin dies tut, dann handelt es sich dabei wie im Zeugnis zum Ende des ersten Schuljahres eher um Empfehlungen für die Eltern im Umgang mit dem Kind, nämlich ihm bei Schwierigkeiten »viel Lob und guten Zuspruch« zu geben). Die individuelle Bezugsnorm, d. h. der Lernprozess des Kindes im Laufe des Anfangsunterrichtes bleibt insgesamt unberücksichtigt.

In welchen Phasen kann sich der Gestaltungsprozess einer pädagogischen Leistungsbeurteilung vollziehen?

Nach Knauf (2001, 248 – 257, vgl. auch Jürgens 1999, 88 – 109) kann sich der Prozess des Gestaltens einer pädagogischen Leistungsbeurteilung insbesondere in folgenden Schritten vollziehen:

1. Phase der Informationssammlung, Datenerfassung und -dokumentation

Für das Beobachten und Dokumentieren individueller Lernleistungen bieten sich im Anfangsunterricht vielfältige Möglichkeiten an. Betrachtungen dazu sowie konkrete Vorschläge dafür wurden bereits in Kapitel 5 ausführlich dargestellt.

2. Phase der Dateninterpretation und -bewertung

In dieser Phase werden die beobachteten und dokumentierten individuellen Lernleistungen im Prozess gedeutet. Auch dazu wurden in Kapitel 5 bereits Überlegungen angestellt und Beispiele aufgezeigt.

3. Phase der Formulierung und Vermittlung der Beurteilung

Zur Gestaltung einer Verbalbeurteilung liegen in den einzelnen Bundesländern formale Richtlinien und Vorschriften (z. B. bezüglich inhaltlicher Kategorien zur Grobgliederung des Inhalts, des Umfangs durch das dafür auf dem Zeugnisformular vorgesehene Textfeld) vor. Die Schwierigkeit besteht in dieser Phase insbesondere darin, aus der Fülle der vorliegenden Informationen auszuwählen und diese entsprechend der o. g. Kriterien einer pädagogischen Leistungsbeurteilung geschickt so zu verdichten, dass sie sich für den Adressaten als aussagekräftig und prägnant erweisen.

Für das (freie) Formulieren einer Verbalbeurteilung im Sinne der Kriterien einer *pädagogischen* Leistungsbeurteilung geben Ramseger (1993, 52 – 53) und Jürgens (1999, 99) zusammengefasst die folgenden Empfehlungen:

- Um den Entstehungszusammenhang einer Lernleistung transparent zu machen, sollte das Verhalten des Kindes in einer konkreten Situation beschrieben werden (»*Verhaltensbeschreibung gegenüber Seinsbeschreibung*«).
- Da Lernen stets in einem sozialen Kontext stattfindet, sollte dieser in den Beschreibungen Berücksichtigung finden (gemeint ist hiermit nicht ein Vergleich von Lernleistungen!) (»*interaktionale Beschreibung gegenüber individueller Beschreibung*«).
- Statt dem Kind stigmatisierende Eigenschaften zuzuschreiben (wie im Beispiel in Diskussionsgrundlage 7.2), sollte der Prozesscharakter der Entfaltung einer Lernleistung beachtet und zum Ausdruck gebracht werden (»*Entwicklungsbeschreibung gegenüber Eigenschaftszuschreibung*«). Dafür eignet sich insbesondere die Vergangenheitsform.
- Aus den Rückmeldungen sollten sich für das Kind Perspektiven für das Weiterlernen ableiten lassen (»*Diagnose zur Förderung gegenüber Diagnose zum Selbstzweck*«).

- Eine Lernleistung sollte nicht beschönigt werden. Dies erweist sich als wenig lernförderlich. Das Kind kann keine Perspektiven für sich daraus herleiten. Schwierigkeiten sollten »mit der pädagogisch gebotenen Behutsamkeit« (Ramseger 1993, 52) genannt und mit konkreten Vorschlägen bzw. helfenden Hinweisen verbunden werden (»*Konstruktive Kritik gegenüber unehrlicher und destruktiver Beschönigung*«).
- Die Leistung in den verschiedenen Lernbereichen ist mit dem Arbeits- und Sozialverhalten in Beziehung zu setzen, denn: »Erfolgreiches Arbeitsverhalten dokumentiert sich vor allem in der Bewältigung von Lerngegenständen, und die erfolgreiche Aneignung von Lerngegenständen ist abhängig von Voraussetzungen im Arbeits- und Sozialverhalten.« (Ramseger 1993, 52) Es sollte zu jedem Lernbereich eine inhaltliche Aussage getroffen werden.

Gelungene Beispiele für Verbalbeurteilungen werden im Materialteil von »Die Grundschulzeitschrift« Heft 4/1993 gegeben, ebenso in Jürgens (1999, 104–107).

Hilfreich für den pädagogischen Leistungsbeurteilungsprozess kann sich darüber hinaus ein gemeinsamer Austausch aller in der Lerngruppe tätigen Lehrerinnen und Lehrer über Beobachtetes und Dokumentiertes sowie über die Entwurffassung des Berichts der (oder zumindest einzelner) Kinder erweisen.

Leistungserziehung und pädagogische Leistungsbeurteilung (in Form von Verbalbeurteilung), die mit Diagnose-, Beratungs- und Förderfunktionen verbunden sind, die ein längerfristiges und kontinuierliches Beobachten, Dokumentieren und Deuten individueller Lernleistungen im Unterricht voraussetzen, können nur in einem Unterricht gelingen, in dem auch in pädagogisch-didaktischer Hinsicht entsprechende Möglichkeiten dafür gegeben sind. Solche Freiräume bietet – wie in Kapitel 6 aufgezeigt wurde – offener Unterricht. Umgekehrt erweisen sich die Beobachtungen, Deutungen und Beschreibungen der individuellen Lernresultate und Lernprozesse, die dabei herausgestellten Stärken und Schwierigkeiten sowie individuellen Besonderheiten und die daraus ableitbaren Perspektiven für den weiteren Lernprozess als eine wichtige Basis für die Gestaltung individuell förderlicher Lernumgebungen im Rahmen eines offenen Unterrichts. D. h., pädagogische Leistungsbeurteilung als ein wesentlicher Bestandteil von Leistungserziehung und offener Unterricht können einander bedingen (vgl. Jürgens 1998c, 187).

In dem Zusammenhang erweisen sich die Befunde der empirischen Forschung über die Verbalbeurteilungspraxis in der Grundschule als aufschlussreich. So konnte in neueren Untersuchungen (z. B. Ulbricht 1993, Jürgens 1998c, Valtin 1999, Valtin u. a. i. Dr., Würscher/Schmude 2001) zur Verbalbeurteilungspraxis nahezu übereinstimmend festgestellt werden, dass die mit dieser Form der Leistungsbeurteilung angestrebten Intentionen wie »Lernentwicklungsbeschreibung, förderdiagnostische Hilfe, individuelle Bezugsnormorientierung, ermutigende Erziehung« (Valtin

1999, 111) erst ansatzweise erfüllt sind. In den untersuchten Zeugnissen dominierten zumeist notenähnliche Bemerkungen, normative Aussagen, »die sich am ›idealen Schüler‹, am ›Durchschnittsschüler‹ oder am ›guten Lernprodukt‹ orientierten« (Schaub 1999, 50). Schwierigkeiten im Lernprozess werden eher beschönigt. Die ermutigende Funktion der Zeugnisberichte wird primär über eine positive Verstärkung umgesetzt. Wie Würscher und Schmude (2001, 126) feststellen konnten, überwiegt dabei »das positive Hervorheben von besonders gelungenem Umsetzen fachlicher Anforderungen des Unterrichts, von Anforderungen an das Arbeits- und Sozialverhalten. Die Stärken und positiven Veränderungen werden nur in einem sehr geringen Maße angesprochen.« (Würscher/Schmude 2001, 126)

Zusammengefasst: Die verbindliche Einführung der verbalen Beurteilungsform in der Grundschule hat durchaus nicht zur Durchsetzung einer Verbalbeurteilungspraxis im Sinne eines *pädagogischen* Leistungsverständnisses geführt. Ein Zusammenhang zu den dargestellten Befunden zur Praxis offenen Unterrichts liegt nahe.

7.4 Zusammenfassung

- *Lernleistung* im Anfangsunterricht meint in einem pädagogischen Verständnis sowohl das *Lernresultat* als auch den *Lernprozess.*
- *Leistungserziehung* erweist sich als eine wichtige Aufgabe der Grundschule. Sie ist darüber realisierbar, bereits im Anfangsunterricht individuelle Leistungsherausforderungen zu bieten, die Gelegenheiten zur Selbsterprobung und damit zugleich Könnens- und Selbstwirksamkeitserfahrungen ermöglichen mit dem Ziel, das Kind dabei zu unterstützen, Leistungsbereitschaft und -fähigkeit, ein positives Selbstkonzept aufzubauen und zu entfalten. Ein wichtiger Bestandteil der Leistungserziehung ist die pädagogische Leistungsbeurteilung.
- *Pädagogische Leistungsbeurteilung* in Form einer Verbalbeurteilung hat (nicht nur) im Anfangsunterricht eine Diagnose- und Lernberatungsfunktion und ist auf Lernförderung, auf Förderung sozialer Kooperation und ermutigende Erziehung ausgerichtet. Pädagogische Leistungsbeurteilung orientiert sich im Anfangsunterricht primär an einer individuellen Bezugsnorm. Es ist primär eine Rückmeldung *für das Kind* in seinem Lernprozess.
- Lernleistung, Leistungsbeurteilung (in einem pädagogischen Verständnis) und offener Unterricht können einander bedingen.
- Die aktuelle Befundlage zur Verbalbeurteilungspraxis in der Grundschule weist darauf hin, dass die mit dieser Form pädagogischer Leistungsbeurteilung angestrebten Intentionen in der Grundschulpraxis erst ansatzweise erfüllt werden. Schwierigkeiten zeichnen sich insbesondere hinsichtlich der Qualität der Berichtszeugnisse ab, die eher notenähnliche Bemerkungen beinhalten. Dieses Untersuchungsergebnis entspricht den Befunden zum offenen Unterricht, was auf einen Zusammenhang von pädagogischer Leistungsbeurteilung und offenem Unterricht hindeutet.

7.5 Empfohlene Literatur

Bambach, Heide (1994): Ermutigungen. Nicht Zensuren. Lengwil
Bambach, Heide/Bartnitzky, Horst/v. Ilsemann, Cornelia/Otto, Gunter (1996): Prüfen und Beurteilen. Zwischen Fördern und Zensieren. Friedrich Jahresheft XIV. Seelze
Böttcher, Wolfgang/Brosch, Ulrich/Schneider-Petri, Henricke (Hrsg.) (1999): Leistungsbewertung in der Grundschule. Weinheim und Basel

Die Grundschulzeitschrift Heft 4/1993. Schwerpunkt: Lernprozesse beurteilen
Die Grundschulzeitschrift Heft 6 – 7/2000. Schwerpunkt: Leistungen fördern und bewerten
Jürgens, Eiko (1995): Leistung und Beurteilung in der Schule. Eine Einführung in Leistungs- und Bewertungsfragen aus pädagogischer Sicht. Sankt Augustin. 2. Aufl.
Jürgens, Eiko (1999): Zeugnisse ohne Noten. Ein Weg zur differenzierten Leistungserziehung. Braunschweig
Klafki, Wolfgang (1996): Neue Studien zur Bildungstheorie und Didaktik. Zeitgemäße Allgemeinbildung und kritisch-konstruktive Didaktik. Weinheim und Basel
Preuß, Eckhardt/Itze, Ulrike/Ulonska, Herbert (Hrsg.) (1999): Lernen und Leisten in der Grundschule. Bad Heilbrunn/Obb.
Sacher, Werner (2001): Leistungen entwickeln, überprüfen und beurteilen. Bad Heilbrunn/Obb.
Valtin, Renate (Hrsg.) (i. Dr.): Was ist ein gutes Zeugnis? Noten und verbale Beurteilungen auf dem Prüfstand. Weinheim und Basel

8 Innovative Tendenzen im Grundschulbereich/ im Bereich des Anfangsunterrichts

8.1 Einführung

Innovative Tendenzen im Grundschulbereich (und auch im Bereich des Anfangsunterrichts) zielen in den letzten Jahren insbesondere auf Veränderungen in der Organisationskultur *und* Lehr- und Lernkultur der Grundschule ab. Im Zentrum stehen dabei u. a. die folgenden Aspekte:

- Akzeptanz und Nutzen der Verschiedenheit von Kindern im Kontext einer
- Veränderung der Lehr- und Lernkultur in Richtung Öffnung von Schule und Unterricht im Kontext eines
- erweiterten Zeitrahmens für Kinder in einem vielfältigen Lern- und Erfahrungsraum (vgl. Holtappels 1997, Knauf 2001, 264).

Zu den Reformtendenzen gehören im Grundschulbereich – ebenso und insbesondere auch bezogen auf den Bereich des Anfangsunterrichts – die folgenden Initiativen:

- »Neustrukturierung des Schulanfangs« (bezogen auf die ersten zwei Schuljahre)
- »Volle Halbtagsgrundschule« (bezogen auf die gesamte Grundschulzeit).

Legitimiert werden diese Reformbestrebungen neben anthropologischen, entwicklungs- und kognitionspsychologischen Argumenten, die das Lernen der Kinder betreffen, insbesondere durch gewandelte Bildungsanforderungen und soziologische Argumente (im Hinblick auf veränderte Bedingungen des Aufwachsens von Kindern heute) (vgl. Holtappels 1997). Sie sind darüber hinaus inspiriert durch internationale Tendenzen der Schulentwicklung. Auch im Zusammenhang mit den aktuellen Ergebnissen der PISA-Studie (Baumert 2001) werden diese Reformtendenzen (nicht nur) im Grundschulbereich diskutiert.

In den folgenden Ausführungen soll ein Überblick gegeben werden über verschiedene Formen und Modelle sowie grundlegende Kennzeichen der genannten Reforminitiativen im Grundschulbereich, die zugleich und insbesondere den Anfangsunterricht betreffen, aber auch über Ergebnisse der Forschung sowie über Problemfelder und Perspektiven in dem Zusammenhang.

8.2 »Neustrukturierung des Schulanfangs«

Die Grundschule ist seit ihrer Gründung dem Anspruch verpflichtet, eine Schule für *alle* Kinder zu sein. Insbesondere auf Grund der in der sozialwissenschaftlich ausgerichteten Kindheitsforschung festgestellten veränderten Sozialisationsbedingungen heutiger Kindheit (vgl. Kapitel 3.1) wird auch in der Grundschulpädagogik von der Prämisse ausgegangen, dass in der Grundschule in zunehmendem Maße Kinder zusammengeführt werden, »die sich weit mehr als frühere Kindergenerationen in ihrer sozialen, nationalen, religiösen und kulturellen Herkunft unterscheiden und demzufolge bei Schulbeginn beachtliche Differenzen in ihrem Entwicklungsniveau und ihren Lernvoraussetzungen aufweisen.« (Götz/Neuhaus-Siemon 1999, 36, vgl. dazu die Ausführungen in den Kapiteln 4 und 5). In dieser Spur stehen die Empfehlungen der Kultusministerkonferenz zur Neustrukturierung des Schulanfangs seit Beginn der neunziger Jahre (1993, 1997).

Es lassen sich die folgenden Kernelemente der Initiativen zur Neustrukturierung des Schulanfangs, die in einem engen Zusammenhang stehen, zusammenfassen und ansatzweise auch durch Untersuchungsergebnisse belegen (vgl. Burk u. a. 1998, Wittenbruch 2000, Carle 2001, Faust-Siehl/ Speck-Hamdan 2001, Prengel u. a. 2001, Einsiedler i. Dr.):

■ *Vorzeitige Einschulung auf Elternwunsch*
Auf Elternwunsch können alle Kinder vorzeitig ohne Feststellung ihrer Schulfähigkeit in die Grundschule aufgenommen werden.
Zum Aspekt der Bedeutsamkeit einer vorzeitigen Einschulung für den Lernerfolg des Kindes liegen vorwiegend ältere Untersuchungen vor. Vieweger (1966) und Tietze (1973) konnten in ihren Untersuchungen in dem Zusammenhang zwischen vorzeitig und altersentsprechend eingeschulten Kindern sowohl in den kognitiven Leistungen als auch im Arbeits- und Sozialverhalten übereinstimmend keine Unterschiede feststellen (vgl. Richter 1999, 8). Zu berücksichtigen ist dabei, dass diese Befunde in Jahrgangsklassen gewonnen wurden.

■ *Verzicht auf Schulfähigkeitstests, stattdessen Schuleingangsdiagnostik im Sinne einer Förderdiagnostik, Entwicklung von Schulfähigkeit im Anfangsunterricht und Verbesserung der Kindfähigkeit der Grundschule* (Auflösung der Vorklassen etc.)
Die Verwendung diagnostischer Verfahren zu Schulbeginn gibt Auskunft über die Lernvoraussetzungen der Kinder, die in einem differenzierenden Anfangsunterricht aufgegriffen und entfaltet werden sollen. Eine entsprechende diagnostische Kompetenz der Lehrperson ist Voraussetzung.
Ein Verzicht auf Schulfähigkeitstests lässt sich empirisch legitimieren. Wie Richter in einem umfassenden Forschungsüberblick u. a. zur Bedeutsamkeit von Schulfähigkeitstests für den Lernerfolg von Grundschulkindern herausarbeiten konnte, »gibt es keine empirisch hinreichend gesicherten Argumente, die eine Beibehaltung des Konstrukts »Schulfähigkeit« und ihre Feststellung am Schulanfang sinnvoll erscheinen lassen.« (Richter 1999, 23, vgl. dazu auch die Ausführungen in Kapitel 5.3)

■ *Halbjährliche Einschulung*
Der Einschulungstermin ist nach Maßgabe des individuellen Entwicklungsstandes des Kindes wählbar, durch Anbieten von zwei Zeitpunkten im Schuljahr besteht eine größere Flexibilität.

- **Verzicht auf Zurückstellungen**
Es können grundsätzlich alle Kinder in der Lerngruppe verbleiben. Intention ist eine individuelle Förderung auf der Grundlage beobachteter Lernvoraussetzungen.
Richter gelangt in ihren Auswertungen der speziell zum Lernerfolg zurückgestellter Kinder vorliegenden Untersuchungen zu der Einsicht, dass gerade »bei Kindern mit Entwicklungsrückständen ... eine Verschiebung der Einschulung keine positiven Effekte (bringt).« (Richter 1999, 8) Dieses Ergebnis stützt einen Verzicht auf Zurückstellungen und verweist auf die Bedeutsamkeit eines auf Individualisierung und Differenzierung abzielenden Unterrichts.

- **Individuelle Verweildauer in der Schuleingangsphase** (Möglichkeit einer dreijährigen Verweildauer im 1./2. Schuljahr)
Kinder mit Schwierigkeiten beim Lernen bzw. Kinder, die mehr Zeit zum Lernen brauchen, können in ihrer vertrauten Lerngruppe bleiben ohne eine Klasse wiederholen zu müssen. Kinder mit besonderen Leistungen können bereits nach einem Jahr in die dritte Klasse aufrücken.

- **Jahrgangsgemischte Klassen**
Jahrgangsgemischte Klassen sollen den Kindern das Hineinwachsen in Schule erleichtern. Sie haben – so wird angenommen – den Vorteil, dass auf Grund der dreijährigen Verweildauer Zweitklässler mit schwieriger bzw. verzögerter Lernentwicklung in der vertrauten Lerngruppe weiterlernen können. Inwiefern das Eintreten in eine bereits bestehende Lerngruppe bzw. das längere Verweilen in einer vertrauten Lerngruppe Kinder für sich auch als einen Vorteil erleben, bleibt zu untersuchen.
Im Brandenburger Modellversuch FLEX deutete sich in dem Zusammenhang an, dass es insbesondere die jeweiligen Erstklässler in sozialer Hinsicht schwerer zu haben scheinen, da sie vor der Aufgabe stehen, sowohl die Beziehungen untereinander als auch zu den Älteren neu zu gestalten (Lambrich u. a. 1997, 53). Die Autoren schließen daraus, dass sich prosoziale und gemeinschaftliche Beziehungen der Kinder untereinander nicht automatisch dadurch einstellen, »dass sie in altersgemischten Gruppen und mit Wochenplan sowie in Freier Arbeit lernen können. ... es [bleibt] die didaktische Aufgabe von Lehrerinnen und Lehrern, dafür anregende und herausfordernde Aufgaben und Situationen bereitzustellen.« (Lambrich u. a. 1997, 53).
Im Rahmen einer Auswertung von Studien zum jahrgangskombinierten und altersgemischten Lernen gelangt Roßbach (1999, 86) zu der Einsicht, dass im Leistungsbereich fast nie Unterschiede zwischen Jahrgangsklassen und jahrgangskombinierten bzw. altersgemischten Klassen festgestellt werden konnten (mit sehr geringen Nachteilen für letztere). Ähnlich wie in den Untersuchungen zum offenen Unterricht zeigten sich – wenn überhaupt, dann recht geringe – Vorteile jahrgangskombinierter und altersgemischter Klassen im Bereich des sozialen Lernens gegenüber Jahrgangsklassen (Roßbach 1999, 87; Knörzer 1997, Laging 1999).

■ *Stärker differenzierte und individualisierte Förderung im Anfangsunterricht*
Der Unterricht hat sich insbesondere an den individuellen Entwicklungs- und Lernvoraussetzungen zu orientieren. Ziel ist nicht ein Ausgleich individueller Unterschiede, sondern eine individuelle Förderung auf der Grundlage erkannter Entwicklungsmöglichkeiten des Kindes. Eine entsprechende pädagogisch-didaktische Kompetenz der Lehrperson im Sinne einer Diagnose-, Beratungs- und Förderkompetenz ist erforderlich (Befunde dazu vgl. Kapitel 6.6, 7).

■ *Rhythmisierung des Vormittags und verlässliche Öffnungszeiten*
Es wird die Gliederung eines von 8 – 13 »geöffneten« Schultags in verschiedene Arbeits- und Gesprächsphasen empfohlen (Befunde dazu vgl. Kapitel 8.3).

■ *Integration von Kindern mit Behinderungen*
In die jahrgangsgemischten Klassen werden Kinder mit einer ausgeprägten Vielfalt an Lernbesonderheiten und -bedürfnissen aufgenommen. Die in dem Zusammenhang von Dumke (1997) vorliegenden Untersuchungsergebnisse weisen darauf hin, dass in Lerngruppen, in denen behinderte und nichtbehinderte Kinder gemeinsam lernen, eine angemessene Förderung erreicht werden konnte (vgl. dazu auch Kapitel 4.4.4). Dieser Befund legitimiert zwar ein gemeinsames Lernen, darf aber nicht darüber hinwegtäuschen, dass hierfür ebenso spezifische pädagogisch-didaktische Kompetenzen der Lehrerinnen und Lehrer notwendig sind.

■ *Zusammenarbeit mit Sonder- und Sozialpädagogen*
Die Zusammenarbeit mit Sonder- und Sozialpädagogen bezieht sich insbesondere auf das gemeinsame Beobachten, Deuten und Fördern aller Kinder hinsichtlich besonderer Lernbedürfnisse und Lernmöglichkeiten. In den einzelnen Modellversuchen der Bundesländer (u. a. in Hessen, Baden-Württemberg, Brandenburg, Bremen, Rheinland-Pfalz), die teilweise auch wissenschaftlich begleitet werden, erfolgt eine Erprobung verschiedener Varianten der Neustrukturierung des Schulanfangs, die dazu dient, Erfahrungen zu sammeln und diese schließlich für eine verbindliche Einführung in die Grundschulpraxis nutzbar zu machen. Dazu vorliegende Publikationen sind bislang zumeist als Erfahrungsberichte angelegt (z. B. Burk u. a. 1998).

Insgesamt zeichnet sich in den von der Kultusministerkonferenz empfohlenen Kernelementen zur Neustrukturierung des Schulanfangs die Problematik ab, dass eher organisatorische Maßnahmen dominieren, die durchaus ihre Berechtigung haben wie die Befunde empirischer Forschung belegen, die jedoch zugleich spezifische pädagogisch-didaktische Kompetenzen voraussetzen. Auf welche Weise die Lehrerinnen und Lehrer hierfür das notwendige »diagnostische und förderungsspezifische Rüstzeug« (Wittenbruch 2000, 14) erhalten können, wird in den Empfehlungen und Beschlüssen eher randständig berücksichtigt (eine

Doppelbesetzung der Klassen mit einer Grund- und Sonderschullehrerin oder Sozialpädagogin allein reicht dafür sicher nicht aus).

8.3 »Volle Halbtagsgrundschule«

Verschiedene Modelle einer »Vollen Halbtagsgrundschule« mit einem erweiterten Zeitrahmen (8.00 – 13.00 Uhr) für Kinder in Schulen werden inzwischen in allen Bundesländern erprobt, in einigen wurden sie bereits flächendeckend verbindlich eingeführt (z. B. Hamburg).

In den Begründungen zur Einführung verschiedener Formen einer »Vollen Halbtagsgrundschule« zeichnen sich insbesondere zwei Argumentations- und Ziellinien ab:

Einerseits dominiert eine *pragmatisch ausgerichtete Argumentation*, in der vorwiegend frauen-, familien- und beschäftigungspolitische Gründe zum Tragen kommen. Es geht um eine Versorgungs- bzw. Betreuungsfunktion der Schule für die Familie.

Andererseits wird eine *pädagogische Argumentationslinie* verfolgt. Danach kann der erweiterte Zeitrahmen als Lern- und Lebenszeit der Kinder in der Grundschule, als Zeit für soziale Lernprozesse, für eine differenzierte Lernberatung und Lernförderung, als Zeit für konstruktiven Austausch und Kooperation mit Kolleginnen und Kollegen, als Zeit für Gespräche mit Eltern Lernchancen für Kinder bieten.

Entsprechend dieser unterschiedlichen Argumentationslinien wird auch das Projekt »Volle Halbtagsschule« in den verschiedenen Bundesländern recht vielfältig realisiert. Nach Czerwenka (2001, 214 – 216) bestehen u. a. Unterschiede hinsichtlich:

- der *Bezeichnung* (»Volle«, »Ganze« oder »Verlässliche« Halbtagsschule, »Betreuende« oder »Verlässliche« Grundschule, »Grundschule mit festen Öffnungszeiten«, »Kernzeitbetreuung an Grundschulen«, »Verlässliche Betreuung«, »Schule von acht bis eins«, »Hort«)
- der *Finanzierung* (u. a. Eltern!, Schulträger o. a. Träger, Land, Jugendhilfe)
- *Integration oder Addition von Unterricht und Betreuung* (Betreuungsangebote liegen häufig nicht in der Verantwortung der Schule, nur in wenigen Bundesländern sind auch die Lehrkräfte daran beteiligt)
- der *Zuständigkeit von Institutionen* (u. a. Jugendamt, Schulbehörde, Schulträger in Zusammenarbeit mit der Schulleitung)
- *Freiwilligkeit* (z. B. in Rheinland-Pfalz, Hessen, Brandenburg, Thüringen) *oder Verbindlichkeit* (z. B. in Bremen, Hamburg, Sachsen).

Die Übersicht macht deutlich: Es ist letztlich vor allem eine finanzielle und organisatorische Frage (insbesondere bezüglich der qualifizierten personellen und sächlich-räumlichen Ausstattung), inwiefern die »Volle Halbtagsgrundschule« zu einer pädagogischen Einrichtung (integriertes Modell) oder einer zusätzlichen Versorgungs- bzw. Betreuungseinrichtung (additives Modell) wird. »Volle Halbtagsgrundschule« gibt es nicht zum Nulltarif, qualifiziertes Personal ist notwendig.

Während Unterricht und Betreuung im additiven Modell ohne innere Verbindung sind und die Betreuung durch zusätzliches Personal (z. B. Studierende als Honorarkräfte, Sozialpädagogen) erfolgt, sind Unterricht und Betreuung im integrierten Modell eng miteinander verzahnt. Die Lehrerinnen und Lehrer gestalten den gesamten Zeitraum von 8.00 – 13.00 Uhr nach pädagogisch-didaktischen und psychohygienischen Gesichtspunkten. Verschiedene Phasen der An- und Entspannung wechseln einander ab (wie: gleitender Schulbeginn, Gesprächskreis, Fachunterricht, gemeinsames Frühstück, gemeinsame Arbeitsvorhaben). Es wird offensichtlich, dass sich diese Form gegenüber dem additiven Modell zumindest konzeptionell als die pädagogisch sinnvollere erweist (vgl. Einsiedler i. Dr.).

Holtappels ging im Rahmen einer Innovationsstudie zur (integrierten) »Vollen Halbtagsschule« in Niedersachsen u. a. der Frage nach, was ein erweiterter Zeitrahmen für die Entwicklung der Lernkultur in Primarschulen bewirken kann (Holtappels 1995, 166). Er gelangte dabei zusammengefasst zu der Einsicht, dass das veränderte Zeitkonzept der »Vollen Halbtagsschule« die Entfaltung einer innovativen Lernkultur unterstützen kann (Holtappels 1995, 177, auch 1997,1998b). Es wird u. a. darüber berichtet, dass wesentlich häufiger verschiedene Formen offenen Unterrichts im Grundschulalltag realisiert werden (wie offener Gesprächskreis, Freiarbeit im Rahmen von Wochenplanarbeit und projektorientiertes und praktisches Lernen) (Holtappels 1995, 177) und dass darüber hinaus ein deutlicher Kooperationsschub im Kollegium zu verzeichnen ist (gegenseitige Unterrichtshospitation, Kooperation in den Bereichen Unterrichtsplanung, Teambildung im Jahrgang, gemeinsame Materialerstellung) (Holtappels 1995, 181).

Es kann jedoch nicht erwartet werden, dass sich eine innovative Lernkultur, die den gesellschaftlichen Bildungsansprüchen gerecht wird, allein auf Grund von Veränderungen der äußeren Organisation einstellt (vgl. Holtappels 1995, Czerwenka 2001). Holtappels fordert daher für die Absicherung solcher Innovationen u. a. Unterstützungssysteme, »die zum einen regionale Vernetzungen zwischen Schulen (über regionale Fortbildung/Austausch, Organisationsentwicklung, Lernwerkstätten) herstellen, zum anderen Planung und Koordination durch lokale Steuerungsinstanzen (z. B. Bildungskommissionen, Stadtteilkonferenzen) gewährleisten, um personelle und sächlich-räumliche Erfordernisse zu entscheiden und Kooperationen zu außerschulischen Sektoren und Institutionen anzubahnen.« (Holtappels 1995, 185) – Forderungen, die im Kontext der PISA-Ergebnisse umso aktueller erscheinen.

8.4 Zusammenfassung

- Aktuelle innovative Tendenzen im Grundschulbereich/im Bereich des Anfangsunterrichts sind z. B. Initiativen zur »*Neustrukturierung des Schulanfangs*« sowie zur einer »*Vollen Halbtagsgrundschule*« mit einem erweiterten Zeitrahmen.
- Initiativen zur »*Neustrukturierung des Schulanfangs*« beruhen auf Empfehlungen der Kultusministerkonferenz seit Beginn der 90er Jahre. Sie implizieren verschiedene Kernelemente, die auf eine veränderte Organisationskultur *und* eine innovative Lehr- und Lernkultur abzielen. Es dominieren organisatorische Maßnahmen, die spezifische pädagogisch-didaktische Kompetenzen voraussetzen.
- Zur »*Vollen Halbtagsgrundschule*« mit einem erweiterten Zeitrahmen liegen integrierte Modelle (Verzahnung von Unterricht und Betreuung) und additive Modelle (keine innere Verbindung zwischen Unterricht und Betreuung) vor, wobei insbesondere das integrierte Modell auf eine veränderte Organisationskultur *und* eine innovative Lehr- und Lernkultur abzielt.

8.5 Empfohlene Literatur

Burk, Karlheinz/Mangelsdorf, Marei/Schöler, Udo u. a. (1998): Die neue Schuleingangsstufe. Lernen und Lehren in entwicklungsheterogenen Gruppen. Weinheim und Basel

Carle, Ursula (2000): Was bewegt die Schule? Internationale Bilanz – praktische Erfahrungen – neue systemische Möglichkeiten für Schulreform, Lehrerbildung, Schulentwicklung und Qualitätssteigerung. Baltmannsweiler

Die Grundschulzeitschrift Heft 11/1996 Schwerpunkt: Auf dem Weg zur Halbtagsgrundschule.

Faust-Siehl, Gabriele/Speck-Hamdan, Angelika (Hrsg.) (2001): Schulanfang ohne Umwege. Mehr Flexibilität im Bildungswesen. Frankfurt a. M.

Holtappels, Günter Heinz (Hrsg.) (1995): Entwicklung von Schulkultur. Ansätze und Wege schulischer Erneuerung. Neuwied, Kriftel/Ts., Berlin

Holtappels, Günter Heinz (1997): Grundschule bis mittags. Innovationsstudie über Zeitgestaltung und Lernkultur. Weinheim und München

9 Ausblick

Mit dem vorliegenden Band wurde die Intention verbunden, Bestimmungsstücke einer pädagogisch-didaktischen Konzeption für die Anfangsphase der Grundschule zu umreißen, die insbesondere die Verschiedenheit bzw. Vielfalt der Kinder in ihren grundlegenden Lebens- und Lernbedingungen in den Mittelpunkt stellt.

In dem Kontext wurde zugleich ein Profil pädagogisch-didaktischer Professionalität im Anfangsunterricht entworfen. Lehrerinnen und Lehrer stehen danach in der Verantwortung, verlässliche und vertrauensvolle Bezugspersonen für die Schulneulinge zu sein, sie auf ihrem Weg zur Selbstbildung zu begleiten und dabei zugleich auf eine konstruktive und anspruchsvolle Weise zu unterstützen.

Diese pädagogische »Hilfestellung« erfordert insbesondere grundlegende Kompetenzen im Beobachten und Deuten von Lernvoraussetzungen und Lernprozessen auf der Basis entsprechender sachanalytischer Kompetenzen, in der Lernberatung, der Beurteilung von Lernleistung sowie der Gestaltung entsprechend förderlicher Lernumgebungen. Dazu sind Innovationsbereitschaft und Flexibilität ebenso notwendig wie grundlegende Fähigkeiten zu einer kollegialen Kommunikation und Kooperation.

Die vorgenommenen Ausführungen sollen einen Beitrag dazu leisten, diese Kompetenzen grundzulegen.

Die vielfältigen Betrachtungen im vorliegenden Band bieten in dem skizzierten Zusammenhang zugleich Anregungen für ein weiterführendes forschendes Lernen. Die folgenden Beispiele sollen dies andeuten:

- Die Fallgeschichten und Beispiele (wie Unterrichtssituationen, Lernresultate, Lernprozesse von Kindern) in den verschiedenen Diskussionsgrundlagen können als Gesprächsanlässe genutzt werden, um eigene subjektive Theorien, die sich im Verlaufe der eigenen Schulzeit oder in der bereits eigenen Schulpraxis gebildet und verfestigt haben, vor dem jeweils aufgezeigten theoretischen Hintergrund kritisch zu reflektieren und im Hinblick auf mögliche pädagogische Handlungsalternativen abzuwägen, diese ggf. auch zu erproben und zu überprüfen.
- Die Form des Lerntagebuchs (neuerdings auch »Portfolio« genannt (vgl. Bohl 2001, Knauf 2001) bietet dabei vielfältige Möglichkeiten, eigene Lernprozesse zu reflektieren.
- Die Form des Lerntagebuchs bietet sich ebenso an, Beobachtungen und Deutungen von Lern- und Denkprozessen von Kindern in der Grundschulpraxis, insbesondere der Praxis des Anfangsunterrichts,

zu dokumentieren und zu reflektieren sowie die in dem Kontext vollzogenen eigenen Lernprozesse zu beschreiben.

In derartigen Probehandlungen und Reflexionsprozessen können sich grundlegende pädagogisch-didaktische Kompetenzen anbahnen und entfalten, das Leben und Lernen in der Anfangsphase der Grundschule mit Kindern auf eine förderliche Weise zu gestalten.

10 Literatur

Aissen-Crewett, Meike (1992): Kunstunterricht in der Grundschule. Braunschweig
Andresen, Helga (1985): Schriftspracherwerb und die Entstehung von Sprachbewußtheit. Opladen
Arenhövel, Franz (1994): Computereinsatz in der Grundschule. Donauwörth
Auernheimer, Georg (1995): Einführung in die interkulturelle Erziehung. Darmstadt. 2. Aufl.
Augst, Gerhard/Dehn, Mechthild (1998): Rechtschreibung und Rechtschreibunterricht. Können – Lehren – Lernen. Stuttgart
Baacke, Dieter (1993/1999): Die 6- bis 12jährigen. Einführung in Probleme des Kindesalters. Weinheim und Basel. 5. Aufl./6. Aufl.
Baacke, Dieter/Ferchhoff, Wilfried (1999): Kinder und ihre Probleme verstehen. In: Haarmann, D./Kalb, P. E. (Hrsg.): Grundschule 2000. Lernen und leben im neuen Jahrtausend. Weinheim und Basel. S. 30 – 33
Babbe, Karin (1993): Lernentwicklungen dokumentieren. In: Die Grundschulzeitschrift 4/1993. S. 19 – 22
Bairlein, Sigrid (1993): Freies Arbeiten – Wie steige ich ein? In: Hell, P. (Hrsg.): Öffnung des Unterrichts in der Grundschule. Wochenplanarbeit, Stationentraining, Schuldruckerei. Donauwörth. S. 73 – 85
Balhorn, Heiko/Osburg, Claudia (2000): Qualitäten von Unterrichtsmaterialien – Kann man sie bestimmen? Ausgewählte Kriterien an drei Beispielen zum Lesen- und Schreibenlernen. In: Balhorn, H./Giese, H./Osburg, C. (Hrsg.): Betrachtungen über Sprachbetrachtungen. Seelze. S. 256 – 273
Bambach, Heide u. a. (1989): Grundschule – Kinder lernen selbständig. Hrsg. v. Landesinstitut für Schule und Weiterbildung. Soest
Bambach, Heide (1994): Ermutigungen. Nicht Zensuren. Lengwil
Bambach, Heide/Bartnitzky, Horst/v. Ilsemann, Cornelia/Otto, Gunter (1996): Prüfen und Beurteilen. Zwischen Fördern und Zensieren. Friedrich Jahresheft XIV. Seelze
Bartnitzky, Horst (1999): Zeugnisse als lernfördernde Rückmeldungen. In: Böttcher, W./Brosch, U./Schneider-Petri, H. (Hrsg.): Leistungsbewertung in der Grundschule. Weinheim und Basel. S. 15 – 29
Bartnitzky, Horst/Burk, Karlheinz/Jaszovics, Sybille (Hrsg.) (2000): Mit Eltern die Grundschule kindgerecht entwickeln. Frankfurt a. M.
Bauer, Roland (1997): Lernen an Stationen in der Grundschule: Das 1 × 1 üben. Berlin
Baumert, Jürgen (Hrsg.) (2001): PISA 2000. Basiskompetenzen von Schülerinnen und Schülern im internationalen Vergleich. Opladen
Baumgart, Franzjörg (Hrsg.) (1998): Entwicklungs- und Lerntheorien. Erläuterungen – Texte – Arbeitsaufgaben. Bad Heilbrunn/Obb.
Beck, Gertrud/Scholz, Gerold (1995a): Soziales Lernen. Kinder in der Grundschule. Ausgabe Online-Zeitschrift Grundschulforschung. Juni 2000
Beck, Gertrud/Scholz, Gerold (1995b): Beobachten im Schulalltag. Ein Studien- und Praxisbuch. Frankfurt a. M.
Beck, Gertrud (1998): Kinder lernen mit- und voneinander. Soziales Lernen in der Grundschule. In: Brügelmann, H. (Hrsg.): Kinder lernen anders. Lengwil. S. 127 – 138
Beck, Gertrud (2001): Erwerbsforschung als Desiderat der Sachunterrichtsforschung. In: Fölling-Albers, M./Richter, S./Brügelmann, H./Speck-Hamdan, A.

(Hrsg.): Jahrbuch Grundschule III: Fragen der Praxis – Befunde der Forschung. Seelze/Velber. S. 89 – 93
Behnken, Imbke/Zinnecker, Jürgen (2001): Neue Kindheitsforschung ohne eine Perspektive der Kinder? Kommentar zum Beitrag von Maria Fölling-Albers. In: Fölling-Albers, M./Richter, S./Brügelmann, H./Speck-Hamdan, A. (Hrsg.): Jahrbuch Grundschule III: Fragen der Praxis – Befunde der Forschung. Seelze/ Velber. S. 52 – 56
Benner, Dietrich (1989): Auf dem Weg zur Öffnung von Unterricht und Schule. Theoretische Grundlagen zur Weiterentwicklung der Schulpädagogik. In: Die Grundschulzeitschrift. 27/1989. S. 46 – 55
Bennett, Neville (1979): Unterrichtsstil und Schülerleistung. Stuttgart
Bergk, Marion (1996): Rechtschreibenlernen von Anfang an. Frankfurt a. M. 5. Aufl.
Bertschi-Kaufmann, Andrea (1998): Das Lesen als Schreibhilfe? Kinder integrieren die Satzmuster ihrer Lieblingsbücher. In: Praxis Deutsch. 25 (1998) 147. S. 36 – 38
Bohl, Thorsten (2001): Prüfen und Bewerten im Offenen Unterricht. Neuwied
Bönsch, Manfred (1995): Innere Differenzierung in Schule und Unterricht. Ansprüche – Formen – Strategien. München
Bönsch, Manfred (2000): Intelligente Unterrichtsstrukturen. Eine Einführung in die Differenzierung. Baltmannsweiler
Böttcher, Wolfgang/Brosch, Ulrich/Schneider-Petri, Henricke (Hrsg.) (1999): Leistungsbewertung in der Grundschule. Weinheim und Basel
Breuer, Helmut/Weuffen, Maria (2000): Lernschwierigkeiten am Schulanfang. Schuleingangsdiagnostik zur Früherkennung und Frühförderung. Weinheim und Basel. 2. Aufl.
Brinkmann, Erika/Brügelmann, Hans (1997): Beobachtungshilfen für den Anfangsunterricht im Lesen und Schreiben. In: Naegele, I. M./Valtin, R. (Hrsg.): LRS in den Klassen 1 – 10. Handbuch der Lese-Rechtschreib-Schwierigkeiten. Bd. 1: Grundlagen und Grundsätze der Lese-Rechtschreib-Förderung. Weinheim und Basel. S. 98 – 107
Brinkmann, Erika/Brügelmann, Hans (1998): Ideen-Kiste 1: Schrift-Sprache. Hamburg. 3. Aufl.
Bros-Spähn, Bernadette/Spähn, Wolfgang (1995): Von den Schwierigkeiten der Eltern beim Versuch für ihr Kind integrativen Unterricht durchzusetzen. In: Krawitz, R. (Hrsg.): Die Integration behinderter Kinder in die Schule. Bad Heilbrunn/Obb. S. 39 – 55
Brügelmann, Hans (1983): Kinder auf dem Weg zur Schrift. Konstanz
Brügelmann, Hans (1988): Lese- und Schreibaufgaben für Lernanfänger. Projekt »Kinder auf dem Weg zur Schrift«. Bericht Nr. 33 d. Universität Bremen
Brügelmann, Hans/Richter, Sigrun (Hrsg.) (1994): Wie wir recht schreiben lernen. Lengwil
Brügelmann, Hans (1997): Die Öffnung des Unterrichts muß radikaler gedacht, aber auch klarer strukturiert werden. In: Balhorn, H./Niemann, H. (Hrsg.): Sprachen werden Schrift. Mündlichkeit, Schriftlichkeit, Mehrsprachigkeit. Lengwil. S. 43 – 60
Brügelmann, Hans (Hrsg.) (1998a): Kinder lernen anders vor der Schule – in der Schule. Lengwil
Brügelmann, Hans (1998b): Öffnung des Unterrichts. Befunde und Probleme der empirischen Forschung. In: Jahrbuch Grundschule 1998. Hrsg. v. H. Brügelmann; M. Fölling-Albers; S. Richter. Seelze. S. 8 – 42
Brügelmann, Hans/Brinkmann, Erika (1998): Die Schrift erfinden. Beobachtungshilfen und methodische Ideen für einen offenen Anfangsunterricht im Lesen und Schreiben. Lengwil

Brügelmann, Hans (2000a): Wie verbreitet ist offener Unterricht? In: Lehrerprofessionalität – Lehrerprofessionalisierung. Hrsg. v. O. Jaumann-Graumann u. W. Köhnlein. Bad Heilbrunn/Obb. S. 133 – 143
Brügelmann, Hans (2000b): Lernen mit allen Sinnen. In: Grundschulzeitschrift 137/2000. S. 51 – 53
Bründel, Heidrun/Hurrelmann, Klaus (1996): Einführung in die Kindheitsforschung. Weinheim und Basel
Büchner, Inge (1997a): Sprachenvielfalt – was tun?! In: Brügelmann, H. (Hrsg.): Kinder lernen anders. Lengwil. S. 199 – 214
Büchner, Inge (1997b): Mit mehr Sprachen spielen – mehr mit Sprachen spielen. Materialteil. In: Die Grundschulzeitschrift 7/1997
Büchner, Peter (1983): Vom Befehlen und Gehorchen zum Verhandeln. Entwicklungstendenzen von Verhaltensstandards und Umgangsformen seit 1945. In: Preuss-Lausitz u. a.: Kriegskinder, Konsumkinder, Krisenkinder. Weinheim. S. 196 – 212
Burk, Karlheinz (Hrsg.) (1993): Fördern und Förderunterricht. Arbeitskreis Grundschule. Frankfurt a. M.
Burk, Karlheinz/Mangelsdorf, Marei/Schöler, Udo u. a. (1998): Die neue Schuleingangsstufe. Lernen und Lehren in entwicklungsheterogenen Gruppen. Weinheim und Basel
Burk, Karlheinz (Hrsg.) (1999): Jahrgangsübergreifendes Lernen in der Grundschule. Mehr gestalten als verwalten. Teil 12. Arbeitskreis Grundschule. Frankfurt a. M.
Buschbeck, Helene (1995): Das Pädagogische Tagebuch – ein Not-wendiges Handwerkzeug im Schulalltag. In: Eberwein, H./Mand, J. (Hrsg.): Forschen für die Schulpraxis. Weinheim. S 271 – 288
Büttner, Christian/Schwichtenberg, Elke (Hrsg.) (2001): Grundschule digital. Möglichkeiten und Grenzen der neuen Informationstechnologien. Weinheim und Basel
Carle, Ursula (2000): Was bewegt die Schule? Internationale Bilanz – praktische Erfahrungen – neue systemische Möglichkeiten für Schulreform, Lehrerbildung, Schulentwicklung und Qualitätssteigerung. Baltmannsweiler
Carle, Ursula (2001): Neustrukturierung des Schulanfangs – Inhalte des Konzepts und Stand der Forschung. In: Roßbach, H.-G./Nölle, K./Czerwenka, K. (Hrsg.): Forschungen zu Lehr- und Lernkonzepten für die Grundschule. Opladen. S. 205 – 212
Chomsky, Noam (1970): Sprache und Geist. Frankfurt a. M.
Claussen, Claus u. a. (1993): Wochenplan- und Freiarbeit. Braunschweig
Claussen, Claus (Hrsg.) (1995): Handbuch Freie Arbeit. Konzepte und Erfahrungen. Weinheim und Basel
Claussen, Claus (1997): Unterrichten mit Wochenplänen. Kinder zur Selbständigkeit begleiten. Weinheim und Basel
Combe, Arno (1992): Bilder des Fremden. Romantische Kunst und Erziehungskultur. Zur Genese der Struktureigenschaften künstlerischen und pädagogischen Handelns. Opladen
Czerwenka, Kurt (2001): Untersuchung zur »Vollen Halbtagsschule«. In: Roßbach, H.-G./Nölle, K./Czerwenka, K. (Hrsg.): Forschungen zu Lehr- und Lernkonzepten für die Grundschule. Opladen. S. 213 – 220

Damon, William (1984): Struktur, Veränderlichkeit und Prozess in der sozialkognitiven Entwicklung des Kindes. In: W. Edelstein & J. Habermas (Hrsg.): Soziale Interaktion und soziales Verstehen: Beiträge zur Entwicklung der Interaktionskompetenz. Frankfurt a. M. S. 63 – 112
Dehn, Mechthild (1988/1994): Zeit für Schrift. Bochum. 1./4. Aufl.

Dehn, Mechthild (1994): Schlüsselszenen zum Schrifterwerb. Arbeitsbuch zum Lese- und Schreibunterricht in der Grundschule. Weinheim und Basel

Dehn, Mechthild/Hüttis-Graff, Petra/Kruse, Norbert (Hrsg.) (1996): Elementare Schriftkultur. Weinheim und Basel

Dehn, Mechthild (1999): Texte und Kontexte: Schreiben als kulturelle Tätigkeit in der Grundschule. Berlin

Dehn, Mechthild (2000): Beobachten und Unterrichten. Lernförderung am Beispiel Schrifterwerb. In: Kahlert, J./Inckemann, E./Speck-Hamdan, A. (Hrsg.): Grundschule: Sich Lernen leisten. Theorie und Praxis. Neuwied, Kriftel. S. 73–89

Demmer-Dieckmann, Irene/Struck, Bruno (Hrsg.) (2001): Gemeinsamkeit und Vielfalt. Pädagogik und Didaktik einer Schule ohne Aussonderung. Weinheim und München

Dettenborn, Harry/Schmidt-Denter, Ulrich (1997): Soziales Lernen. In: Lompscher, J./Schulz, G./Ries, G./Nickel, H. (Hrsg.): Leben, Lernen und Lehren in der Grundschule. Neuwied, Kriftel, Berlin. S. 188–204

Dollase, Rainer (1997): Auskünfte über Kinder: Nutzen der Entwicklungspsychologie für die pädagogische Praxis. In: Gesing, H. (Hrsg.): Pädagogik und Didaktik der Grundschule. Neuwied, Kriftel, Berlin. S. 45–61

Drews, Ursula/Schneider, Gerhard/Wallrabenstein, Wulf (2000): Einführung in die Grundschulpädagogik. Weinheim und Basel

Duit, Reinders (1997): Alltagsvorstellungen und Konzeptwechsel im naturwissenschaftlichen Unterricht – Forschungsstand und Perspektiven für den Sachunterricht der Primarstufe. In: Köhnlein, W./Marquardt-Mau, B./Schreier, H. (Hrsg.): Kinder auf dem Wege zum Verstehen der Welt. Bad Heilbrunn/Obb. S. 233–246

Dumke, Dieter (1997): Behinderte Kinder in der Grundschule. In: Lompscher, J./Schulz, G./Ries, G./Nickel, H. (Hrsg.): Leben, Lernen und Lehren in der Grundschule. Neuwied, Kriftel, Berlin. S. 342–352

Dummer, Lisa/Brügelmann, Hans (1987): Vom »3lft« zum »Elefat«: Was heißt hier »Lernschwäche«? Zwei Test-Protokolle und zwei Deutungen. In: Balhorn, H./Brügelmann, H. (Hrsg.): Welten der Schrift in der Erfahrung der Kinder. Konstanz. S. 110–121

Eberwein, Hans (1995) Gemeinsames Lernen von Behinderten und Nichtbehinderten. Chancen für eine Veränderung von Unterricht und Lehrerrolle. In: Eberwein, H./Mand, J. (Hrsg.): Forschen für die Schulpraxis. Was Lehrer über Erkenntnisse qualitativer Sozialforschung wissen sollten. Weinheim. S. 236–253

Eberwein, Hans (1998): Differenzierung, zielbezogene. In: Haarmann, D. (Hrsg.): Wörterbuch Neue Schule. Weinheim und Basel. S. 49–55

Eberwein, Hans (Hrsg.) (1999): Integrationspädagogik. Kinder mit und ohne Behinderung lernen gemeinsam. Ein Handbuch. Weinheim und Basel. 5. Aufl.

Eggers, Clemens (1992): Ziel- und Zweitsprache Deutsch. Anfangsunterricht im Primar- und Sekundarbereich. Heinsberg

Einsiedler, Wolfgang (1989): Innere Differenzierung und offener Unterricht. In: Kasper, H. u. a.: Laßt die Kinder lernen. Braunschweig. S. 48–54

Einsiedler, Wolfgang (1994): Grundlegung individueller Entwicklung und individuellen Lernens. In: Schorch, G. (Hrsg.): Grundlegende Bildung. Erziehung und Unterricht in der Grundschule. Bad Heilbrunn/Obb. 2. Aufl. S. 50–69

Einsiedler, Wolfgang (1997a): Empirische Grundschulforschung im deutschsprachigen Raum – Trends und Defizite. In: Unterrichtswissenschaft 25/1997. S. 291–315

Einsiedler, Wolfgang (1997b): Unterrichtsqualität in der Grundschule. Empirische Grundlagen und Programmatik. In: Jahrbuch Grundschulforschung Band 1. Hrsg. v. E. Glumpler; S. Luchtenberg. Weinheim. S. 11–33

Einsiedler, Wolfgang u. a. (2000): Der Einfluss verschiedener Unterrichtsmethoden auf die phonologische Bewusstheit sowie auf Lese- und Rechtschreibleistungen im 1. Schuljahr. Berichte und Arbeiten aus dem Institut für Grundschulforschung. Nürnberg Nr. 93

Einsiedler, Wolfgang (i. Dr.): Neuere Entwicklungen und Forschungsergebnisse im Grundschulbereich. Erscheint in: Schnabel, K./Baumert, J./Leschinsky, A./ Mayer, K. U. (Hrsg.): Das Bildungswesen in der Bundesrepublik Deutschland. Ein Projekt des Max-Planck-Instituts für Bildungsforschung. Reinbek

Erichson, Christa (1999): »Ich habe alles abgelitten!« Vom Mut, ungeübte Wörter zu schreiben. In: Lernchancen 11/1999. S. 35 – 36, 45

Faulstich-Wieland, Hannelore (Hrsg.) (1987): Abschied von der Koedukation? Frankfurt a. M.

Faust-Siehl, Gabriele u. a. (1989): Lernen an Stationen. In: Grundschule 3/1989. S. 22 – 25

Faust-Siehl, Gabriele/Portmann, Rosemarie (Hrsg.) (1992): Die ersten Wochen in der Schule. Arbeitskreis Grundschule. Frankfurt a. M.

Faust-Siehl, Gabriele (1995): Kinder und ihre LehrerInnen. Sichtweisen und Interpretationen von Kindern. In: Behnken, I./Jaumann, O. (Hrsg.): Kindheit und Schule. Kinderleben im Blick von Grundschulpädagogik und Kindheitsforschung. Weinheim und München. S. 159 – 172

Faust-Siehl, Gabriele/Garlichs, Ariane/Ramseger, Jörg/Schwarz, Hermann/Warm, Ute (1996): Die Zukunft beginnt in der Grundschule. Empfehlungen zur Neugestaltung der Primarstufe. Reinbek

Faust-Siehl, Gabriele/Speck-Hamdan, Angelika (Hrsg.) (2001): Schulanfang ohne Umwege. Mehr Flexibilität im Bildungswesen. Frankfurt a. M.

Fischer, Margret (1995): Wochenplanunterricht – von Anfang an. In: Grundschule 5/1995. S. 40 – 45

Fölling-Albers, Maria (Hrsg.) (1989): Veränderte Kindheit – Veränderte Grundschule. Arbeitskreis Grundschule e. V. Frankfurt a. M.

Fölling-Albers, Maria (1989): Kindheit – entwicklungspsychologisch gesehen. In: Fölling-Albers, Maria (Hrsg.): Veränderte Kindheit – Veränderte Grundschule. Arbeitskreis Grundschule e. V. Frankfurt a. M. S. 40 – 50

Fölling-Albers, Maria u. a. (1992): Schulkinder heute. Auswirkungen veränderter Kindheit auf Unterricht und Schulleben. Weinheim und Basel

Fölling-Albers, Maria/Hopf, Arnulf (1995): Auf dem Weg vom Kleinkind zum Schulkind. Opladen

Fölling-Albers, Maria (1997): Lernen, Wissen, Verstehen. In: Grundschule 10/1997. S. 8 – 9

Fölling-Albers, Maria (2001): Veränderte Kindheit – revisited. Konzepte und Ergebnisse sozialwissenschaftlicher Kindheitsforschung der vergangenen 20 Jahre. In: Fölling-Albers, M./Richter, S./Brügelmann, H./Speck-Hamdan, A. (Hrsg.): Jahrbuch Grundschule III: Fragen der Praxis – Befunde der Forschung. Seelze/ Velber. S. 10 – 51

Fölling-Albers, Maria/Richter, Sigrun/Brügelmann, Hans/Speck-Hamdan, Angelika (Hrsg.) (2001): Jahrbuch Grundschule III: Fragen der Praxis – Befunde der Forschung: Kindheitsforschung/Forschung zum Sachunterricht. Seelze/ Velber

Frey, Karl (1998): Die Projektmethode. Der Weg zum bildenden Tun. Weinheim und Basel. 8. Aufl.

Gallin, Peter/Ruf, Urs (1998): Sprache und Mathematik in der Schule: Auf eigenen Wegen zur Fachkompetenz. Seelze

Gerstenmaier, Jochen/Mandl, Heinz (1995): Wissenserwerb unter konstruktivistischer Perspektive. In: Zeitschrift für Pädagogik. Heft 6/1995. S. 867 – 887

Gervé, Friedrich (1997): Zur Praxis der freien Arbeit in der Grundschule. Situationsanalyse zur Entwicklung einer innovationswirksamen Fortbildungskonzeption. Bericht aus dem Projekt OASE Nr. 39. Siegen

Gervé, Friedrich (1998): Freie Arbeit. Grundkurs für die Aus- und Fortbildung. Weinheim und Basel

Giaconia, R. M./Hedges, L. V. (1982): Identifying features of effective open education. In: Review of Educational Research. Vol. 52. S. 579 – 602

Giest, Hartmut/Lompscher, Joachim (1997): Lernen im Unterricht. In: Lompscher, J./Nickel, H./Ries, G./Schulz, G. (Hrsg.): Leben, Lernen und Lehren in der Grundschule. Neuwied, Kriftel, Berlin. S. 69 – 92

Glumpler, Edith (1992): Mehrsprachigkeit und Kulturenvielfalt in der deutschen Grundschule. In: Haarmann, D. (Hrsg.): Handbuch Grundschule Bd. 1. Weinheim und Basel. S. 65 – 75

Göhlich, Michael (1997): Offener Unterricht. Geschichte und Konzeption. In: Offener Unterricht, Community Education, Alternativschulpädagogik, Reggiopädagogik. Die neuen Reformpädagogiken. Geschichte, Konzeption, Praxis. Weinheim und Basel. S. 26 – 38

Götz, Margarete/Neuhaus-Siemon, Elisabeth (1999): Schulanfang auf neuen Wegen – Der Modellversuch in Baden-Württemberg. In: Brügelmann, H./Fölling-Albers, M./Richter, S./Speck-Hamdan, A. (Hrsg.): Jahrbuch Grundschule 1999: Fragen der Praxis – Befunde der Forschung. Seelze/Velber. S. 35 – 41

Götz, Margarete (2000a): Entwicklung und Status der universitären Grundschulpädagogik und didaktik. In: Zeitschrift für Pädagogik. Jg. 46. Heft 4. Juli/August 2000. S. 525 – 539

Götz, Margarete (2000b): Lernen mit allen Sinnen. Kritische Überlegungen zu Tendenzen des Sachunterrichts der 1980er Jahre und beginnenden 1990er Jahre. In: Hinrichs, W./Bauer, H. F. (Hrsg.): Zur Konzeption des Sachunterrichts. Mit einem systematischen Exkurs zur Lehrgangs- und Unterrichtsmethodik. Donauwörth. S. 208 – 220

Grassmann, Marianne (1996): Geometrische Fähigkeiten der Schulanfänger. In: Grundschulunterricht. 5/1996. S. 25 – 27

Gudjons, Herbert (1997): Handlungsorientiert lehren und lernen. Schüleraktivierung – Selbständigkeit – Projektarbeit. Bad Heilbrunn/Obb. 5. Aufl.

Gudjons, Herbert (1998): Didaktik zum Anfassen. Lehrer/in-Persönlichkeit und lebendiger Unterricht. Bad Heilbrunn/Obb.

Gudjons, Herbert (1999): Pädagogisches Grundwissen. Bad Heilbrunn/Obb. 6. Aufl.

Haarmann, Dieter (Hrsg.) (1993): Handbuch Grundschule. Bd. 2: Fachdidaktik: Inhalte und Bereiche grundlegender Bildung. Weinheim und Basel

Haarmann, Dieter/Kalb, Peter E. (1999): Grundschule 2000. Lernen und leben im neuen Jahrtausend. Weinheim und Basel

Hacker, Hartmut (1998): Vom Kindergarten zur Grundschule. Bad Heilbrunn/Obb. 2. Aufl.

Hanke, Petra (1997a): Schriftspracherwerbsprozesse von Kindern nach verschiedenen didaktisch-methodischen Ansätzen. In: Glumpler, E./Luchtenberg, S. (Hrsg.): Jahrbuch Grundschulforschung Bd. 1. Weinheim. S. 233 – 250

Hanke, Petra (1997b): Elternhaus und Schule. In: Jürgens, E./Hacker, H./Hanke, P./Lersch, R.: Die Grundschule. Zeitströmungen und aktuelle Entwicklungen. Baltmannsweiler. S. 171 – 189

Hanke, Petra (1998): »Lesen durch Schreiben« (Jürgen Reichen) – ein »Leselehrgang«? In: Becher, H. R./Bennack, J./Jürgens, E. (Hrsg.): Taschenbuch Grundschule. Baltmannsweiler. S. 184 – 198

Hanke, Petra/Baumgarten (jetzt: *Uerdingen*), *Miriam* (2000): Sprachwissen und Sprachbewusstheit. In: Jaumann-Graumann, O./Köhnlein, W. (Hrsg.): Lehrerprofessionalität – Lehrerprofessionalisierung. Bad Heilbrunn/Obb. S. 242 – 255
Hanke, Petra (2001a): Forschungen zur inneren Reform der Grundschule am Beispiel der Öffnung des Unterrichts. In: Roßbach, H.-G./Nölle, K./Czerwenka, K. (Hrsg.): Forschungen zu Lehr- und Lernkonzepten für die Grundschule. Opladen. S. 46 – 62
Hanke, Petra (2001b): Offener Unterricht in der Grundschule – erforscht? Zum Stand der Forschung zu einem umstrittenen pädagogisch-didaktischen Ansatz. In: Erziehung und Unterricht. 1 – 2/2001. S. 200 – 208
Hanke, Petra (2001c): Öffnung des Unterrichts. In: Einsiedler, W./Götz, M./Hacker, H./Kahlert, J./Keck, R.W./Sandfuchs, U. (Hrsg.): Handbuch Grundschulpädagogik und Grundschuldidaktik. Bad Heilbrunn/Obb. S. 376 – 385
Hanke, Petra (2002): Lernen mit eigenen Texten schon im Anfangsunterricht? Erscheint in: Zeitschrift Grundschule 3/2002
Hanke, Petra (i. Dr.): Methoden des Rechtschreibunterrichts. In: Bredel, U./Günther, H./Klotz, P./Ossner, J./Siebert-Ott, G. (Hrsg.): Didaktik der deutschen Sprache – ein Handbuch. Paderborn
Hanke, Petra (i. V.): Pädagogik und Didaktik des Schriftspracherwerbs in Theorie und Praxis. Habilitationsschrift Universität zu Köln
Hänsel, Dagmar (Hrsg.) (1995): Das Projektbuch Grundschule. Weinheim
Hänsel, Dagmar (Hrsg.) (1997): Handbuch Projektunterricht. Weinheim und Basel
Hany, Ernst A. (1997): Entwicklung vor, während und nach der Grundschulzeit. Literaturüberblick über den Einfluss der vorschulischen Entwicklung auf die Entwicklung im Grundschulalter. In: Weinert, F. E./Helmke, A. (Hrsg.): Entwicklung im Grundschulalter. Weinheim. S. 391 – 403
Heckt, Dietlinde H./Jürgens, Eiko (1996): Anders kommunizieren lernen. Braunschweig
Hegele, Irmintraut (Hrsg.) (1988/1997): Lernziel: Stationenarbeit. Eine neue Form des offenen Unterrichts. Weinheim und Basel
Hempel, Marlies (Hrsg.) (1995): Verschieden und doch gleich. Schule und Geschlechterverhältnisse in Ost und West. Bad Heilbrunn/Obb.
Hempel, Marlies (Hrsg.) (1996): Grundschulreform und Koedukation. Weinheim und München
Hempel, Marlies (1997): Geschlechterforschung in der Grundschule. In: Glumpler, E./Luchtenberg, S. (Hrsg.): Jahrbuch Grundschulforschung. Bd. 1 Weinheim. S. 81 – 88
Hempel, Marlies (Hrsg.) (2000): Professionalisierung und kindliche Lebenswelt. In: Jaumann-Graumann, O./Köhnlein, W. (Hrsg.): Lehrerprofessionalität – Lehrerprofessionalisierung. Bad Heilbrunn/Obb. S. 192 – 203
Hengartner, Elmar/Röthlisberger, Hans (1995): Rechenfähigkeit von Schulanfängern. In: Brügelmann, H./Balhorn, H./Füssenich, I. (Hrsg.): Am Rande der Schrift. Lengwil. S. 66 – 86
Hengartner, Elmar (1999): Standorte und Denkwege erkunden: Beispiele forschenden Lernens im Fachdidaktikstudium. In: ders. (Hrsg.): Mit Kindern lernen. Standorte und Denkwege im Mathematikunterricht. Zug. S. 12 – 19
Hengartner, Elmar/Röthlisberger, Hans (1999): Standortbestimmung zum Einmaleins (2. Klasse): Die Suche nach geeigneten Aufgaben. In: Hengartner, E. (Hrsg.): Mit Kindern lernen. Zug. S. 36 – 40
Hengartner, Elmar (Hrsg.) (1999): Mit Kindern lernen. Standorte und Denkwege im Mathematikunterricht. Zug
Herff, Ingeborg (1993): Die Gestaltung des Leselernprozesses als elementare Aufgabe der Grundschule – neuere Entwicklungen und gegenwärtige Situation an den Grundschulen des Regierungsbezirks Köln – ein Beitrag zur pädagogischen Tatsachenforschung. Diss. Univ. Köln

van den Heuvel-Panhuizen, Marja (1995): Leistungsmessung im aktiv-entdeckenden Mathematikunterricht. In: Brügelmann, H./Balhorn, H./Füssenich, I. (Hrsg.): Am Rande der Schrift. Lengwil. S. 87 – 107
Hieronimus, Annemarie (1996): Vom Tagesplan zum Wochenplan. In: Grundschulunterricht 3/1996. S. 16 – 18
Holtappels, Heinz Günter (Hrsg.) (1995): Entwicklung von Schulkultur. Ansätze und Wege schulischer Erneuerung. Neuwied, Kriftel/Ts., Berlin
Holtappels, Heinz Günter (1997): Grundschule bis mittags. Innovationsstudie über Zeitgestaltung und Lernkultur.
Holtappels, Heinz Günter (1998a): Lebenswelt von Kindern – Sozialwissenschaftliche Erkenntnisse und Orientierungen für die Grundschule. In Kahlert, J. (Hrsg.): Wissenserwerb in der Grundschule: Perspektiven erfahren, vergleichen, gestalten. Bad Heilbrunn/Obb. S. 47 – 71
Holtappels, Heinz Günter (1998b): Öffnung der Schule zu Lebenswelt und Schulumfeld. Schulorganisatorische Perspektiven pädagogischer Öffnung. In: Brügelmann, H./Fölling-Albers, M./Richter, S. (Hrsg.): Jahrbuch Grundschule. Fragen der Praxis – Befunde der Forschung. Seelze. S. 43 – 51
Honig, Michael-Sebastian/Lange, Andreas/Leu, Hans Rudolf (Hrsg.) (1999): Aus der Perspektive von Kindern? Zur Methodologie der Kindheitsforschung. Weinheim und München
Hopf, Arnulf (1993): Grundschularbeit heute. Didaktische Antworten auf neue Lebensverhältnisse. München
Horstmann, Karla/Müller, Martin (1997): Das Bild vom »Fremden« in der Grundschule. In: Die Grundschulzeitschrift 7/1997. S. 48 – 51
Hössl, Alfred (1999): Entwicklungen integrativer Erziehung im Elementarbereich. In: Eberwein, H. (Hrsg.): Integrationspädagogik. Weinheim und Basel. S. 147 – 155
Huber, Günter/Mandl, Heinz (1980): Kognitive Entwicklung. In: Rost, D. H. (Hrsg.): Entwicklungspsychologie für die Grundschule. Bd. 1. Bad Heilbrunn/Obb. S. 53 – 81
Huber, Ludowika/Kegel, Gerd/Speck-Hamdan, Angelika (Hrsg.) (1999): Schriftspracherwerb. Neue Medien – Neues Lernen? Braunschweig
Huppertz, Norbert (1990): Elternabend, Elternsprechstunde und Elternsprechtag – Eine kritische Bestandsaufnahme. In: Hepp, G. (Hrsg.): Eltern als Partner und Mit-Erzieher in der Schule. Stuttgart
Huschke, Peter/Mangelsdorf, Marei (1988): Wochenplanunterricht. Weinheim und Basel
Hüttis-Graff, Petra (1997): Prävention von Schwierigkeiten beim Lesen- und Schreibenlernen – kein unerreichbares Ziel! In: Grundschulzeitschrift Heft 101. S. 35 – 37
Jaumann, Olga (1998): Behinderte und nicht behinderte Kinder lernen gemeinsam. In: Brügelmann, H. (Hrsg.): Kinder lernen anders. Lengwil. S. 178 – 198
Jürgens, Eiko (Hrsg.) (1994): Erprobte Wochenplan- und Freiarbeits-Ideen in der Sekundarstufe I: Praxisberichte über effektives Lernen im offenen Unterricht. Heinsberg
Jürgens, Eiko (1995): Leistung und Beurteilung in der Schule. Eine Einführung in Leistungs- und Bewertungsfragen aus pädagogischer Sicht. Sankt-Augustin. 2. Aufl.
Jürgens, Eiko (1996): Lehrerverhalten unter kommunikativen Aspekten. In: Heckt, D./Jürgens, E. (Hrsg.): Anders kommunizieren lernen. Braunschweig
Jürgens, Eiko/Hacker, Hartmut/Hanke, Petra/Lersch, Rainer (1997): Die Grundschule. Zeitströmungen und aktuelle Entwicklungen. Baltmannsweiler
Jürgens, Eiko (1998a): Die ›neue‹ Reformpädagogik und die Bewegung Offener Unterricht. Sankt Augustin. 4. Aufl.

Jürgens, Eiko (1998b): Leistungserziehung, Leistungsbeurteilung und Unterrichtsgestaltung. In: Becher, H. R./Bennack, J./Jürgens, E. (Hrsg.): Taschenbuch Grundschule. Neu. Baltmannsweiler. 3. Aufl. S. 317 – 327

Jürgens, Eiko (1998c): Zeugnisse ohne Noten. Die Verbalbeurteilungspraxis in der Grundschule als Gegenstand einer Untersuchung. In: Brügelmann, H./Fölling-Albers, M./Richter, S. (Hrsg.): Jahrbuch Grundschule. Fragen der Praxis – Befunde der Forschung. Seelze. S. 187 – 192

Jürgens, Eiko (1999): Zeugnisse ohne Noten. Ein Weg zur differenzierten Leistungserziehung. Braunschweig

Jürgens, Eiko (2000): Von der Praxis lernen – für die Praxis lernen. Wochenplan- und Freiarbeit aus dem Deutsch- und Fremdsprachenunterricht für die Sekundarstufe I. Baltmannsweiler

Kahlert, Joachim (2001): Sachunterricht in der Grundschule. In: Fölling-Albers, M./Richter, S./Brügelmann, H./Speck-Hamdan, A. (Hrsg.): Jahrbuch Grundschule III: Fragen der Praxis – Befunde der Forschung. Seelze/Velber. S. 64 – 88

Kaiser, Astrid (2000): 1000 Rituale für die GrundSchule. Baltmannsweiler

Keck, Rudolf W. (1993): Schulleben. In: Becher, H. R./Bennack, J. (Hrsg.): Taschenbuch Grundschule. Baltmannsweiler. S. 127 – 138

Keck, Rudolf/Kirk, Sabine (Hrsg.) (2001): Erziehungspartnerschaft zwischen Elternhaus und Schule. Baltmannsweiler

Kiper, Hanna (1999): Der Klassenrat in Klasse 1 – Die ersten sieben Wochen. In: Kiper, H./Nauck, J. (Hrsg.): Unterrichten im ersten Schuljahr. Baltmannsweiler. S. 249 – 273

Klafki, Wolfgang (1996): Neue Studien zur Bildungstheorie und Didaktik. Zeitgemäße Allgemeinbildung und kritisch-konstruktive Didaktik. Weinheim und Basel. 5. Aufl.

Klafki, Wolfgang/Stöcker, Hermann (1996): Innere Differenzierung des Unterrichts. In: Klafki, W.: Neue Studien zur Bildungstheorie und Didaktik. Weinheim und Basel. S. 173 – 208

Klafki, Wolfgang (1999): Gesellschaftliche, bildungspolitische und pädagogische Implikationen zum Problembereich Leistung und Leistungsanspruch. In: Preuß, E./Itze, U./Ulonska, H. (Hrsg.): Lernen und Leisten in der Grundschule. Bad Heilbrunn/Obb. S. 45 – 66

Knauf, Tassilo (1998): Anfangsunterricht. In: Becher, H. R./Bennack, J./Jürgens, E. (Hrsg.): Taschenbuch Grundschule. Baltmannsweiler. 3. Aufl. S. 70 – 85

Knauf, Tassilo (2001): Einführung in die Grundschuldidaktik. Lernen, Entwicklungsförderung und Erfahrungswelten in der Primarstufe. Stuttgart, Berlin, Köln

Knauf, Tassilo (i. V.): Kontinuität und Neuanfang – Anfangsunterricht in der Grundschule. Neuwied, Kriftel

Knörzer, Wolfgang (1997): Kombinierte Grundschulklassen in Baden-Württemberg, mehr als eine Notlösung? In: Sandfuchs, U./Stange, E.-M./Kost, S. (Hrsg.): Kleine Grundschule und jahrgangsübergreifendes Lernen. Schülerrückgang als pädagogische Herausforderung. Bad Heilbrunn/Obb.

Knörzer, Wolfgang/Grass, Karl (2000): Den Anfang der Schulzeit pädagogisch gestalten. Studien- und Arbeitsbuch für den Anfangsunterricht. Weinheim und Basel. 5. Aufl.

Kornadt, Hans-Joachim (1997): Theoretischer Ertrag und praktischer Nutzen der SCHOLASTIK-Studie zur Entwicklung im Grundschulalter. In: Weinert, F. E./Helmke, A. (Hrsg.): Entwicklung im Grundschulalter. Weinheim. S. 485 – 492

Krappmann, Lothar (1987): Kinder lernen mit und von Gleichaltrigen – auch in der Schule? In: Grundschulzeitschrift 2/1987. S. 42 – 46

Krawitz, Rudi (Hrsg.) (1995): Die Integration behinderter Kinder in die Schule. Ein Schulversuch von der Grundschule zur Sekundarstufe I. Bad Heilbrunn/ Obb.
Krichbaum, Gabriele (1995): Baustein: Innere Differenzierung. In: Wittenbruch, W. (Hrsg.): Das pädagogische Profil der Grundschule. Impulse für die Weiterentwicklung der Grundschule. Heinsberg. 3. Aufl. S. 119 – 137
Krüger-Potratz, Marianne (1996): Interkulturelle Erziehung – Reflexionen über Hindernisse auf dem Weg zu einer Schule für alle Kinder. In: Ulonska, H./Kraschinski, S./Bartmann, Th. (Hrsg.): Lernforschung in der Grundschule. Bad Heilbrunn/Obb. S. 112 – 135
Krummheuer, Götz (1995): Der mathematische Anfangsunterricht: Anregungen für ein neues Verstehen früher mathematischer Lehr- und Lernprozesse. Weinheim
Krummheuer, Götz/Naujok, Natalie (1999): Grundlagen und Beispiele Interpretativer Unterrichtsforschung. Opladen
Krüssel, Hermann (1993): Konstruktivistische Unterrichtsforschung. Der Beitrag des Wissenschaftlichen Konstruktivismus und der Theorie der persönlichen Konstrukte für die Lehr-Lern-Forschung. Frankfurt a. M., Berlin, Bern, New York, Paris, Wien
Ladenthin, Volker (1998): Freiarbeit als Unterrichtsform. In: Rekus, J. (Hrsg.): Grundfragen des Unterrichts. Bildung und Erziehung in der Schule der Zukunft. Weinheim und München. S. 213 – 226
Laging, Ralf (Hrsg.) (1999): Altersgemischtes Lernen in der Schule. Baltmannsweiler
Lambrich, Hans-Jürgen unter Mitarbeit von Anneliese Steuer (1997): Den Schulanfang neu gestalten. Die kindgerechte, flexible Schuleingangsphase (FLEX) in Brandenburg. In: Die Grundschulzeitschrift. 5/1997. S. 22, 51 – 53
Lassahn, Rudolf (Hrsg.) (1969): Das Schulleben. Bad Heilbrunn
Lersch, Rainer/Vernooij, Monika A. (Hrsg.) (1992): Behinderte Kinder und Jugendliche in der Schule. Herausforderungen an Schul- und Sonderpädagogik. Bad Heilbrunn/Obb.
Lichtenstein-Rother, Ilse (1969): Schulanfang. Pädagogik und Didaktik der ersten beiden Schuljahre. Frankfurt a. M.
Lichtenstein-Rother, Ilse/Röbe, Edeltraud (1984): Grundschule. Der pädagogische Raum für die Grundlegung der Bildung. Weinheim und Basel. 2. Aufl.
Lippitz, Wilfried (2000): »Und jetzt habt ihr eine Lehrerin gekriegt mit einem so komplizierten Namen ...« In: Jaumann-Graumann, O./Köhnlein, W. (Hrsg.): Lehrerprofessionalität – Lehrerprofessionalisierung. Bad Heilbrunn/Obb. S. 45 – 62
Lipski, Jens (1996): Freizeiträume ostdeutscher Schulkinder. In: Zeitschrift für Sozialisationsforschung und Erziehungssoziologie. 16. Jg. Heft 4/1996. S. 353 – 371
Lompscher, Joachim/Schulz, Gudrun/Ries, Gerhild/Nickel, Horst (Hrsg.) (1997): Leben, Lernen und Lehren in der Grundschule. Neuwied, Kriftel, Berlin.
Ludwig, Harald (1997): Freie Arbeit in der Grundschule im Lichte empirischer Forschungen. In: Lersch, R. (Hrsg.): Aspekte moderner Grundschulpädagogik. Baltmannsweiler. S. 66 – 94
Luhmann, Nikolas (1990): Soziologische Aufklärung 5: Konstruktivistische Perspektiven. Opladen
Mangelsdorf, Marei (1998): Die Vielfalt für das didaktische Handeln nutzen. In: Burk, K./Mangelsdorf, M./Schöler, U. u. a. (1998): Die neue Schuleingangsstufe. Lernen und Lehren in entwicklungsheterogenen Gruppen. Weinheim und Basel. S. 51 – 84

Margies, Dieter/Knapp, Rudolf/Gampe, Harald/Rieger, Gerald (1997): Der Bildungsgang in der Grundschule in Nordrhein-Westfalen. Ausbildungsordnung Grundschule. Neuwied, Kriftel, Berlin. 2. Aufl.
Maurer, Friedemann (1992): Lebenssinn und Lernen. Zur Anthropologie der Kindheit und des Jugendalters. Bad Heilbrunn/Obb. 2. Aufl.
May, Peter (1994): Hamburger Schreibprobe. Handbuch/Manual. Hamburg
May, Peter (1995): Schriftsprachliche Leistungen und lernförderliche Unterrichtsbedingungen. In: Brügelmann, H.; Balhorn, H.; Füssenich, I. (Hrsg.): Am Rande der Schrift. Lengwil. S. 344 – 349
Mayer-Behrens, Hanne (1983): Freie Arbeit in der Grundschule. Dorsten
Meiers, Kurt (1998): Lesen lernen und Schriftspracherwerb im ersten Schuljahr. Bad Heilbrunn/Obb.
Meissner, Monika/Stadter, Ernst Andreas (1995): Kinder lernen leben. Beziehungslernen in der Grundschule. München
Merkens, Hans/Nauck, Bernhard (1993): Ausländerkinder. In: Markefka, M./Nauck, B. (Hrsg.): Handbuch der Kindheitsforschung. Neuwied, Kriftel, Berlin. S. 447 – 457
Milhoffer, Petra (Hrsg.) (1995): Sexualerziehung von Anfang an. Arbeitskreis Grundschule. Frankfurt a. M.
Milhoffer, Petra (1998): Kinder werden Mädchen und Jungen. Zur Bedeutung der Sexualerziehung für den Umgang mit den Geschlechtsrollen. In: Brügelmann, H. (Hrsg.): Kinder lernen anders. Lengwil. S. 139 – 156
Mitzlaff, Hartmut (Hrsg.) (1996): Handbuch Grundschule und Computer. Vom Tabu zur Alltagspraxis. Weinheim und Basel
Mitzlaff, Hartmut/Speck-Hamdan, Angelika (Hrsg.) (1998): Grundschule und neue Medien. Arbeitskreis Grundschule. Frankfurt a. M.
Möller, Kornelia (1998): Kinder und Technik. In: Brügelmann, H. (Hrsg.): Kinder lernen anders. Lengwil. S. 89 – 106
Möller, Kornelia (1999): Konstruktivistisch orientierte Lehr-Lernprozeßforschung im naturwissenschaftlich-technischen Bereich des Sachunterrichts. In: Köhnlein, W./Marquardt-Mau, B./Schreier, H. (Hrsg.): Vielperspektivisches Denken im Sachunterricht. Bad Heilbrunn/Obb. S. 125 – 191
Möller, Kornelia (2000): Lehr-Lernforschung im Sachunterricht. In: Jaumann-Graumann, O./Köhnlein, W. (Hrsg.): Lehrerprofessionalität – Lehrerprofessionalisierung. Bad Heilbrunn/ Obb. S. 314 – 325
Möller, Kornelia (2001): Die naturwissenschaftliche Perspektive im Sachunterricht. Ziele, Probleme und Forschungsergebnisse. In: Fölling-Albers, M./Richter, S./Brügelmann, H./Speck-Hamdan, A. (Hrsg.): Jahrbuch Grundschule III: Fragen der Praxis – Befunde der Forschung. Seelze/Velber. S. 105 – 111
Morawietz, Holger (1997): Probleme der Wochenplan- und Freiarbeit. In: Pädagogische Welt 6/1997. S. 254 – 259
Naegele, Ingrid/Haarmann, Dieter (1993): Grenzenlose Verständigung im Spiel – interkulturelles Lernen, Förderunterricht. In: Haarmann, D. (Hrsg.): Handbuch Grundschule Bd. 2. Weinheim und Basel. S. 157 – 167
Neisser, Ulrich (1996): Kognition und Wirklichkeit: Prinzipien und Implikationen der kognitiven Psychologie. Stuttgart. 2. Aufl.
Nickel, Horst/Petzold, Matthias (1997): Schule und Familie. In: Lompscher, J./Nickel, H./Ries, G./Schulz, G. (Hrsg.): Leben, Lernen und Lehren in der Grundschule. Neuwied, Kriftel, Berlin. S. 111 – 128
Oerter, Rolf/Montada, Leo (1987/1998): Entwicklungspsychologie. München und Weinheim. 2. Aufl./4. Aufl.
Ossner, Jakob (2001): Orthografische Formulare. In: Feilke, H./Kappest, K.-P./Knobloch, C. (Hrsg.): Grammatikalisierung, Spracherwerb und Schriftlichkeit. Tübingen. S. 127 – 153

Pallasch, Waldemar/Reimers, Heino (1997): Pädagogische Werkstattarbeit. Eine pädagogisch-didaktische Konzeption zur Belebung traditioneller Lernkultur. Weinheim und München. 2. Aufl.
Peschel, Falko (1997): Offen bis geschlossen – Formen und Chancen offenen Unterrichts. In: Gesing, H. (Hrsg.): Pädagogik und Didaktik der Grundschule. Neuwied, Kriftel, Berlin. S. 229 – 268
Petillon, Hanns (1978): Der unbeliebte Schüler. Braunschweig
Petillon, Hanns (1993a): Das Sozialleben des Schulanfängers. Die Schule aus der Sicht des Kindes. Weinheim
Petillon, Hanns (1993b): Soziales Lernen in der Grundschule. Anspruch und Wirklichkeit. Frankfurt a. M.
Petillon, Hanns/Valtin, Renate (Hrsg.) (1999): Spielen in der Grundschule. Frankfurt a. M.
Piaget, Jean (1972): Sprechen und Denken des Kindes. Düsseldorf
Piaget, Jean (1976): Das moralische Urteil beim Kinde. Frankfurt a. M.
Piaget, Jean (1983): Meine Theorie der geistigen Entwicklung. Frankfurt a. M.
Piaget, Jean/Inhelder, Bärbel (2000): Die Psychologie des Kindes. München. 8. Aufl.
Portmann, Rosemarie (1992): Gemeinsam statt einsam – Mit sozialen Netzen den Schulanfang sichern. In: Faust-Siehl, G./Portmann, R. (Hrsg.): Die ersten Wochen in der Schule. Arbeitskreis Grundschule. Frankfurt a. M. S. 38 – 48
Portmann, Rosemarie (1995): Kindgerechter Schulanfang – Jedem Kind den Weg bereiten. In: Grundschulunterricht. 6/1995. S. 2 – 4
Potthoff, Willy (1995): Grundlage und Praxis der Freiarbeit. Freiburg. 5. Aufl.
Prengel, Annedore/Geiling, Ute/Carle, Ursula (2001): Schulen für Kinder. Flexible Eingangsphase und feste Öffnungszeiten in der Grundschule. Bad Heilbrunn/Obb.
Preuß, Eckhardt (1994): Leistungserziehung, Leistungsbeurteilung und innere Differenzierung in der Grundschule. Bausteine moderner Grundschularbeit – Anregungen und Hilfen. Bad Heilbrunn/Obb.
Pringle, Maria Kellmer (1979): Was Kinder brauchen. Stuttgart

Rabenstein, Rainer (Hrsg.) (1974): Ersunterricht. Bad Heilbrunn
Rabkin, Gabriele (2000): Anregungen zum freien Schreiben und Gestalten. In: Naegele, I. M./Valtin, R. (Hrsg.): LRS in den Klassen 1 – 10. Bd. 2. Weinheim und Basel. S. 146 – 153
Ramseger, Jörg (1992): Offener Unterricht in der Erprobung. Erfahrungen mit einem didaktischen Modell. Weinheim und München. 3. Aufl.
Ramseger, Jörg (1993): Praktische Anregungen zur Formulierung von Lernentwicklungsberichten. In: Die Grundschulzeitschrift 4/ 1993. S. 52 – 53
Rathenow, Peter/Vöge, Jochen (1982): Erkennen und Fördern von Schülern mit Lese-/Rechtschreibschwierigkeiten. Braunschweig
Reich, Kersten (1996): Systemisch-konstruktivistische Pädagogik: Einführung in die Grundlagen einer interaktionistisch-konstruktivistischen Pädagogik. Berlin
Reichen, Jürgen (1982/1988): Lesen durch Schreiben. Wie Kinder selbstgesteuert lesen lernen. Lesedidaktische, lernpsychologische und schulpädagogische Grundlagen eines vom Schüler selbstgesteuerten Schriftspracherwerbs. Lehrerheft 1. Zürich. 1./3. Aufl.
Reichen, Jürgen und Mitarbeiter (1988): Lesen durch Schreiben. Allgemeindidaktische und organisatorische Empfehlungen. Lehrerheft 2. Zürich. 3. Aufl.
Reichen, Jürgen (1994): Wie lernen Kinder lesen? In: Grundschulunterricht 9/1994. S. 69 – 71
Reichen, Jürgen (1998): Sachunterricht und Sachbegegnung. Zürich. 2. Aufl.

Reiß, Günter/Eberle, Gerhard (Hrsg.) (1992): Offener Unterricht – Freie Arbeit mit lernschwachen Schülerinnen und Schülern. Weinheim
Rekus, Jürgen (1998): »Offener« Unterricht? In: Rekus, J. (Hrsg.): Grundfragen des Unterrichts. Bildung und Erziehung in der Schule der Zukunft. Weinheim und München. S. 227 – 239
Richter, Hans-Günther (1997): Die Kinderzeichnung: Entwicklung, Interpretation, Ästhetik. Berlin. 5. Dr.
Richter, Sigrun (1992): Die Rechtschreibentwicklung im Anfangsunterricht und Möglichkeiten der Vorhersage ihrer Störungen. Hamburg
Richter, Sigrun (1993): Wie »offen« ist die Schule? Ergebnisse einer Schulleiter-Befragung. In: Beispiele 1/1993. S. 14 – 16
Richter, Sigrun (1996): Unterschiede in den Schulleistungen von Mädchen und Jungen. Geschlechtsspezifische Aspekte des Schriftsprachenerwerbs und ihre Berücksichtigung im Unterricht. Regensburg
Richter, Sigrun (1999): »Schulfähigkeit des Kindes« oder »Kindfähigkeit der Schule«? In: Brügelmann, H./Fölling-Albers, M./Richter, S./Speck-Hamdan, A. (Hrsg.): Jahrbuch Grundschule 1999: Fragen der Praxis – Befunde der Forschung. Seelze/Velber. S. 7 – 29
Röbe, Heinrich Joachim (1986): Freie Arbeit – eine Bedingung zur Realisierung des Erziehungsauftrags der Grundschule?: ein Beitrag zur Schulforschung. Frankfurt a. M.
Röber-Siekmeyer, Christa (1997): Lese- und Schreibprobleme bei ausländischen Schülerinnen und Schülern. In: Naegele, I. M./Valtin, R. (Hrsg.): LRS in den Klassen 1 – 10. Bd. 1. Weinheim und Basel. 4. Aufl. S. 136 – 146
Rolff, Hans-Günter/Zimmermann, Peter (2001): Kindheit im Wandel. Eine Einführung in die Sozialisation im Kindesalter. Weinheim und Basel. 5. Aufl.
Roßbach, Hans-Günther (1999): Empirische Vergleichsuntersuchungen zu den Auswirkungen von jahrgangsheterogenen und jahrgangshomogenen Klassen. In: Laging, R. (Hrsg.): Altersgemischtes Lernen in der Schule. Baltmannsweiler S. 80 – 91
Rost, Detlef H. (Hrsg.) (1980): Entwicklungspsychologie für die Grundschule. Bd. 1. Bad Heilbrunn/Obb.
Roth, Gerhard (1997): Das Gehirn und seine Wirklichkeit. Kognitive Neurobiologie und ihre philosophischen Konsequenzen. Frankfurt a. M.
Röthlisberger, Hans (1999): Heterogenität als Herausforderung: Standortbestimmungen am Schulanfang. In: Hengartner, E. (Hrsg.): Mit Kindern lernen. Zug. S. 22 – 28

Sacher, Werner (2001): Leistungen entwickeln, überprüfen und beurteilen. Bad Heilbrunn/Obb.
Sassenroth, Martin (1995): Schriftspracherwerb. Bern
Sayler, Wilhelmine M. (1997): Kinder verschiedener Kulturen. In: Lompscher, J./Nickel, H./Ries, G./Schulz, G. (Hrsg.): Leben, Lernen und Lehren in der Grundschule. Neuwied, Kriftel, Berlin. S. 144 – 161
Schäfer, Gerd E. (Hrsg.) (1994): Soziale Erziehung in der Grundschule. Rahmenbedingungen, soziales Erfahrungsfeld, pädagogische Hilfen. Weinheim und München
Schäfer, Gerd E. (1995): Bildungsprozesse im Kindesalter. Selbstbildung, Erfahrung und lernen in der frühen Kindheit. Weinheim und München
Schaub, Horst (1999): Weder Noten- noch Berichtszeugnisse: Lernentwicklungsberichte. Von der Zeugnisreform zur pädagogisch-diagnostischen Reform. In: Böttcher, W./Brosch, U./Schneider-Petri, H. (Hrsg.): Leistungsbewertung in der Grundschule. Weinheim und Basel. S. 35 – 55
Scheel, Barbara (1978): Offener Grundschulunterricht. Weinheim und Basel

Scheerer-Neumann, Gerheid (1985): Freiheit und Systematik im Spracherfahrungsansatz. In: Bergk, M./Meiers, K. (Hrsg.): Schulanfang ohne Fibeltrott. Bad Heilbrunn/Obb. S. 179 – 188

Scheerer-Neumann, Gerheid (1995): Wortspezifisch: ja – Wortbild: Nein. Ein letztes Lebewohl an die Wortbildtheorie. Teil »Rechtschreiben«. In: Balhorn, H./Brügelmann, H. (Hrsg.): Rätsel des Schriftspracherwerbs. Neue Sichtweisen aus der Forschung. Lengwil. S. 230 – 244

Scheerer-Neumann, Gerheid (1998): Stufenmodelle des Schriftspracherwerbs – Wo stehen wir heute? In: Balhorn, H./Bartnitzky, H./Büchner, I./Speck-Hamdan, A. (Hrsg.): Schatzkiste Sprache 1. Von den Wegen der Kinder in die Schrift. Frankfurt a. M. S. 63 – 80

Scheerer-Neumann, Gerheid (2000): Förderdiagnostik beim Lesenlernen. In: Naegele, I. M./Valtin, R. (Hrsg.): LRS in den Klassen 1 – 10. Handbuch der Lese-Rechtschreib-Schwierigkeiten. Bd. 2: Schulische Förderung und außerschulische Therapien. Weinheim und Basel. S. 70 – 86

Schipper, Wilhelm (1996): Kompetenz und Heterogenität im arithmetischen Anfangsunterricht. In: Die Grundschulzeitschrift 7/1996. S. 11 – 15

Schloms, Christiane (1993): Freie Arbeit mit dem Wochenplan. In: Hell, P. (Hrsg.): Öffnung des Unterrichts in der Grundschule. Wochenplanarbeit, Stationentraining, Schuldruckerei. Donauwörth. S. 56 – 72

Schmidt-Denter, Ulrich (1985): Kontaktinitiativen von Vorschulkindern und ihre soziale Bedeutung. In: Nickel, H. (Hrsg.): Sozialisation im Vorschulalter. Weinheim. S. 47 – 68

Scholz, Gerold (1993): Kinder lernen von Kindern. Baltmannsweiler

Scholz, Gerold (2001): Die »cultural anthropology« als eine Rahmentheorie für eine Ethnographie der Schule und des Unterrichts. In: Online-Zeitschrift Grundschulforschung 1/2001

Schönberger, Franz (1999): Die Integration Behinderter als moralische Maxime. In: Eberwein, H. (Hrsg.): Integrationspädagogik. Weinheim und Basel. S. 80 – 87

Schorch, Günther (Hrsg.) (1994): Grundlegende Bildung. Erziehung und Unterricht in der Grundschule. Einleitung. Bad Heilbrunn/Obb. 2. Aufl. S. 7 – 10

Schorch, Günther (1998): Grundschulpädagogik – eine Einführung. Bad Heilbrunn/Obb.

Schorch, Günther (2000): Zur Kritik grundschulpädagogischer Folgerungen aus Ergebnissen heutiger Kindheitsforschung. In: Jaumann-Graumann, O./Köhnlein, W. (Hrsg.): Lehrerprofessionalität – Lehrerprofessionalisierung. Bad Heilbrunn/Obb. S. 183 – 191

Schwarz, Hermann (1997): Schule als Lebensraum gestalten. In: Haarmann, D. (Hrsg.): Handbuch Elementare Schulpädagogik. Handlungsfelder institutionalisierter Grund- und Allgemeinbildung in den Klassen 1 bis 10. Weinheim und Basel. S. 80 – 108

Seitz, Rudolf (1998): Die Bildsprache der Kinder. In: Brügelmann, H. (Hrsg.): Kinder lernen anders vor der Schule – in der Schule. Lengwil. S. 23 – 40

Selman, Robert L. (1984): Die Entwicklung des sozialen Verstehens. Entwicklungspsychologische und klinische Untersuchungen. Frankfurt a. M.

Selter, Christoph/Spiegel, Hartmut (1997): Wie Kinder rechnen. Leipzig, Stuttgart, Düsseldorf

Selter, Christoph (1998): Ein Überblick über grundschulrelevante mathematikdidaktische Forschung. In: Brügelmann, H./Fölling-Albers, M./Richter, S. (Hrsg.): Jahrbuch Grundschule Bd. 1. Fragen der Praxis – Befunde der Forschung. Seelze. S. 80 – 111

Selter, Christoph/Sundermann, Beate (1999): Vielfalt und Gemeinsamkeit – zur sozialen Dimension von Eigenproduktionen. In: Hengartner, E. (Hrsg.): Mit Kindern lernen. Zug. S. 60 – 65

Senftleben, Hans-Günter (1996): Zahlenkenntnisse der Schulanfänger. In: Grundschulunterricht. 5/1996. S. 21 – 23
Slembek, Edith (1995): Handbuch der Fehleranalyse und Fehlertherapie. Deutsch hören, sprechen und schreiben. Für Lernende mit griechischer, italienischer, polnischer, russischer oder türkischer Muttersprache. Heinsberg. 2. Aufl.
Soostmeyer, Michael (1992): Zur Sache Sachunterricht. Frankfurt a. M.
Speck-Hamdan, Angelika (1997): Soziales Lernen und die Bedeutung der Lerngruppe. In: Meier, R./Unglaube, H./Faust-Siehl, G. (Hrsg.): Sachunterricht in der Grundschule. Arbeitskreis Grundschule. Frankfurt a. M. S. 104 – 114
Speck-Hamdan, Angelika (1998): Individuelle Zugänge zur Schrift. Schriftspracherwerb aus konstruktivistischer Sicht. In: Huber, L./Kegel, G./Speck-Hamdan, A. (Hrsg.): Einblicke in den Schriftspracherwerb. Braunschweig. S. 101 – 109
Spiegel, Hartmut (1998): Kinder in der Welt der Zahlen. In: Brügelmann, H. (Hrsg.): Kinder lernen anders vor der Schule – in der Schule. Lengwil. S. 71 – 88
Spiegel, Hartmut (1999): Lernen, wie Kinder denken. In: Hengartner, E. (Hrsg.): Mit Kindern lernen. Zug. S. 124 – 132
Spitta, Gudrun (1985): Kinder schreiben eigene Texte: Klasse 1 und 2. Bielefeld/Berlin
Spitta, Gudrun (2001): Gut zu wissen: 12 Tipps zum Verbinden von freiem Schreiben und Rechtschreibenlernen. In: Die Grundschulzeitschrift 5/2001. S. 9 – 13
Stern, Elsbeth (1997): Erwerb mathematischer Kompetenzen. Ergebnisse aus dem SCHOLASTIK-Projekt. In: Weinert, F. E./Helmke, A. (Hrsg.): Entwicklung im Grundschulalter. Weinheim. S. 157 – 170
Steiner, Gerhard (1997): Erwerb mathematischer Kompetenzen. Kommentar. In: Weinert, F. E./Helmke, A. (Hrsg.): Entwicklung im Grundschulalter. Weinheim. S. 171 – 179
Strote, Ingo (1999): Das Wochenplanbuch für die Grundschule. Heinsberg. 2. Aufl.
Sundermann, Beate/Selter, Christoph (2000): Quattro Stagioni. Nachdenkliches zum Stationenlernen aus mathematikdidaktischer Perspektive. In: Meier, R. u. a. (Hrsg.): Üben & Wiederholen. Sinn schaffen – Können entwickeln. Friedrich-Jahresheft. Seelze. S. 110 – 113

Terhart, Ewald (1999): Konstruktivismus und Unterricht. Gibt es einen neuen Ansatz in der Allgemeinen Didaktik? In: Zeitschrift für Pädagogik. Heft 5/1999. S. 629 – 647
Thomé, Günther (2000): Möglichkeiten und Grenzen der Arbeit mit Anlauttabellen. In: Valtin, R. (Hrsg.): Rechtschreibenlernen in den Klassen 1 – 6. Grundlagen und didaktische Hilfen. Arbeitskreis Grundschule. Frankfurt a. M. S. 116 – 118
Thomé, Günther (i. Dr.): Zur Entwicklung der basalen Rechtschreibkenntnisse. In: Bredel, U./Günther, H./Klotz, P./Ossner, J./Siebert-Ott, G. (Hrsg.): Didaktik der deutschen Sprache – ein Handbuch. Paderborn
Tietze, Wolfgang (1973): Chancenungleichheit bei Schulbeginn. Düsseldorf
Topsch, Wilhelm (2000): Grundkompetenz: Schriftspracherwerb. Reihe Studientexte für das Lehramt Band 5. Neuwied und Kriftel

Ulbricht, Helga (1993): Wortgutachten auf dem Prüfstand. Münster und New York
Uerdingen (ehem. Baumgarten), Miriam (2000): Lerntagebücher im Kunst-/Textilunterricht der Grundschule zur Begleitung ästhetischer Lernprozesse. Schriftliche Hausarbeit im Rahmen der 2. Staatsprüfung. Studienseminar für das Lehramt für die Primarstufe Arnsberg
Uerdingen, Miriam (2002): Lerntagebuch als Medium zur Begleitung und Unterstützung von Lernprozessen. Erscheint in: Zeitschrift Grundschule 3/2002

Valtin, Renate (1993): Stufen des Lesen- und Schreibenlernens – Schriftspracherwerb als Entwicklungsprozeß. In: Haarmann, D. (Hrsg.): Handbuch Grundschule. Bd. 2. Weinheim und Basel. S. 68 – 80

Valtin, Renate (1998): Erwerb und Förderung schriftsprachlicher Kompetenzen aus grundschulpädagogischer Sicht. In: Huber, L./Kegel, G./Speck-Hamdan, A. (Hrsg.): Einblicke in den Schriftspracherwerb. Braunschweig. S. 59 – 74

Valtin, Renate (1999): NOVARA, NOVUS und SABA: Kurzbericht über drei Studien aus der Grundschulforschung. In: Brügelmann, H./Fölling-Albers, M./Richter, S./Speck-Hamdan, A. (Hrsg.): Jahrbuch Grundschule 1999: Fragen der Praxis – Befunde der Forschung. Seelze/Velber. S. 110 – 115

Valtin, Renate (2000): Grundschulpädagogik als empirische Forschungsdisziplin. In: Zeitschrift für Pädagogik. Jg. 46. Heft 4. Juli/August 2000. S. 555 – 570

Valtin, Renate (i. Dr.): Methoden des basalen Lese- und Schreibunterrichts. In: Bredel, U./Günther, H./Klotz, P./Ossner, J./Siebert-Ott, G. (Hrsg.): Didaktik der deutschen Sprache – ein Handbuch. Paderborn

Valtin, Renate (Hrsg.) (i. Dr.): Was ist ein gutes Zeugnis? Noten und verbale Beurteilungen auf dem Prüfstand. Weinheim und Basel

Vieweger, Georg (1966): Zur altersgemäßen Einschulung. Weinheim

Wahl, Roswitha (1997): Vier Jahre Klassentagebuch. Biografie einer Schulklasse. In: Grundschule 12/1997. S. 18 – 19

Wallrabenstein, Karin (1993): Jedem Kind gerecht werden, jedem Kind Hilfen geben. Erfahrungen mit der Entwicklung von Berichtszeugnissen. In: Die Grundschulzeitschrift 4/1993. S. 24 – 27

Wallrabenstein, Wulf (1991): Offene Schule – Offener Unterricht. Ratgeber für Lehrer und Eltern. Reinbek

Wallrabenstein, Wulf (1997): Lernen in mehrsprachigen Situationen – multikulturelles Lernen für Europa. In: Die Grundschulzeitschrift 7/1997. S. 6 – 12

Watzlawick, Paul (2000): Selbsterfüllende Prophezeiungen. In: Watzlawick, P. (Hrsg.): Die erfundene Wirklichkeit. Wie wissen wir, was wir zu wissen glauben? Beiträge zum Konstruktivismus. München. 12. Aufl. S. 91 – 110

Weber, Anders (1998): Was ist Werkstatt-Unterricht. Mülheim a. d. Ruhr

Weigert, Hildegund/Weigert, Edgar (1997): Schuleingangsphase. Hilfen für kindgerechte Einschulung. Weinheim und Basel. 5. Aufl.

Weinert, Franz E. (1996): Für und Wider die »neuen Lerntheorien« als Grundlagen pädagogisch-psychologischer Forschung. In: Zeitschrift für Pädagogische Psychologie 10/1996. S. 1 – 12

Weinert, Franz E./Stefanek, Jan (1997): Entwicklung vor, während und nach der Grundschulzeit. Ergebnisse aus dem SCHOLASTIK-Projekt. In: Weinert, F. E./Helmke, A. (Hrsg.): Entwicklung im Grundschulalter. Weinheim. S. 423 – 451

Wenzel, Achill (1983): Freiarbeit in der Grundschule. Bad Heilbrunn/Obb.

Wiemer, Heinz (1999): Leistungserziehung ohne Noten. In: Böttcher, W./Brosch, U./Schneider-Petri, H. (Hrsg.): Leistungsbewertung in der Grundschule. Weinheim und Basel. S. 56 – 67

Wittenbruch, Wilhelm (1980): In der Schule leben. Theorie und Praxis des Schullebens. Stuttgart

Wittenbruch, Wilhelm (1988): Pädagogische Gestaltung des Schullebens – eine Illusion? In: Forum Pädagogik 4/1988. S. 12 – 20

Wittenbruch, Wilhelm (1991): Schulleben – »Eine Grundschule als Lebensort für Kinder«. In: Haarmann, Dieter (Hrsg.): Handbuch Grundschule. Bd. 1. Weinheim und Basel. S. 199 – 212

Wittenbruch, Wilhelm (1995): Baustein: Schulleben. In: Wittenbruch, W. (Hrsg.): Das pädagogische Profil der Grundschule: Impulse für die Weiterentwicklung der Grundschule. Heinsberg. 3. Aufl. S. 57 – 83

Wittenbruch, Wilhelm (Hrsg.) (1995/2000): Das pädagogische Profil der Grundschule: Impulse für die Weiterentwicklung der Grundschule. Heinsberg. 3. Aufl.
Wittenbruch, Wilhelm (2000): Innovative Eingangsstufe – eine neue Lernchance für unsere Kinder? In: Innovative Eingangsstufe. Eine Dokumentation. Hrsg. v. VBE Dortmund. S. 8 – 25
Wittenbruch, Wilhelm/Brenk, Markus/Drees, Annette (2000): »Fördern« und »Auslesen«. Texte und Dokumente aus acht Jahrzehnten zur Konfliktstruktur der Grundschule. Heinsberg
Wittmann, Erich Ch. (1982): Mathematisches Denken bei Vor- und Grundschulkindern. Braunschweig
Wittmann, Erich Ch./Müller, Gerhard N. (1990/1992): Handbuch produktiver Rechenübungen. Band 1: Vom Einspluseins zum Einmaleins. Band 2: Vom halbschriftlichen zum schriftlichen Rechnen. Stuttgart und Düsseldorf
Wrede, Ursula (1996): Lernen an Stationen im Sachunterricht. Lernzirkel, Lernstraßen, Lernstände, Lernläden, ... In: Grundschulunterricht. 10/1996. S. 3 – 6
Würscher, Irina/Schmude, Corinna (2001): Zeugnisbeurteilungen gestern und heute. Ergebnisse der inhaltsanalytischen Betrachtung ihrer ermutigenden Funktion. In: Roßbach, H.-G./Nölle, K./Czerwenka, K. (Hrsg.): Forschungen zu Lehr- und Lernkonzepten für die Grundschule. Opladen. S. 122 – 127
Zürcher, Käthi/Schär, Franz (1983): »Werkstatt-Unterricht, Schulpraxis vom 9. Juni 1983.« Hrsg. v. Bernischen Lehrerverein.

STUDIENTEXTE FÜR DAS LEHRAMT

Karl Aschersleben
Frontalunterricht – klassisch und modern
Band 1: 1999, 136 Seiten, kartoniert, ISBN 3-472-03394-0, € 12,40

Jürgen Bennack
Schulproblem Erziehung. Grundlagen, Beispiele, Lösungen
Band 2: 1999, 140 Seiten, kartoniert, ISBN 3-472-03975-2, € 12,40

Ullrich Amlung/Uli Jungbluth
Seminarwerkstatt Offener Unterricht
Band 3: 2000, 140 Seiten, kartoniert, ISBN 3-472-03977-9, € 12,40

Wilhelm Topsch
Leitfaden: Examensarbeit für das Lehramt
Band 4: 2000, 131 Seiten, kartoniert, ISBN 3-472-03990-6, € 12,40

Wilhelm Topsch
Grundkompetenz: Schriftspracherwerb
Band 5: 2000, 122 Seiten, kartoniert, ISBN 3-472-04520-5, € 12,40

Eiko Jürgens/Werner Sacher
Leistungserziehung und Leistungsbeurteilung
Band 6: 2000, 142 Seiten, kartoniert, ISBN 3-472-03973-6, € 14,90

Jürgen Bennack
Schulaufgabe: Unterricht – zeitgemäß unterrichten können
Band 7: 2000, 110 Seiten, kartoniert, ISBN 3-472-04488-8, € 12,40

Karl-Heinz Arnold/Eiko Jürgens
Schülerbeurteilung ohne Zensuren
Band 8: 2001, 123 Seiten, kartoniert, ISBN 3-472-03976-0, € 12,40

Arnulf Hopf
Lebensprobleme und Lernprobleme von Schülern
Band 9: 2001, 112 Seiten, kartoniert, ISBN 3-472-03991-4, € 12,40

Rainer Lersch
Gemeinsamer Unterricht – Schulische Integration Behinderter
Band 10: 2001, 112 Seiten, kartoniert, ISBN 3-472-03974-4, € 13,00

Thorsten Bohl
Prüfen und Bewerten im Offenen Unterricht
Band 11: 2001, 121 Seiten, kartoniert, ISBN 3-472-04729-1, € 14,00

Petra Hanke
Anfangsunterricht – Grundschule
Band 12: 2002, 130 Seiten, kartoniert, ISBN 3-472-04045-9, € 13,00

LEHRER(AUS)BILDUNG

Manfred Bönsch
Didaktisches Minimum
Prüfungsanforderungen für LehramtsstudentInnen
1996, 191 Seiten, kart., € 14,00
ISBN 3-472-00671-4

Manfred Bönsch
Didaktisches Additum
Prüfungsanforderungen für LehramtsreferendarInnen
1998, 246 Seiten, kart., € 17,00
ISBN 3-472-3176-X

Irene Gerard
Schule im Wandel
Schulinterne Lehrerfortbildung
2000, 90 Seiten, kart., € 14,90
ISBN 3-472-04076-9

Dieter Schulz/Heinz-Werner Wollersheim
Lehrerbildung in der öffentlichen Diskussion
1999, 178 Seiten, kart., € 17,40
ISBN 3-472-03941-8

Nadja Well
Theorie und Praxis der Lehramtsausbildung
1999, 314 Seiten, kart., € 19,90
ISBN 3-472-03892-6